DIREITOS HUMANOS E EDUCAÇÃO:
outras palavras, outras práticas

Dados Internacionais de Catalogação na Publicação (CIP)
(Câmara Brasileira do Livro, SP, Brasil)

Direitos humanos e educação : outras palavras, outras práticas / Flávia Schilling, (org.) ; prefácio de Maria Victoria Benevides. — 2. ed. — São Paulo : Cortez, 2011.

Vários autores.
Bibliografia
ISBN 978-85-249-1782-0

1. Desigualdade – Brasil 2. Direitos humanos 3. Direito à educação 4. Educação – Brasi I. Schilling, Flávia. II. Benevides, Maria Victoria.

11-06984   CDD-370.115

Índices para catálogo sistemático:
1. Direitos humanos e educação   370.115
2. Educação e direitos humanos   370.115

Flávia Schilling (Org.)

Andrei Koerner • Beatriz de Basto Teixeira • Carlota Boto • Francisco Dias •
Helena Singer • José Sérgio Fonseca de Carvalho • Marcelo Daher •
Maria José de Rezende • Paulo Roberto Padilha • Petronella Maria Boonen

DIREITOS HUMANOS E EDUCAÇÃO:

outras palavras, outras práticas

2ª edição

Prefácio de
Maria Victoria Benevides

DIREITOS HUMANOS E EDUCAÇÃO: outras palavras, outras práticas
Flávia Schilling (Org.)

Capa: Gilberto de Carvalho. Releitura de "Marianne"
Preparação de originais: Ana Paula Ribeiro
Revisão: Ana Paula Luccisano
Composição: Linea Editora Ltda.
Coordenação editorial: Danilo A. Q. Morales

Nenhuma parte desta obra pode ser reproduzida ou duplicada sem autorização expressa da organizadora e do editor.

© 2005 by Organizadora

Direitos para esta edição
CORTEZ EDITORA
Rua Monte Alegre, 1074 – Perdizes
05014-001 – São Paulo – SP
Tel.: (11) 3864-0111   Fax: (11) 3864-4290
e-mail: cortez@cortezeditora.com.br
www.cortezeditora.com.br

Impresso no Brasil – novembro de 2011

SUMÁRIO

Sobre os Autores 7

Prefácio
   Maria Victoria Benevides 11

Apresentação à 2ª edição
   Flávia Schilling 19

Apresentação
   Flávia Schilling 23

DIREITOS HUMANOS E DESIGUALDADE NO BRASIL 27

As desigualdades no Brasil: uma forma de violência insuperável? As reflexões de Manoel Bomfim, Euclides da Cunha, Fernando de Azevedo e Josué de Castro
   Maria José de Rezende 29

DIREITOS HUMANOS E AS LEIS NO BRASIL 63

A cidadania e o artigo 5º da Constituição de 1988
   Andrei Koerner 65

DIREITOS HUMANOS E EDUCAÇÃO 89

A educação escolar como direito humano de três gerações: identidades e universalismos
   Carlota Boto 91

Escolas para os direitos humanos e a democracia
Beatriz de Basto Teixeira 150

Educação em direitos humanos sob a ótica dos ensinamentos de Paulo Freire
Paulo Roberto Padilha 171

Direitos humanos na escola: a escola democrática
Helena Singer 182

Educação e direitos humanos: experiências em formação de professores e em práticas escolares
José Sérgio Fonseca de Carvalho 191

DIREITOS HUMANOS NA COMUNIDADE 211

O projeto da Rede de Observatórios de Direitos Humanos
Marcelo Daher 213

Desafios para a atuação de um Centro de Direitos Humanos e Educação Popular
Petronella Maria Boonen 229

Os direitos humanos, o direito a ser educado e as medidas socioeducativas
Francisco Dias 241

ANEXO

Práticas possíveis 253

SOBRE OS AUTORES

ANDREI KOERNER — Professor doutor no Departamento de Ciência Política da Universidade Estadual de Campinas, pesquisador do Cedec e do INCT-Ineu (Instituto Nacional de Ciência e Tecnologia para Estudos sobre os Estados Unidos). Foi bolsista de pós-doutorado da Fapesp no Projeto "Desenvolvimento de uma teoria integrada dos direitos humanos" do Programa Centros Integrados de Pesquisa, Inovação e Difusão, Cepid/Fapesp, em execução no Núcleo de Estudos da Violência (NEV-USP). Autor dos livros *Judiciário e cidadania na Constituição da República brasileira*, coedição do Departamento de Ciência Política da FFLCH/USP e editora Hucitec, 1998; *Habeas corpus, prática judicial e controle social no Brasil (1841-1920)*, São Paulo, editora IBCCrim, 1999; e dos artigos: "Os direitos humanos na política democrática: uma análise preliminar", *Revista Brasileira de Ciências Sociais*, n. 53, out. 2003; "Ordem política e sujeito de direito em teorias dos direitos humanos: análise do debate dos anos noventa", *Lua Nova*, n. 57, 2002, entre outros. E-mail: andreik@uol.com.br.

BEATRIZ DE BASTO TEIXEIRA — Graduada em Ciências Sociais, mestre e doutora em Educação pela Universidade de São Paulo. Professora Associada da Universidade Federal de Juiz de Fora (UFJF), atua no Departamento de Ciências Sociais e no Programa de Pós-Graduação em Educação (Acadêmico). É vice-coordenadora do Mestrado Profissional em Gestão e Avaliação da Educação Pública da UFJF, aprovado pela Capes em 2009, para gestores escolares e administradores educacionais. Coordena desde 2002 o Grupo de Pesquisa em Política e Sociologia da Educação, na mesma instituição, onde desenvolve pesquisas sobre políticas curriculares e financiamento da educação. Coordena a Unidade de Formação do Centro de Políticas Públicas e Avaliação da Educação (CAEd) da UFJF. Coordenou a Escola de Governo do Centro de Pesquisas Sociais da UFJF nos anos de 2001 e 2002. É uma das organizadoras do livro *Linhas cruzadas: políticas educacionais, formação de professores e educação online*, que reúne trabalhos desenvolvidos no PPGE/UFJF, publicado em 2010. No mesmo ano publicou "Educação a distância: política social e formação de professores", na coletânea *Tem professor na rede*; participou do *Dicionário de trabalho, profissão e condição docente*, com o verbete "Comunidade Escolar"; e foi coautora de "Política curricular e processo educativo: o que professores mineiros fazem na prática com o texto", parte do livro *Campos e vertentes: formação, trabalho docente e avaliação sistêmica*. *E-mail*: beatriz.teixeira@ufjf.edu.br.

CARLOTA BOTO — Professora de Filosofia da Educação da Faculdade de Educação da USP. É pedagoga e historiadora pela USP, com mestrado em História e Filosofia da Educação (Feusp) e doutorado em História Social (FFLCH-USP). É autora do livro *A escola do homem novo: entre o Iluminismo e a Revolução Francesa*, entre outros livros e artigos. *E-mail*: carlotaboto@gmail.com.

FLÁVIA SCHILLING — É professora da área de Sociologia da Educação da Faculdade de Educação da USP. Foi coordenadora do Centro de Referência e Apoio à Vítima (Cravi) e consultora da Comissão da Mulher do Parlamento Latino-americano. Membro da Cátedra Unesco de Educação para a Paz, Democracia, Direitos Humanos e Tolerância da USP. É autora do livro *Corrupção: ilegalidade intolerável? Comissões Parlamentares de Inquérito e a luta contra a corrupção no Brasil (1980-1992)*, São Paulo, IBCCrim, 1999. Coautora do livro *Violência urbana: dilemas e desafios*, São Paulo, Saraiva, 2010, e *Sociedade da insegurança e violência na escola*, São Paulo, Moderna, 2005, além de vários artigos publicados. *E-mail*: oak1@uol.com.br.

FRANCISCO DIAS — Doutor em Sociologia da Educação pela USP, Consultor Unesco/MEC. Pesquisador, militante e coordenador de projetos na área dos direitos humanos e direitos da criança e do adolescente. Publicações: *As crianças na construção — o trabalho infantil na construção civil*, pela OIT; "La educación media en San Pablo, Brasil. Estudio de caso". In: *Educación media y equidad en América Latina. Estrategias de mejoramiento de las oportunidades de los jóvenes*, Unesco. *E-mail*: diasfrancisco@uol.com.br.

HELENA SINGER — Diretora pedagógica da Cidade Escola Aprendiz e membro fundadora do Instituto de Educação Democrática Politeia e do Núcleo de Psicopatologia, Políticas Públicas de Saúde Mental e Ações Comunicativas em Saúde Pública da Universidade de São Paulo (NUPSI-USP). Doutora em Sociologia pela USP, com pós-doutorado pela Unicamp. Recebeu o Prêmio Jovem Cientista em Língua Portuguesa em 2003, pelo Centro de Estudos Sociais da Faculdade de Economia da Universidade de Coimbra, com o livro *Discursos desconcertados: linchamentos, punições e direitos humanos* (Humanitas/ Fapesp). É também autora de *República de crianças: sobre experiências escolares de resistência* (Mercado de Letras, 2010) e coautora de *Violência urbana — dilemas e desafios* (Saraiva, 2010), entre outros livros e artigos sobre educação e direitos humanos. *E-mail*: hsinger@politeia.org.br.

JOSÉ SÉRGIO FONSECA DE CARVALHO — Mestre e doutor em Filosofia da Educação pela USP, onde leciona nos programas de graduação e pós-graduação da Faculdade de Educação. Coordenador do Projeto Direitos Humanos nas Escolas (Fapesp, Cátedra USP/Unesco, EDF Feusp) e autor de *Construtivismo: uma pedagogia esquecida da escola*, Artmed, 2001, e *Educação, cidadania e direitos humanos* (org.), Vozes, 2004. *E-mail*: jsfc@usp.vbr.

MARCELO DAHER — Integra a equipe de apoio aos Relatores Especiais do Alto Comissariado para os Direitos Humanos da ONU. Cientista Social formado pela Faculdade de Filosofia, Letras e Ciências Humanas da USP, participou da preparação do Estudo mundial sobre violência contra crianças da ONU e integrou o secretariado da Relatoria dos Direitos da Criança na Comissão Interamericana de Direitos Humanos. No Brasil, foi pesquisador do Núcleo de Estudos da Violência, NEV-USP, e coordenou a Rede de Observatórios de Direitos Humanos, tendo sido responsável pela publicação do material de orientação metodológica do projeto (Cadernos de Apoio), além das três edições do *Relatório de Cidadania* e da revista *Lupa*.

MARIA JOSÉ DE REZENDE — Professora e pesquisadora da Universidade Estadual de Londrina. Doutora em Sociologia pela Universidade de São Paulo. Linhas de investigação: Estado e democracia no Brasil, Pensamento social e político brasileiro, Teoria da mudança social, Desigualdades e exclusões no Brasil atual. Atualmente desenvolve o projeto intitulado: *Os RDHs produzidos pelo PNUD/ONU entre 2001 e 2010 e a exposição das dificuldades de cumprimento das metas do milênio*. Entre algumas publicações estão: *A transição como forma de dominação política* (1996) e *Ditadura militar no Brasil: repressão* *e pretensão de legitimidade* (2001), ambos publicados pela Eduel. É também coautora do livro *Ciências Sociais na atualidade* (Paulus, 2009). Os artigos referentes à pesquisa atual têm sido divulgados nos periódicos *Investigación & desarrollo; Cinta de Moebio; Reflexión Política, Nomadas*, entre outros. *E-mail*: mjderezende@gmail.com.

PAULO ROBERTO PADILHA — Mestre e doutor em educação pela FEUSP/SP. Pegagogo, bacharel em Ciências Contábeis e músico. Diretor de Desenvolvimento Institucional e do Instituto Paulo Freire. Autor dos livros *Planejamento dialógico* (2001), *Currículo intertranscultural* (2004), *Educar em todos os cantos* (2007); e *Município que educa* (org., 2010), entre outros.

PETRONELLA MARIA BOONEN — Doutora em Educação pela Faculdade de Educação da Universidade de São Paulo, com tese sobre o tema da Justiça Restaurativa. Atua como coordenadora de projetos e educadora no Centro de Direitos Humanos e Educação Popular de Campo Limpo, zona sul da cidade de São Paulo. *E-mail*: pmboonen@gmail.com.

PREFÁCIO

Maria Victoria Benevides

Nossos corações e mentes aceleram quando confrontados com a busca de uma definição para *dignidade*, palavra plena de sentidos, entre a fria razão e o âmago da sensibilidade humana. No entanto, acreditamos que "naturalmente" sabemos do que se trata; afinal, reconhecemos quando estamos diante de um ato indigno, uma "indignidade", assim como sabemos os seus contrários edificantes, que nos foram ensinados desde cedo, com as histórias dos santos e dos heróis cívicos.

Um mínimo de formação moral nos leva a identificar do lado da indignidade a tortura e o castigo degradante, a criança que passa fome e não tem escola, o trabalho escravo, a prostituição infantil, o idoso que padece na fila do hospital, a mulher que dá à luz na rua, as famílias que se alimentam dos lixões, as situações de discriminação, racismo, exploração, os presos amontoados em depósitos, as "faxinas étnicas", as pessoas tidas como indesejáveis e descartáveis. A lista é longa... Mas, se percebemos as situações de violação à dignidade, nem sempre reconhecemos e enfrentamos suas causas. Em nosso país, marcado pela abissal concentração de renda, pelo "berço esplêndido" da cultura da desigualdade, falar em dignidade parece um luxo, uma retórica dos "valores proclamados" — e não dos valores reais como diziam Anísio Teixeira e Florestan Fernandes. É como se falássemos abstratamente da "Justiça" (aquela da balança e dos olhos vendados) sabendo perfeitamente que há, entre nós, justiça para pobre e justiça para rico. É como se falássemos de dignidade como algo que tem a ver mais com compaixão e caridade, do que com direitos e justiça, do que com liberdade, igualdade e solidariedade.

Essa brevíssima introdução foi provocada pela temática deste livro e de minha própria experiência como militante e educadora na área de Direitos Humanos. Foram numerosas as ocasiões em que me vi desarmada para responder à pergunta crucial: o que sustenta a defesa de direitos humanos para todos, quando sentimos que muitos não os merecem? Por que temos que aceitar a ideia da igualdade, se já nascemos tão diferentes? Como falar em "natureza" humana, quando estamos fartos de conhecer o peso da cultura sobre os povos? Respondo da única maneira que me parece possível, ou seja, recorro ao fundamento dos direitos, que é justamente a dignidade intrínseca de todos os seres humanos, o que garante a universalidade do "direito a ter direitos", para falar como Hannah Arendt.

Voltamos ao começo: o que é dignidade? Existe, como sabido, uma amplíssima discussão filosófica, antropológica, religiosa e científica a respeito do que seja a "natureza humana". Hoje, a consciência ética da humanidade chegou a uma fase histórica de afirmação do ser universal, ou seja, nas palavras de Fábio Comparato, "a revelação de que todos os seres humanos, apesar das inúmeras diferenças biológicas e culturais que os distinguem entre si, merecem igual respeito, como únicos entes no mundo capazes de amar, descobrir a verdade e criar a beleza [...] e em razão dessa radical igualdade, ninguém — indivíduo, gênero, etnia, classe social, grupo religioso ou nação — pode afirmar-se superior aos demais".

Diria, portanto, que dignidade é a qualidade própria da espécie humana que confere a todos e a cada um o direito à realização plena como ser "em permanente inacabamento, à proteção de sua integridade física e psíquica, ao respeito a suas singularidades, ao respeito a certos bens e valores, em qualquer circunstância, mesmo quando não reconhecidos em leis e tratados. Dignidade é aquele valor — sem preço! — que está encarnado em todo ser humano. Direito que lhe confere o direito ao respeito e à segurança — contra a opressão, o medo e a necessidade — com todas as exigências que, na atual etapa da humanidade, são cruciais para sua constante humanização. Como ensina Kant: as coisas têm preço; as pessoas, dignidade.

Ouso dizer que a preocupação com a dignidade é o pano de fundo deste belo livro, organizado com a garra e a elegância de Flávia Schilling, colega da Faculdade de Educação. Modéstia à parte, ela, José Sérgio e eu temos algo em comum: com o apoio do saudoso professor José Mário Azanha e do querido professor Celso Beisiegel, conseguimos consolidar um campo de estudos, pesquisas e formação de professores em torno dos Direitos Humanos. Nossa grata satisfação é perceber o interesse e a dedicação de nossos alunos de graduação e pós-graduação, assim como a receptividade das escolas públicas e de seus docentes envolvidos (será que avaliamos bem o quanto de vontade e sacrifício se exige de quem, por exemplo, trabalha o dia inteiro em sala de aula e vem de Parada de Taipas participar de evento na USP, de ônibus e à noite?).

Merecem destaque os desafios de um trabalho necessariamente multidisciplinar que, como mostram os autores dos ensaios aqui reunidos, assim como o relato de experiências variadas e bem-sucedidas, tem sido motivação para maior empenho e realizações. As quatro partes da obra desvelam a riqueza desse olhar múltiplo. Como diz Flávia, o pressuposto é a possibilidade de "reinvenção da política" — às vezes de forma lenta e tortuosa — ampliando-se ao máximo a concepção de democracia, cidadania e educação.

A leitura é sempre empolgante. Tomamos conhecimento de parte importante do pensamento brasileiro sobre a "naturalização das desigualdades" e da servidão — interna e externa —, herança maldita da escravidão e que explica a cruel persistência de nossas práticas violentas e excludentes contra "os de baixo". Manoel Bomfim, Euclides da Cunha, Josué de Castro e Fernando de Azevedo, revistos com notável originalidade por Maria José de Rezende, estão falando de (in)dignidade. Tais pensadores foram também homens de ação e trazem para o início deste século problemas centenários e que permanecem atualíssimos. Como não se identificar com Manoel Bomfim, por exemplo, quando ele afirma que "ser livre é ser capaz de encontrar um sentido social para a vida"? Não é o que queremos como conceito ampliado de cidadania democrática, de solidariedade como um dos princípios dos direitos humanos?

Andrei Koerner dá uma excelente contribuição às nossas reflexões pedagógicas com o aporte da ciência política e do direito. Discute os pontos principais da expansão da cidadania no Brasil, a transição democrática, as conquistas da Carta de 1988 e das convenções internacionais na defesa e na promoção dos direitos humanos. Com linguagem acessível ao grande público (portanto, sem "jurisdiquês"), Andrei desenvolve as noções de indivisibilidade e interdependência entre os direitos e acentua o núcleo duro da questão: a dignidade como fundamento, o ser humano como medida de todas as leis — "de todas as coisas", acrescento. Esse é o sentido de sua conclusão sobre a efetivação do artigo 5º da Constituição, o que "impõe uma agenda absolutamente prioritária para as ações governamentais".

A colega Carlota Boto nos brinda com um ensaio primoroso e provocador sobre as relações entre democracia, direitos humanos e educação; sua generosidade permitiu incluir na coletânea o que, sem dúvida, tem mérito e extensão para ser publicado isoladamente pela autora. Carlota desenvolve uma hipótese, acredito que inédita, sobre "as três gerações de direitos educacionais" (leiam o livro para saber quais são) e enfrenta as armadilhas teóricas da tensão permanente entre direito à cultura e universalidade, entre tolerância e relativismo: "a educação pode ser mobilizada como estratégia pertencente a território fronteiriço entre o radicalmente global e o irredutivelmente local". É competente interlocutora de Bobbio e sua noção de dignidade, assim como dos consagrados Lash, Alain, Sacristán, Rawls, Charlot, Snyders, entre outros. Aprofunda a ideia de "alegria cultural" — na discussão mesma dos direitos de todos — e nos aproxima de formas literárias e outras, como o cinema. Cultiva as dúvidas e busca algum sustento ao indagar: "Teremos nós, docentes, ainda o que dizer a essa juventude que nos interpela? Ou seremos apenas alienígenas que assombram crianças e adolescentes com a obsolescência de nossos ditos 'saberes' escolares?"

Beatriz Teixeira, minha aguerrida ex-aluna, aqui retoma o tema de sua tese de doutorado, defendida na Feusp, sobre o que significa educar para a democracia em nosso combalido sistema público de ensino e construir uma escola efetivamente democrática. Aprofunda o conceito de comunidade e de "participação" — provavelmente a palavra mais usada em nossos estudos sobre democracia na escola. Beatriz é impenitente na crítica, sempre bem fundada, pois ela reúne o conhecimento da socióloga à experiência da pesquisadora *in loco*. Destaca os valores essenciais de tolerância, solidariedade e respeito mútuo (logo, de dignidade) para que a comunidade possa construir a escola, ao mesmo tempo que se constrói, com autonomia e inclusão. "Essa comunidade existe?", indaga no final do texto. É o que todos queremos.

José Sérgio Fonseca de Carvalho trata dos problemas e dos sucessos de uma experiência extraordinária — o Projeto Direitos Humanos na Escola — ao qual ele se dedica, há três anos, com a vocação que exige "paciência e paixão", para lembrar a lição de Max Weber. O projeto, cujos cursos de formação de professores são realizados com metodologia que foge do padrão exclusivamente "palestral", tem atraído centenas de docentes da rede pública. Cinema, literatura, teatro, artes em geral, entram na roda de fruição e discussão, naquele sentido de mestre Antonio Candido, que entende o acesso à cultura como um direito humano, no caso, especialmente a literatura. Na parte mais discursiva do texto, José Sérgio questiona o que significa, para os educadores, aproximar objetivos e conteúdos escolares da cultura jovem e urbana, hoje. "Uma educação comprometida com a democracia, mais do que uma simulação de práticas eleitorais, deverá necessariamente buscar cultivar em seus alunos, por meio de suas práticas e seus conteúdos pedagógicos, um modo de vida cujos fundamentos se encontram nesses princípios e valores públicos que caracterizam a ampliação e a efetivação dos direitos humanos."

O artigo de Helena Singer sobre a escola democrática aborda o tema de Beatriz por outro ângulo — o da experiência das escolas libertárias — e em torno de uma vivência concreta, pois integra a direção da Escola Lumiar em São Paulo, de cujo Conselho faço parte e onde muito aprendo. Apresenta as polêmicas sobre experiências conhecidas — como Summerhill — e a história maravilhosa do educador polonês Januz Korczak, a quem comecei a amar desde que o conheci, pelas mãos de Dalmo Dallari. Helena é dessa estirpe, apaixonada pela liberdade e pelos direitos fundamentais de todos, mas sobretudo das crianças, de todas as crianças, sem nenhuma distinção, e menos ainda as de classe social. Sua discussão sobre os vários tipos de violência na suposta "educação" é perturbadora para aqueles confortados só em "boas intenções". Aprofunda a outra visão da violência — aquela da "autoridade" que discrimina e humilha (os que são vistos não como alunos, mas como favelados, negros, ignorantes, marginais — todos aqueles que perdem, na boca do poder, a sua identidade) e aponta para as possibilidades de resistência, como um direito inerente à dignidade de pessoas livres. Só teremos a ganhar se acompanharmos a experiência da Lumiar e manter constante contato com seus educadores.

Marcelo Daher é outro autor que discute um projeto em andamento há dois anos, em quatro comunidades de São Paulo, associando diretamente os direitos humanos e a realidade do cotidiano dos jovens, suas vivências individuais, familiares, escolares, culturais, do trabalho, da violência etc. Apresenta, sem disfarces, os desafios, medos, tensões, acertos e tropeços. O trabalho da

Rede de Observatórios de Direitos Humanos, na linha da pesquisa-formação, propõe novos e promissores caminhos para educadores e militantes. "O projeto visa ao mesmo tempo promover o envolvimento de jovens com os temas dos direitos humanos e com atividades comunitárias, além de gerar informações diferenciadas sobre a situação dessas comunidades, trazendo o jovem como sujeito nesse processo." Trata-se, ainda, de impedir que o silêncio e a invisibilidade das violações de direitos humanos continuem a contribuir para sua perpetuação. A tarefa educacional deve levar o educando a fortalecer sua capacidade de *narrativa* sobre suas próprias experiências cotidianas. Busca-se o estabelecimento de um espaço permanente de diálogo e de aprendizado com as experiências — como diz o autor, "trocando histórias, tecendo a rede".

Paulo Roberto Padilha nos remete às questões seminais da pedagogia problematizadora e transformadora de Paulo Freire, uma pedagogia de "recuperação da humanidade" daqueles a quem tudo é negado, mas que continuam com a exigência do reconhecimento da dignidade intrínseca a todo ser humano. Lembrar Paulo Freire é associar direitos humanos e educação na elaboração teórica e nas experiências de vida, tanto na educação formal quanto na informal. Paulo discorre sobre os últimos textos do mestre e sobre o Movimento pela Escola Cidadã, surgido no final dos anos 1980. "Ela é cidadã na medida em que exercita na construção da cidadania de quem usa o seu espaço, de quem está nela e de quem vem a ela; é coerente com os valores da liberdade, da igualdade e da solidariedade — sendo uma escola da comunidade, de companheirismo, que vive a experiência tensa da democracia." O projeto de todos nós é dar continuidade ao legado do pedagogo dos oprimidos.

Os artigos de Petronella Maria Boonen e Francisco Dias, ambos ex-alunos por cuja militância tenho a maior admiração, nos levam ao olho do furacão, às possibilidades de se educar (aos outros e a si próprios) em situações limites de desrespeito à dignidade do ser humano.

Petronella relata sua ação educativa na região de Campo Limpo e Capão Redondo, o que, para quem conhece a periferia mais carente e violenta desta cidade, já diz muito: as pessoas são violentadas social e criminalmente, e suas representações sobre direitos humanos são influenciadas por essas experiências; mas, ao mesmo tempo, reivindicam uma vida com dignidade e questionam os mecanismos de exclusão, a começar pela própria falta do direito à vida. Tomamos conhecimento do trabalho desenvolvido pelo Centro de Direitos Humanos e Educação Popular, dentro do programa Defesa da Vida: o projeto "Planejar para integrar Escola e Comunidade", o projeto "Eu também sou Cidadão" e as oficinas em torno de "Conflitos". A educadora exige o máximo de todos nós, além do simplesmente possível, ou seja, propõe o desafio de assumirmos o *continuum educativo, pela ligação entre academia e periferia a fim de educarmos em Direitos Humanos*, superando o individualismo, o consumismo e o hedonismo dos tempos pós-modernos. É um programa de vida.

Francisco (Chico) Dias expõe nossa mais doída chaga: os adolescentes em situação de privação de liberdade. Em 2000, os internos da Febem eram cerca de 3.600; o número dobra em 2003, e a tragédia continua em progressão geométrica. O texto parte do princípio essencial, ao qual sempre voltamos, isto é, o preso pode ter seus direitos de cidadão suspensos, mas continua membro da humanidade, logo, portador de direitos humanos, de onde o de ser educado "em valores, atitudes e conhecimentos socialmente definidos para uma vida individual e social que realize a dignidade humana". Discute a tese de que o direito a ser educado é mais abrangente do que o direito à educação e discorre sobre o conceito de "educabilidade", como resultado de uma articulação entre Estado, sociedade civil e família. Critica as atuais medidas socioeducativas no que elas afrontam a doutrina da proteção integral que orienta o ECA e insiste na intenção primeira que deve ser *cuidar e educar*. O autor discorre sobre o tema em nível teórico elevado, o que nada tem de pedantismo acadêmico, mas advém de um conhecimento profundo da realidade (conhece a Febem por dentro) e, sobretudo, de um profundo, de um imenso compromisso com a construção de uma sociedade em que não se tenha mais medo das crianças.

Enfim, este livro é uma excelente leitura para todos nós — mas, acima de tudo, é uma convocação para aquele compromisso.

São Paulo, 12 de maio de 2005

APRESENTAÇÃO À 2ª EDIÇÃO

Flávia Schilling

É com grande satisfação que apresentamos a 2ª edição da coletânea *Direitos humanos e educação: outras palavras, outras práticas.*

Este livro foi precursor de uma série de iniciativas que estão em desenvolvimento, em consonância com o Plano Nacional de Educação em Direitos Humanos (2006), com o Programa Nacional de Direitos Humanos (PNDH 3), e com as orientações das Diretrizes Curriculares Nacionais de Educação em Direitos Humanos (2010).

Segundo o Plano Nacional de Educação em Direitos Humanos (PNDH), a educação contribui para a criação de uma cultura universal dos direitos humanos direcionada:

- ao fortalecimento do respeito aos direitos e liberdades fundamentais do ser humano;
- ao pleno desenvolvimento da personalidade humana e senso de dignidade;
- à prática da tolerância, do respeito à diversidade de gênero e cultura, da amizade entre todas as nações, povos indígenas e grupos raciais, étnicos, religiosos e linguísticos;
- à possibilidade de todas as pessoas participarem efetivamente de uma sociedade livre.

Há, sobre essa temática, uma multiplicidade de discursos e debates que decorre exatamente de seu caráter histórico: daí as diferentes ênfases sobre a heterogênea e complexa temática dos direitos humanos. Quais serão as ênfases, as prioridades? Como trabalhar com o tema no Brasil, país com dificuldades em considerar a universalidade dos direitos, a igualdade? Quem cabe no discurso dos direitos humanos? A quem se destina?

Há, nesta coletânea, um esforço em trabalhar com a multiplicidade discursiva, a polifonia que cerca o debate sobre os direitos humanos, e em mostrar como é possível trabalhar.

Agora que se coloca o desafio da inserção da educação em direitos humanos nos currículos do Ensino Superior do país, como fazer que este tema não se torne um "adorno", que seja integrante do currículo em suas várias facetas? Como o tema da construção histórica dos direitos humanos se insere nos currículos, recuperando a memória das lutas em torno de sua construção? Qual é a história da universalização do direito à educação — um dos direitos humanos — no Brasil, seus avanços em termos de acesso e suas dificuldades em termos da permanência, por exemplo? Quais são as relações a fazer entre o direito à educação — um dos direitos humanos — e o direito ao voto? E sua relação com os demais direitos, trabalho, saúde, maternidade, liberdade de expressão etc.? Quais são as instituições existentes no Brasil que defendem os direitos dos cidadãos em caso de violação? O que fazer, por exemplo, com crianças vítimas de violência na família? Ou seja, como trabalhar os direitos humanos no cotidiano escolar, a partir de casos concretos, verificando a possibilidade de redes de organizações que possam dar conta da construção do direito?

Há, assim, várias possibilidades de trabalho com a temática, as quais combinam, de formas diversas, as tensões entre as Declarações, os Programas e as práticas. Pois, se há dificuldades com o debate sobre os direitos humanos e sua realização no país, cabe reconhecer avanços importantes.

Um exemplo é a progressiva universalização do direito à educação que começou a realizar-se na última década. Porém, além da pergunta: "quem pode ser educado?", que obtém respostas diversas no decorrer da história, há outra que seria sintetizada assim: "como se deve educar?", que se une a outra que poderia ser formulada: "para que fins educar?". Sobre a segunda e terceira questões, a história da educação escolar nos apresenta um debate recorrente sobre se o mais "conveniente", o "desejável", são "cabeças feitas ou cabeças cheias". Esta é uma questão peculiar à nossa formação cultural brasileira que diz respeito aos fins da educação, conforme a excelente descrição de Patto[1] (2007):

> (...) no discurso oficial, uma das concepções mais pregnantes da função social da escola, ao longo da história do pensamento educacional brasileiro, é explícita ou implicitamente, a da prevenção da criminalidade, o que praticamente anula a escola como instituição que tem o dever de garantir o direito de todos ao letramento e ao saber (2007, p. 234).

É isso, entre outras coisas, que se quer mudar, para mudar o país. Porém, cabe também mencionar outro aspecto para ilustrar os debates sobre os sentidos da educação como um direito humano e os avanços e dilemas de sua realização.

Se o acesso (à educação escolar) se universaliza, o mesmo não se pode dizer em relação à permanência dos alunos. Em muitas escolas há um cotidiano vazio, sem propostas, sem entusiasmo pela aventura do conhecimento. É descrito, em algumas pesquisas, como um lugar de profundo tédio. A situação pode ser analisada utilizando o referencial de Dubet e Martuccelli (1997),[2] que descrevem três modos de subjetivação entre o(a)s aluno(a)s: a) aquele(a)s que se socializam e se subjetivam na escola; b) aquele(a)s que se formam paralelamente à escola; e c) aquele(a)s que se subjetivam contra a escola. Essas formas de subjetivação corresponderiam à verificação da existência ou não, naquela específica situação de educação escolar, da relação de utilidade dos estudos para as suas vidas, da identidade com o ambiente e a cultura escolar e o interesse intelectual despertado, a paixão e o interesse pelo conteúdo.

Essas são algumas questões — iniciais — sobre a realização do direito à educação e da compreensão da educação como um direito humano, vinculadas ao acesso e à permanência no sistema escolar. O conhecimento dos impasses em torno da ideia de construção da igualdade (todos são educáveis, todos devem ter acesso aos bens culturais produzidos pela humanidade) e da forma de operar as classificações, com suas consequências de intolerância

---

1. PATTO, M. H. S. "Escolas cheias, cadeias vazias." Nota sobre as raízes ideológicas do pensamento educacional brasileiro. *Estudos Avançados*, São Paulo, v. 21, n. 61, p. 243-66, set./dez. 2007.

2. DUBET, F.; MARTUCCELLI, D. A socialização e a formação escolar. *Lua Nova*, Revista de Cultura e Política, São Paulo, n. 40/41, p. 241-66, jul./dez. 1997.

e reativação de estigmas, pode servir de base para uma atitude dos educadores, gestores de organizações e trabalhadores sociais, que comporte uma crítica a estas separações, no marco de uma educação vista como um direito humano. Com seu conteúdo de igualdade, de busca incessante de igualdade. Com sua recusa em transformar as diferenças em desigualdades.

São muitos os desafios, mas temos a certeza de que valem a pena: esperamos que o livro possa contribuir para o debate.

São Paulo, 12 de maio de 2011

APRESENTAÇÃO

Flávia Schilling

Direitos Humanos, Educação

Há uma vasta bibliografia que focaliza o papel da educação na construção dos homens e mulheres necessários para a reprodução da vida em sociedade tal como ela é. Há, também, vários estudos sobre sua importância na possibilidade de criação de alternativas à vida como ela é. E hoje, nesta lenta e tortuosa construção de uma democracia no Brasil, qual será a importância da educação para a mudança da vida e da sociedade? Qual será o papel da educação, da escola, nesta democracia ampliada que se tenta construir, que trata da gestão da coisa pública, de uma sociabilidade baseada em direitos, no respeito às diferenças e de luta pela justiça social e pela igualdade? Qual será o papel da educação em um momento de definição do que será uma "vida justa em comum", especialmente em um momento político de embate entre concepções onde modelos de sucesso e êxito legitimam o "vale-tudo" contrapondo-se a um movimento que propõe novas formas de solidariedade? As reflexões contidas neste livro marcam a importância da educação como uma das esferas onde os impasses atuais podem ser objeto de reflexão e de ação. Se é verdade que a educação não pode tudo, pois emoldurada por questões estruturais, há espaços de liberdade possível.

Apresenta-se, neste livro, o fruto de algumas ações desenvolvidas na Faculdade de Educação da USP sobre temas vinculados aos direitos humanos e à educação como um direito humano.[3] Como não poderia deixar de ser, este livro foi construído a partir da contribuição de múltiplos olhares: da sociologia, da história, da filosofia, da ciência política, do direito, da pedagogia, entrecruzando-se para dar conta da necessária multidisciplinaridade do tema. Foi construído, também, a partir de muitos lugares: instituições de ensino superior, organizações não governamentais, projetos ligados a núcleos de pesquisa, institutos, escolas. Nesta perspectiva, multidisciplinar, trabalha Maria José de Rezende, que recupera a discussão histórica e sociológica sobre a desigualdade e a violência da sociedade brasileira: sem esta introdução necessária, que aponta para nossas dificuldades reais, como discutir direitos humanos? Da mesma forma trabalha Andrei Koerner, cruzando a perspectiva da ciência política e do direito, apontando os marcos legais e impasses da cidadania brasileira, e Carlota Boto, que analisa a lenta e difícil construção da educação escolar como um direito humano, introduzindo o debate sobre universalismo e multiculturalismo, a partir do cruzamento entre a história, a filosofia e a pedagogia. Seguindo esta trilha, Beatriz de Basto Teixeira pensa nas transformações das escolas para uma educação democrática, na perspectiva da sociologia e da pedagogia.

O presente livro traz, ao lado da reflexão teórica sobre o tema, uma série de experiências que, agrupadas sob a denominação geral de "educação em direitos humanos", comportam, também, uma perspectiva multidisciplinar e interinstitucional, e, a partir da formação de redes, promovem determinadas ações que visam à construção de uma cidadania democrática. Trata-se de um campo ainda pouco explorado pela pesquisa e que permite vislumbrar novos caminhos para a árdua tarefa de construção da democracia no Brasil. Nesta linha de investigação incluem-se os artigos de Helena Singer, que explora a temática no cotidiano da escola livre; de José Sérgio Fonseca de Carvalho, narrando o trabalho de formação de professores da rede pública no projeto Direitos Humanos nas Escolas; de Marcelo Daher, analisando o trabalho dos jovens Observadores de Direitos Humanos; de Paulo Roberto Padilha, trazendo o pensamento de Paulo Freire e suas orientações no traba-

---

3. O Grupo de Estudos e Pesquisas sobre temas de Direitos Humanos e Cidadania da Faculdade de Educação da USP, cadastrado no CNPq, é formado por: José Sérgio Fonseca de Carvalho, Flávia Schilling, Carlota Boto, Sandra Maria Sawaya, Denise Trento. Obviamente, este grupo não esgota o rol dos(as) professores(as) que orientam pesquisas nesta temática. Cabe mencionar, especialmente, Maria Victoria Benevides, fundadora desta linha de pesquisa.

lho com as escolas; de Petronella Boonen analisando o trabalho do Fórum em Defesa da Vida; e Francisco Dias, mostrando os impasses das medidas socioeducativas.

Foi desenvolvido, em 2003, um primeiro levantamento sobre projetos da USP que mantinham relação com a temática.[4] Seu ponto de partida foi a problematização sobre o que são os "direitos humanos", pois este é um conceito em construção, "lido" e "compreendido" de diferentes formas. Traduzido por muitos como "direitos civis", sua compreensão contemporânea necessariamente os vincula aos direitos sociais, econômicos e culturais. Educação, acesso à justiça, acesso à cultura, à ciência e à tecnologia. Direito ao trabalho e renda, à moradia, à saúde. Direitos ambientais, direitos das mulheres, dos idosos, das crianças, dos povos indígenas, dos negros. Este pequeno apanhado ilustra a dispersão e a amplitude dos direitos humanos em suas múltiplas dimensões, da liberdade, da igualdade e da fraternidade. Em todos estes âmbitos, na Universidade, há projetos, programas e ações. A USP conta com uma Comissão de Direitos Humanos que desenvolve uma série de atividades, como a Biblioteca Virtual de Direitos Humanos e o Prêmio Direitos Humanos. Lembramos o NEV/CEV, com seu trabalho pioneiro na área da violência; o Nemge e o Lacri, na área de estudos e prevenção da violência contra a mulher e a criança, os vários projetos do MAC, de inclusão para crianças e portadores de deficiência, o Nepaids, a Incubadora de Cooperativas Populares, o projeto Avizinhar, a Rede Saci, a Universidade Aberta à Terceira Idade, a USP Recicla, a USP Legal, o projeto Educom.radio, os projetos da Estação Ciência, o Projeto Piá, a Cidade do Conhecimento.[5] São estas e tantas outras iniciativas, cotidianas e constantes, nas universidades, na sociedade civil, no Estado, que mudam a cara do Brasil.

O livro é apresentado com um bloco central, que discute os direitos humanos na escola, outras palavras que mostram a necessidade de outras práticas. Como preâmbulo necessário, incluímos uma discussão sobre o Brasil, com sua desigualdade e violência, e apresenta-se o marco legal do debate. Como a escola não está só, insere-se em um território, há um bloco

---

4. Este trabalho, intitulado "Educar/transformar: práticas e debates sobre educação em direitos humanos e cidadania", contou com o apoio do Fundo de Cultura e Extensão. Foi realizado com a participação das alunas de graduação da FEUSP: Flávia M. S. Pires, Cristiane Paiva, Juliana Manso Prieto, Tatiane Tanaka, Thaís Medeiros e Juliana Oki.

5. No Anexo, apresentamos uma listagem dos endereços e objetivos destes projetos.

que discute experiências de direitos humanos na "comunidade", no bairro. Encerra-se com um anexo com ações da Universidade de São Paulo: exemplos de práticas possíveis.

Este livro não teria sido possível sem o apoio de muitos: obra coletiva, esforço coletivo. Contou com o apoio, fundamental, da Pró-Reitoria de Pesquisa da USP, através do Programa Prodivulga, e da Faculdade de Educação da USP, especialmente da área de Sociologia da Educação.

Com este livro, espera-se contribuir para o debate e, e partir destas novas palavras, a construção de novas práticas.

Direitos humanos e desigualdade no Brasil

AS DESIGUALDADES NO BRASIL:
uma forma de violência insuperável? As reflexões de Manoel Bomfim, Euclides da Cunha, Fernando de Azevedo e Josué de Castro

Maria José de Rezende

Introdução

Desde o início do século XX, o pensamento social brasileiro tematizou a desigualdade social e política como uma forma de violência recorrente no país ao longo de sua história. Pretende-se, neste estudo, resgatar as análises de Manoel Bomfim (1868-1932), Euclides da Cunha (1866-1909), Fernando de Azevedo (1894-1974) e Josué de Castro (1908-73) acerca das múltiplas formas de ações negadoras da possibilidade de estabelecimento de um padrão de organização social que tivesse entre os seus objetivos principais o florescimento de práticas desmanteladoras das exclusões (políticas, educacionais, sociais, econômicas, raciais etc.) perpetradas, continuamente e através de diversos modos, pelos setores preponderantes sobre os demais.

Entre as múltiplas formas de ações potencializadoras da violência contra os estratos mais pobres estavam, por um lado, as atuações dos condutores da política brasileira, a partir de 1822, para impedir que fossem abertos espaços por onde fossem criados quaisquer mecanismos que levassem os setores populares a publicizarem as suas demandas na arena política e, por outro, a condenação da maioria ao analfabetismo, à fome aguda, à fome crônica e ao abandono de modo geral. Todos os quatro intérpretes do Brasil mencionados neste estudo assinalavam que o país estava repleto de formas de vivências assoladas por múltiplas privações advindas do modo de condução do processo sociopolítico.

Euclides da Cunha, por exemplo, nos textos intitulados *Da independência à República* (1966) e *Os sertões* (1995), editados respectivamente em 1900 e 1902, registrava a ação de governantes, de lideranças político-partidárias, das forças armadas, de funcionários públicos, de intelectuais e de outros setores intermediários urbanos para captar a corresponsabilidade de diversos grupos sociais na manutenção de um padrão de organização permeado por múltiplas formas de violência que se expressavam, principalmente, através da cisão entre o litoral e o sertão do país. Em *Os sertões* ele afirmava que essa divisão levava os brasileiros a se desconhecerem mutuamente, o que dava margem para a proliferação de atitudes e comportamentos extremamente brutais dos governantes republicanos — com o endosso dos estratos médios do litoral — sobre as populações pobres abandonadas, há 400 anos, nas regiões longínquas. Se a Guerra de Canudos (1896/97) era o acontecimento que melhor ilustrava esse processo, não era, porém, o único. A Cabanagem, a Balaiada, a Sabinada, entre outros movimentos contestatórios, também eram mencionadas como exemplos.[1]

A escolha desses pensadores entre inúmeros outros se deve ao fato de que eles tanto refletiram sobre as consequências nefastas para a sociedade brasileira da não reversão das condições sociais e políticas fundadas em práticas sociais violentas por parte dos setores preponderantes, quanto apresentaram caminhos que, caso fossem seguidos, poderiam levar a uma vivência, para a maioria da população, não circunscrita à pobreza, à fome, ao desemprego, ao analfabetismo, à miserabilidade e a todas as violações da vida humana decorrentes da permanência de um padrão de organização social e de domínio político potencialmente desigual.

---

1. O movimento de 1835 ficou conhecido como a Cabanagem e pode ser sintetizado como um levante dos negros, mestiços e índios no Pará. Era uma luta contra a elite e a ordem social por ela estabelecida. Em 1837, na Bahia ocorreu a Sabinada, cujo objetivo principal era transformar aquela província em uma República independente. Em 1838, no Maranhão, ocorreu um levante contra a ordem social estabelecida. Ficou denominado de Balaiada e durou até 1841. Líderes de negros libertos eram os condutores deste movimento.

Todos os pensadores analisados aqui demonstraram que a prevalência da violência dava-se através de práticas brutais (extermínio de populações inteiras como a Guerra de Canudos, massacres dos movimentos ocorridos na década de 1830, citados anteriormente, entre outras) que eliminavam toda e qualquer prática política questionadora dos caminhos tomados pelo país e, também, por meio de ações políticas institucionalizadas que negavam para a maioria da população as condições básicas de uma vivência não pautada na fome, no desemprego, na miserabilidade e no analfabetismo.

Manoel Bomfim argumentava que o poder público cometia uma violência contra a maioria da população ao condená-la ao analfabetismo. Ele afirmava:

> "É espantoso, é monstruoso, que um país novo, onde toda a educação intelectual está por fazer, onde a massa popular é ignorantíssima, onde não há instrução industrial nem técnica, onde o próprio meio e todos os recursos naturais não estão estudados — é monstruoso que, num tal país, para um orçamento de 300 mil contos, reservem-se 73 mil contos para a força pública, e apenas 3.200 contos para tudo, tudo que interessa à vida intelectual — ensino, bibliotecas, museus, escolas especiais, observatórios etc. [...]" (Bomfim, 1993, p. 196)

1. Manoel Bomfim e a violência política

Manoel Bomfim, em seu livro *O Brasil nação* (1931), demonstrava que a partir de 1822 a atuação dos setores que conduziam a vida política brasileira pautava-se numa busca obsessiva por controles de todas e quaisquer ações que pudessem levar a caminhos que conduzissem a mudanças substantivas, ou seja, aquelas que indicassem no sentido da reversão dos atrasos sociais, econômicos e políticos, até então, cristalizados. O parasitismo e o conservantismo floresceram e sedimentaram inúmeros vícios (corrupção, descrença nas instituições públicas e no sistema de representação) que teriam favorecido, ao longo do século XIX e nas primeiras décadas do século XX, a permanência de um modo de governar que emperrava a criação de condições para efetivar um desenvolvimento social que rompesse com a privação humana de uma parte expressiva de brasileiros.

O parasitismo implementado no país com o processo de colonização, conforme ficou demonstrado em *A América Latina: males de origem* (1993), foi redefinido após a independência. O modo de operar essa redefinição foi responsável pelas diversas formas de violências perpetradas pelos dirigentes sobre os demais setores sociais. O parasitismo dos setores dirigentes, exacerbado pela forma de condução do Estado e através da exploração do trabalho escravo, por exemplo, desaguava em impedimentos sociais e políticos de toda espécie. A corrupção material por parte dos setores preponderantes e o banimento dos setores populares da vida política levavam a uma crescente descrença, por parte destes últimos, na possibilidade de reversão das práticas perpetuadas por jogos de forças que excluíam a maioria da arena política. Os impedimentos sociais e políticos que recaíam sobre a maioria da população eram caracterizados, por Bomfim, como uma forma de violência política prevalecente tanto no Império quanto nas primeiras décadas da República.

Os impedimentos sociais e políticos que recaíam sobre as massas empobrecidas de modo geral, os quais eram sedimentados por uma maneira de governar, acabavam por simular uma mentalidade de incapacidade, da maioria, para o desenvolvimento de qualquer ação política capaz de reverter os atrasos sociais, econômicos e políticos prevalecentes no país. Manoel Bomfim considerava que a prevalência dessa convicção de incapacidade tinha o efeito perverso de fazer com que recaísse sobre a maioria empobrecida toda responsabilidade por suas próprias condições de analfabetismo, de fome e de pobreza. Nessa mesma linha de raciocínio Josué de Castro, em uma passagem de *Geopolítica da fome*, resgatava essa preocupação de Manoel Bomfim, de 1905, ao demonstrar que em meados da década de 1940 prevalecia ainda, por parte de intelectuais e políticos, esse empenho em atestar que "O faminto passa fome porque é faminto-nato [...], como o criminoso na antiga teoria lombrosiana[2] (que) rouba e mata por ser criminoso-nato" (Castro, 1961, p. 66).

A naturalização das desigualdades levava à cristalização, segundo Manoel Bomfim, de um amplo descaso, por parte dos setores preponderantes, para com as condições de vida da maioria da população.[3] Os desdobra-

---

2. O termo lombrosiano refere-se à teoria criminalista do médico-legista italiano Cesare Lombroso (1835-1909). Sua obra principal intitulada *Uomo delinquente*, de 1876, desenvolvia, a partir de influências darwinistas, a tese do criminoso nato, o qual era o indivíduo que fatalmente praticaria crimes, já que ele era tomado por impulsos congênitos.

3. Há algumas análises acerca das interpretações do Brasil empreendidas por Manoel Bomfim. Ver: Aguiar, 2000; Alves Filho, 1979; Candido, 1990; Fausto, 1996; Mota; 1997; Nunes, 1997; Ribeiro, 1993.

mentos sociais do descaso dos condutores do poder político em relação à massa em geral, desde 1822, foram múltiplos e atingiram a nação como um todo, comprometendo o seu desenvolvimento econômico e político posterior. Em tais condições, ocorreu um processo de estagnação da sociedade, que significou a ampliação crescente das dificuldades de reverter o seu caráter concentrador de riquezas e de misérias que conduziram à perpetuação de violações diversas sobre os estratos mais atingidos pela privação eternizada pelo não progresso social.

No que consistia, para ele, este último? Ele respondia:

"No desenvolvimento da inteligência, pelo esforço contínuo para aproveitar do melhor modo possível os recursos havidos da natureza, da qual tiramos a subsistência, e no apuro dos sentimentos altruísticos que tornam a vida cada vez mais suave, permitindo uma cordialidade maior entre os homens, uma solidariedade mais perfeita, um interesse maior pela felicidade comum, um horror crescente pelas injustiças e iniquidades." (Bomfim, 1993, p. 60)

Sociedades que desenvolvem formas variadas de parasitismos (corrupção material e/ou política, superexploração do trabalho escravo e/ou livre etc.) têm muita dificuldade de gerar um desenvolvimento social nos moldes apontados no parágrafo anterior, uma vez que as forças sociais parasitas organizam-se para impedir mudanças sociais substantivas. Os setores preponderantes no Brasil, ao voltarem seus esforços para a manutenção de um padrão de organização e de dominação política fundado na exploração sem limites do trabalho, por exemplo, produziram um constante desinteresse, não só nos setores economicamente afortunados, mas também nos setores intermediários, pelo que acontecia com os demais estratos sociais. Ocorreu, segundo Bomfim, "uma perda da capacidade moral de desenvolver sentimentos humanistas" (Bomfim, 1993, p. 63). Abria-se o caminho para a naturalização de todas as práticas violentas e excludentes.

O não desenvolvimento de um espírito público — definido como um sentimento que se ocuparia da dignidade e do bem-estar de todos os membros da nação — teria então, no Brasil, raízes profundamente arraigadas na formação de uma sociedade e de um Estado que não representou, desde os seus primórdios, "nenhum serviço de utilidade pública. Compreendia apenas a força pública para manter a máquina, o fisco etc." (Bomfim, 1993, p. 117). Nesse caso, as ações políticas e os jogos sociais entre os setores dominantes davam-se visando à preservação desse estado de coisas. Estes últimos, ao tentar criar forçosamente uma adaptação dos mais pobres a essa condição, produziam inúmeras formas de violências que se propagavam sucessivamente. As desigualdades sociais e políticas eram a expressão mais contundente desse processo que percorreu todo o século XIX e adentrou o seguinte.

Ao "reduzir a massa popular à ignorância e à abjeção" (Bomfim, 1993, p. 123), os estratos preponderantes deram vazão um crescente processo de violações que degradou a nação brasileira como um todo. O aniquilamento da sociedade brasileira até o início do século XX (momento em que Bomfim estava escrevendo a obra *A América Latina: males de origens*) era fruto de um parasitismo social que se assentava, principalmente, na escravidão, a qual teria criado uma mentalidade que desfavorecia o negro de modo geral mediante o processo de industrialização e de urbanização. Este último foi condenado ao analfabetismo, à não formação técnica profissional. Isso levava a uma convicção, entre os setores predominantemente detentores do poder econômico e político e os segmentos médios urbanos, de que aqueles que eram escravos não tinham possibilidade de executar tarefas atinentes ao mundo urbano-industrial. Estes últimos eram, então, reduzidos à miserabilidade, ao analfabetismo e à pobreza. O efeito disso era o tolhimento das vontades inovadoras. Somente a educação social — pautada na propagação de valores altruístas, de interesses coletivos e de respeito aos direitos e aos deveres de todos (Bomfim, 1993, p. 310) — é que poderia constituir a base para uma mudança social que tivesse como objetivo primordial a valorização de todos os brasileiros, independente da cor, da raça, da profissão etc.

Sendo, para ele, a República, a democracia e a liberdade incompatíveis com a ignorância, fazia-se necessário uma verdadeira campanha contra esta última, já que a única via para o progresso social e político era a educação pública e universal. "A instrução tem que servir de base à verdadeira democracia [...]. Ser livre é ser capaz de encontrar um sentido social para a vida. O indivíduo só é autônomo quando consegue conformar-se a este rumo fundado em atividades construtoras da vida social digna para todos os indivíduos" (Bomfim, 1993, p. 342-3).

A responsabilidade social de todos na construção de uma sociedade não fundada em múltiplas formas de violações emergiria de um amplo processo de inclusão social e política que seria fruto da efetivação da instrução pública e universal. Mas havia algum indicativo de que isso estava ocorrendo no início do século no país? O livro *A América Latina: males de origem*, de 1905, era um manual de indicações de procedimentos, ou seja, as classes dirigentes deveriam ocupar-se da instauração de um processo de redefinição das ações do Estado rumo a esse processo de preparação das massas para o processo de modernização que se fazia premente na sociedade brasileira. Em sua obra *O Brasil nação*, de 1929, Bomfim apresentava-se um pouco descrente das possibilidades de uma reversão das múltiplas desigualdades. A razão principal de tal descrença era a não indicação da efetivação de um processo educacional universalizante.

> "Aprendi, então, como os nossos dirigentes são incapazes de compreender e realizar a democracia, como temem a liberdade, que nunca conheceram; aprendi como se mostra a degradação de uma classe por definição de escol; como se organiza o Estado para a exclusiva injustiça, até a torpeza e o roubo; como é preciso não ser honesto, nem sincero, nem apto. Vi como evolui a corrupção, como se consagra a infâmia e a ignorância." (Bomfim, 1931, p. 10)

As crises sociais e políticas que advinham da cristalização dessas condições de emperramentos e degradações eram, para ele, responsáveis por todas as formas de violências (pobreza, analfabetismo, corrupção, fome) que se abatiam sobre a sociedade brasileira de modo geral. As deficiências dos governantes, a incapacidade dos setores preponderantes em compreender que o padrão de organização social vigente potencializava um processo de frenagem que impedia a mudança dos rumos que eram tomados pela nação. No final da década de 1920 ele argumentava que, até então, os condutores do país tinham levado a grande maioria a sobreviver em estado de calamidade absoluta. A injustiça e o desrespeito aos direitos fundamentais imperavam e remetiam a maioria da população à barbárie, a qual poderia ser visualizada através das miserabilidades crescentes naquele momento.

A ineficiência histórica das classes dirigentes era, assim, fruto de um longo processo político voltado para a estrita conservação de seus interesses. Encasteladas nas funções de governo, elas não conheciam outro caminho senão a manutenção do *status quo*. A prevalência de seus interesses sobre os interesses coletivos foi definidora de uma orientação política que subtraía toda possibilidade de renovação.

> "É impossível que esses homens não reconheçam o absurdo de apresentar como programa político 'conservar'. Conservar não pode constituir função especial,

ativa, de ninguém; é uma função passiva. A sociedade conserva-se, independente de qualquer esforço; conserva-se [...] por uma função inconsciente, reflexa [...]. Conservar é obra dos mortos. Viver é acrescentar alguma coisa ao que existe, eliminar o que já não convém." (Bomfim, 1993, p. 162)

No livro *O Brasil nação*, Bomfim argumentava que a miséria que acabrunhava a maioria dos brasileiros na década de 1920 era fruto de um longo percurso de deterioração conservado e controlado pelos setores preponderantes. A massa popular encontrava-se escrava de uma classe dirigente absolutamente incapaz, incapacidade essa fundada em um padrão de domínio que se sustentava por meio da conciliação política, a qual foi demonstrada por ele como responsável pela conservação de um padrão de organização social extremamente desigual. No campo político, as negociações para o reconhecimento da independência, para ajeitar, em 1822, os interesses econômicos e políticos da Coroa portuguesa, as negociações ocorridas na Regência e no Segundo Império plantaram as sementes das dificuldades de sedimentação de uma nacionalidade inclusiva (Rezende, 2002). Ele afirmava que desde 1808 "a nacionalidade é iludida, mascarada, traída, deturpada para a miséria do que tem sido sempre a política brasileira" (Bomfim, 1931, p. 99).

As raízes da não formação de uma vida pública que estivesse fundada na publicização das diferenças sociopolítico e culturais tinham que ser buscadas na instauração de um espírito de nacionalidade fictício. A ordem constitucional que se implantava a partir de 1824 já deixava evidente que não haveria garantias de direitos para todos os brasileiros. A população espoliada continuava a não ter, na nova ordem institucional, nenhum espaço para expressar seus interesses, suas preocupações políticas, seus desejos e suas críticas. O mínimo questionamento do espírito antinacional — aquele que não se pautava pelo interesse coletivo — prevalecente no modo de condução da formação do Estado nacional era absolutamente reprimido. E o mais grave, afirmava ele, era que com a República isso não mudou, já que os pobres, os operários estrangeiros, são escorraçados e perseguidos por denunciar a espoliação a que estavam submetidos (Bomfim, 1931, p. 101). Também a partir de 1889 "não havia direito que não tivesse sido desprezado, não havia liberdade constitucional que não tivesse sido violada" (Bomfim, 1931, p. 104).

De 1822 a 1920 a nação brasileira foi tortuosamente atacada pelo modo como os dirigentes operavam as administrações públicas fundadas no descaso para com os interesses coletivos, na obsessão por manter um padrão de domínio cuja regra básica é a conciliação entre os setores preponderantes e na obstinada manutenção da massa popular em condições de analfabetismo e de exclusão política.

No campo das ações políticas perpetuadoras de violações que se enraizaram na vida social brasileira, Manoel Bomfim citava como exemplo as décadas de 1820 e 1830, período que estava em formação uma ação política democrata e republicana por intermédio de oposicionistas como Cipriano Barata e Borges da Fonseca, os quais advogavam a necessidade premente de modificações voltadas para os interesses nacionais e coletivos. Todavia, mediante a possibilidade de que os oposicionistas imprimissem sua marca nesse processo aparecem os "vivedores da política" (Bomfim, 1931, p. 125), os denominados moderados. Esses se dispõem não a apoiar o governo de D. Pedro I, mas sim a se colocar ao lado dos democratas radicais.

> "Sem intransigências de ideais nem virtude para sacrifícios, esses, apenas oposicionistas, deram a si mesmos o tratamento de moderados, e trataram de aproveitar a situação no modo mais moderado, mais cômodo: obrigar o Imperador a subordinar-se, ou mesmo, aceitar a sua queda, uma vez que ele se via irremissivelmente repudiado pela nação. Entraram na campanha para amortecê-la, destemperá-la e reduzi-la a simples mudança de pessoas em vez de marqueses, moderados — futuros marqueses." (Bomfim, 1931, p. 125)

O significado político das ações de moderação se evidenciou nas décadas posteriores, quando a marca da conciliação entre os estratos preponderantes passou a expressar uma luta por anular quaisquer ações consequentemente voltadas para os interesses nacionais. Todos os espaços que eram abertos pelos oposicionistas radicais (os quais se caracterizavam pela defesa da democracia, da República e do federalismo), eram, na década de 1830, ocupados pelos moderados. As ações destes últimos acabavam por simular a desnecessidade da entrada de outras forças sociais na arena política, já que suas atuações se limitavam a questionar pessoas e atos, e não a exclusão política. "Aproveitando as brechas abertas pela oposição radical, insinuavam-se para as posições e faziam a crítica das pessoas e dos atos, indiferentes a doutrinas, a não ser um vago constitucionalismo [...]"[4] (Bomfim, 1931, p. 128).

---

4. A Independência, a queda do Primeiro Império, a Abolição e a República eram consideradas, por Bomfim, as principais revoluções políticas (no caso das duas primeiras e da última) e sociais (no caso da segunda) brasileiras. No entanto, em todas elas as classes dirigentes se apropriaram desses movimentos "anulando-os em seus efeitos especiais" (Bomfim, 1931, p. 103).

Manoel Bomfim destacava ainda que os oposicionistas radicais que lutavam pela democracia também cometeram erros ao não terem clareza do significado que havia no ato dos moderados em imiscuírem-se na cauda das reivindicações revertedoras das exclusões sociais e políticas. "Eles não meditaram no quanto havia de monstruoso em que um Evaristo [da Veiga], o homem da sensatez moderada, viesse a ser revolucionário, e que a ele e a seus comparsas fosse entregue a sorte da revolução reivindicadora da nacionalidade" (Bomfim, 1931, p. 130).

Na interpretação de Bomfim, esse período pós-independência acabou por plantar as sementes de um processo de consagração de interesses pessoais e embustes que prevaleceram durante todo o Segundo Império. Isso porque a corrupção política[5] que se instaurou entre os condutores do poder foi o ingrediente principal da corrupção material que tomou conta do Estado nos séculos XIX e XX. Assim, "a grande viagem da decadência fez-se sob a cúpula do império.[6] Foi como uma marcha natural: transigir, dissimular, abjurar, desprezar princípios, sacrificar a pátria por motivos pessoais" (Bomfim, 1931, p. 142) tornaram-se a essencialidade do modo de governar. Estavam assim postos todos os ingredientes de uma violência política que subtraiu, décadas após décadas, dos setores mais pobres da população, as condições de uma sobrevivência digna, instruída, livre e criativa.

2. Euclides da Cunha: interpretando o Brasil em vista da exclusão e da violência

Reconhece-se nos escritos de Euclides da Cunha uma veemente preocupação com a violência em suas múltiplas formas.[7] Em seus escritos

---

5. O romancista e político José de Alencar, membro do Partido Conservador, escravocrata e monarquista, afirmava: "A conciliação, ideia insinuante, que, sob pretexto de aplacar os rancores da luta, coava no seio dos partidos o filtro da corrupção. [...] A dissolução geral dos partidos, a dissolução dos princípios que nutriam a vida pública do Brasil é o que se convencionou chamar de conciliação, termo honesto e decente para qualificar a prostituição política" (Alencar, *apud* Bomfim, 1931, p. 243).

6. Sobre D. Pedro II, Bomfim afirmava: "Honesto, ele aceitou a corrupção política, cultivou-a, estimulou-a, explorou-a, em proveito do seu poder pessoal; honesto, ele presidiu aqueles decênios de vida pública, para os dias de desmoralização definitiva em que tudo acabou" (1931, p. 274).

7. São diversos os trabalhos sobre os escritos de Euclides da Cunha nas mais diversas abordagens. Dentre eles ver Ventura, 1996; Hardman, 1998, 1996; Galvão, 1998, 1980; Freyre, 1944, 1996; Abreu, 1998.

ganharam destaque tanto a violência que foi cometida pela República contra a população de Canudos, por exemplo, quanto aquela que foi executada pelo Império contra os movimentos denominados Cabanagem, Sabinada, Balaiada (Cunha, 1966, 1995, 1966a, 1966b). Tais brutalidades se caracterizaram pela eliminação física, pela dizimação de inúmeros indivíduos. No entanto, ele discute também uma outra forma de violência que se expressava nas ações políticas dos setores dominantes e médios urbanos que executaram e/ou legitimaram todas as espécies de práticas autoritárias sobre os pobres, os negros, os índios, os sertanejos etc.

Em *Os sertões*, Euclides da Cunha inicia sua reflexão sobre o movimento de Canudos, denunciando que os políticos, intelectuais, profissionais liberais, funcionários públicos e Forças Armadas agiram, nos acontecimentos de Canudos, como verdadeiros mercenários. Ou seja, apoiaram uma atrocidade contra a população de Canudos em nome de valores civilizacionais que nem sequer eram brasileiros. O crime perpetrado pela República contra os seguidores do conselheiro encontrou vastos apoios no litoral que se explicavam pela ignorância política, geográfica, social e cultural dessas populações urbanas.

O abandono no qual viviam uma parte expressiva da população brasileira nos sertões de terras secas e de terras úmidas[8] era caracterizado, por ele, como uma forma de violência que cindia a nacionalidade brasileira. Ao serem esquecidos durante 400 anos, os sertões passaram a ser vistos pelos habitantes do litoral como lócus por excelência da brutalidade, do desmando, do fanatismo e da crueldade. No entanto, Euclides da Cunha construía uma análise mostrando que todos esses traços, às vezes presentes nos recônditos do país, encontravam-se também presentes nos atos, comportamentos, condutas, atitudes e ações políticas dos setores urbanos.

Se a paisagem física e social dos sertões da Bahia e da Amazônia era fomentadora de ações insanas como a do beato Conselheiro, as cidades eram geradoras de fanáticos defensores das ações criminosas empreendidas pelo governo republicano contra Canudos. Era, segundo ele, justificável que uma população sem instrução, sem possibilidades de ações efetivas na arena política — todas as vezes que isso foi tentado (a Sabinada, a Balaiada e a Cabanagem teriam sido tentativas brutalmente repelidas) ocorreu uma ação dos

---

8. Região amazônica.

governantes para atestar a inutilidade de suas atuações — não conhecesse nenhuma outra forma de ação que não estivesse respaldada pelo fanatismo religioso. Mas era injustificável que os moradores das cidades agissem inflando as atitudes desvairadas do Exército que estava incumbido de exterminar o arraial de Canudos. Ignorância, desconhecimento, fanatismo e intolerância permeavam as atitudes de estratos intermediários que supostamente teriam condições de algum discernimento político.

> "Agindo respaldada em tais desvarios e insanidades a última batalha em Canudos tingiu, afirmava Euclydes da Cunha, as páginas da história brasileira de horrores e de amostras da ferocidade dos inimigos imaginários da República. No calor dos acontecimentos transparecia o quanto o brasileiro em geral era dado ao fanatismo. Os sertanejos tinham deixado isso evidenciado durante todo o processo de constituição do povoado de Canudos e de suas lutas; os habitantes das cidades pareciam enlouquecidos em defesa da República e da destruição dos homens do Conselheiro. Os soldados no decorrer das batalhas beijavam uma medalha de Floriano Peixoto que traziam ao peito como se saudassem um santo milagreiro." (Rezende, 2001, p. 223; Cunha, 1995)

Em *À margem da história*, Euclides da Cunha demonstrou que o abandono era uma forma de violência aceita tanto pelo poder público quanto pelos setores dominantes e médios como a melhor maneira de resolver os problemas sociais do país. Os pobres tinham sido, ao longo da história, exilados dentro da própria pátria. "Os banidos levavam a missão dolorosíssima e única de desaparecerem" (Cunha, 1966b, p. 248).

Em vez de alguma política de efetivação da reversão do divórcio entre o litoral e o sertão e da exclusão social, política e educacional, a República continuava a dar prosseguimento, nos moldes do Império, ao descaso absoluto em relação à necessidade de efetivar ações inclusivas para a maioria dos brasileiros. Os setores preponderantes julgavam-se civilizados, mas não se empenhavam em construir uma nação em que não prevalecesse o absoluto desprezo pela vida humana, desprezo que atingia os indivíduos mais pobres, destruindo-os sob vários aspectos, ou seja, social e politicamente.

A indiferença em relação a estes últimos não era, porém, atinente apenas ao início do século XX. A colonização bárbara que recaiu sobre o país teria plantado no campo econômico — vide os ciclos da cana-de-açúcar (1535-1695) e da mineração (1695-1800) e o tratamento dispensado ao escravo — e no campo político todas as formas de barbárie. Na Colônia, o Estado, por exemplo, organizava-se quase que somente para as cobranças de impostos que "iam da devassa ao pelourinho [...] do confisco à morte" (Cunha, 1966c, p. 125).

A formação de uma nacionalidade brutalizada desde os seus primórdios não era questionada a partir de 1889. Portanto, não havia indicação de que a República se empenharia em criar condições para que se formasse um outro sentimento inclusivo de nação. Aliás, muito pelo contrário, as primeiras amostras das ações governamentais na década de 1890, em relação à Canudos, por exemplo, era de exaltação da violência como política de Estado. A precariedade política e intelectual potencializava ora ações brutais, ora sentimentalismos, ora atitudes paternalistas e emergenciais, entre outras. Mediante a fome, a seca e outras calamidades, "a alma nacional, de chofre comovida, ostenta o seu velho sentimentalismo incorrigível desentranhando-se em subscrições e em sonetos, em manifestos liricamente gongóricos e em telegramas alarmantes; os poderes públicos compram sacos de farinha e organizam comissões, e os cientistas apressados [...] ansiando por salvarem também um pouco a pobre terra, imaginam hipóteses" (Cunha, 1966d, p. 131).

Euclides da Cunha destacava, no início do século XX, que jamais teria havido no país planos contínuos de combate à miserabilidade, ao analfabetismo, à fome etc. A violação da vida humana só seria combatida se houvesse, de fato, preocupação dos dirigentes e dos cientistas,[9] principalmente com o combate ao abandono a que estava submetida a maioria da população. Não bastavam, porém, ações abstratas, desconexas da realidade a que essa última estava submetida. A violência, a brutalidade seria mais e mais potencializada, caso não se quebrasse definitivamente essa nacionalidade cindida entre pobres e afortunados, sertanejos e litorâneos. A integração entre as diversas partes formadoras do país era o primeiro passo rumo à proposição de soluções efetivas e duradouras para os problemas sociais que acometiam a sociedade brasileira naquele momento, afirmava ele. Mas como fazer isso "se ainda hoje (1904) buscamos nas velhas páginas de Saint-Hilaire notícias do Brasil. Alheamo-nos desta terra. Criamos a extravagância de um exílio subjetivo, que dela nos afasta, enquanto vagueamos como sonâmbulos pelo seu seio desconhecido. O verdadeiro Brasil nos aterra [...]" (Cunha, 1966d, p. 135).

---

9. Sendo um devoto da ciência, Euclides da Cunha atribuía aos cientistas um papel fundamental. Ele acreditava que o progresso social dependia inteiramente do progresso científico.

O desconhecimento da realidade social brasileira atingia quase todos indistintamente, e isso potencializava a indiferença, a apatia, o desprezo pela vida do outro. Em tal ambiente, as exclusões potencializadoras de múltiplas formas de violência floresciam abundantemente, visto que todo progresso que se conhecia no país, naquele momento, era falacioso, em seu entender, pois era medido não por melhorias sociais, mas pelos *stoks* de café.

Combater os artificialismos da vida social, econômica e política era, para ele, o primeiro passo para a redefinição do país em termos de criação de um padrão de organização distinto daquele que vigorava até então. Eram artificiais, por exemplo, uma modernização que não levasse a melhorias coletivas, um progresso que só atingia alguns, uma industrialização que se subordinasse a interesses de países estrangeiros e um desenvolvimento científico que não desvendasse, de fato, a nação e as suas necessidades. Vencer, portanto, o artificialismo era vencer toda uma indiferença fatalista em relação ao devir, o que só poderia ser feito por meio de uma leitura adequada, precisa, das condições vigentes no país.

Combatendo as convicções, em moda em sua época, de que os brasileiros seriam, por si mesmos, avessos ao desenvolvimento social, Euclides da Cunha ressaltava que havia entre as populações ameríndias que formavam as populações dos sertões de terras secas e de terras úmidas robustez, equilíbrio e determinação, o que seria um traço absolutamente positivo na união de forças para a recriação da nação. No texto *Entre o Madeira e o Javari* (1966e), ele argumentava que os sertanejos, por exemplo, davam demonstrações de que eram capazes de se impor frente a qualquer proposta de modernização. Eles agiam de forma vigorosamente resistente e se mostravam aptos para o progresso inclusivo.

O desenvolvimento social não artificial apenas poderia vingar no Brasil se fosse vencida a situação política postiça vigente no Império e na República. Os pressupostos de igualdade e de liberdade eram vazios, desconexos e destituídos de toda e qualquer substancialidade em razão de uma latente dificuldade de superação de uma prática política essencialmente repressiva. Raciocinando sempre em termos do evolucionismo spenceriano,[10] Euclides

---

10. Seguindo os pressupostos evolucionistas de Spencer (1829-1903), Euclides da Cunha vislumbrava uma necessária progressão em todos os campos da vida social. No caso da política, ele partilhava da ideia do sociólogo britânico segundo a qual as sociedades modernas tendiam a superar as instituições repressivas e a implementar instituições fundadas na cooperação (Spencer, 1972).

da Cunha considerava que, se era justificável, no imediato pós-independência, a dificuldade de dar à ideia de liberdade e igualdade alguma veracidade, não o era mais a partir da República, na qual era, para ele, inconcebível que continuassem suas autoridades agindo de forma absolutamente autoritária. O episódio nos sertões da Bahia havia revelado que "acima do desequilibrado que dirigia Canudos estava toda uma sociedade de retardatários. [...] De um lado [estavam] os matutos do conselheiro, imbuídos de uma nevrose coletiva, de outro os expedicionários também broncos e rudes" (Cunha, 1995, p. 266-77).

Por que a proposta de organização que se pleiteava em Canudos causava tanto horror nos habitantes das cidades? Ela inovava em relação ao modo de lidar com as desigualdades? Ou seja, ela era de fato inovadora? Euclides da Cunha afirmava que ao proporem um padrão mais equitativo de distribuição material, os seguidores de Antônio Conselheiro inovavam e o faziam também por tentar administrar o povoado, dando maior proteção às mulheres e às crianças. No entanto, em vários outros aspectos assistia-se à manutenção de uma forma de domínio expressivamente autoritária. Ou seja, o controle de Canudos estava integralmente nas mãos de Conselheiro. As condutas, os comportamentos dos moradores eram vigiados por este último, que legislava e aplicava as penas com rigor. Combinavam-se, assim, duas ordens: uma despótica e outra protetora.

Euclides da Cunha traçava um amplo painel das múltiplas dificuldades que teriam que ser enfrentadas para a pavimentação de caminhos que levassem o país a uma organização social não autoritária, não despótica, não fundada em violações da vida humana de modo geral. Ou seja, fazia-se necessário construir uma sociedade não baseada no desprezo pela privação social da maioria. A solução não estava, para ele, nem em movimentos messiânicos, que também reproduziam, a seu modo, uma lógica paternalista e violenta, nem em uma república excludente e marginalizante, que se concentrava em uma política obsessivamente autoritária.

As precariedades sociais e políticas e as violações delas derivadas somente seriam superadas se, no decorrer do século XX, fossem sedimentadas ações políticas que estivessem dispostas a lidar de maneira diferente — dos autoritarismos vigentes até então — com as multiplicidades étnico-culturais, os desequilíbrios regionais, os antagonismos políticos e sociais que advêm destes últimos, os contrastes presentes na sociedade brasileira em termos econômicos, políticos, sociais e culturais, a frágil nacionalidade que unia os brasileiros, os vícios políticos do sistema de representação e a não integração nacional. Essas questões mostravam-se como entraves para uma modernização de modo decisivamente inclusivo e solapador das múltiplas formas de violência cristalizadas no âmago da vida social.

3. Fernando de Azevedo: a inexistência de uma educação pública e universal como forma de violência

O "capítulo Psicologia do povo brasileiro", do livro *A cultura brasileira*, é um ponto de partida riquíssimo para a compreensão dos fundamentos da recusa de Fernando de Azevedo em aceitar as teses que atestavam ser a população do país, em vista de fatores ora étnicos, ora econômicos, ora sociais, ora geográficos, ora climáticos, portadora — tanto individual como coletivamente — de atitudes e de comportamentos violentos, preguiçosos, alegres, tristes, incapazes, imprevidentes, desordeiros etc.[11] Essas explicações partiam de uma natureza imutável do brasileiro em termos gerais devido ao fato de que as forças naturais (biológicas, climáticas, raciais) se sobrepunham às forças sociais. Nesse caso, parecia a alguns intérpretes do país (Paulo Prado, por exemplo) que era simplesmente desnecessário investir na reversão das privações, das precariedades, da pobreza, da miserabilidade, do analfabetismo, já que a nação era dotada de uma incapacidade insuperável.

Todo investimento na modificação das instituições sociais e políticas era apresentado como inócuo por aqueles que acreditavam que o povo brasileiro possuía um modo de ser imutável. Contra essa perspectiva, Fernando de Azevedo se debateu ao longo de suas reflexões acerca da vida social brasileira. Todos os traços (persistentes ou transitórios) do caráter coletivo foram por ele discutidos intensamente em suas obras que tratavam da possibilidade de construir uma nação mais inclusiva, humanista, instruída e igualitária por meio de um amplo processo de universalização educacional.

Fazia-se necessário refutar, em primeiro lugar, a tese de que a falta de habilidade para o aprendizado, a frouxidão, o desânimo, eram atinentes ao

---

11. Como exemplo de pensadores que teriam problematizado desse modo o povo brasileiro, podem-se citar Monteiro Lobato, Paulo Prado, Afonso Arinos de Melo Franco.

mestiçamento que aqui prevaleceu. Ou seja, que esses eram traços herdados do aborígine e do negro. Para combater esse pressuposto, ele argumentava que toda característica de um modo de ser provinha das condições sociais, e não étnicas (Azevedo, 1996, p. 202). Eram aquelas primeiras que necessitavam ser inteiramente alteradas para que ocorresse no país uma evolução social no sentido de vencer o individualismo e o familismo que teriam dissipado a formação de um espírito de cooperação nacional, de pátria e de nacionalidade.

Azevedo destacava que a dificuldade da democracia assentava-se nesse sentimento individualista que levava os brasileiros a se agrupar em torno de pessoas, e não de ideais (Azevedo, 1996, p. 215).[12] Eram esses os reais empecilhos para a formação de espaços públicos por onde deveriam fluir ações políticas redefinidoras das condições de desigualdades sociais e políticas extremas que se potencializavam na sociedade brasileira e eternizavam as violações e as privações humanas em geral.

Se a maioria continuasse descrente das instituições políticas, do Estado, das instituições escolares, dos espaços públicos de ação e de intervenção, não haveria qualquer possibilidade de reconstrução nacional. Fazia-se, então, necessário um amplo processo de geração, em todos os estratos sociais, de uma confiança nessas instâncias. A educação deveria ter, a seu ver, um papel essencial na criação de um novo ser humano capaz de agir em vista dos interesses coletivos, e não individuais. Havia necessidade de proceder a várias mudanças que dessem substancialidade a um modo de agir coletivo e democrático.[13]

Que mudanças seriam essas? Seriam educacionais por meio da criação de uma nova mentalidade, de novos valores; seriam científicas e técnicas; seriam políticas pela democratização das instituições; seriam econômicas, desde que impulsionasse um amplo processo de industrialização; seriam sociais, desde que ocorresse a expansão da urbanização e da inclusão. Tais

---

12. Fernando de Azevedo tecia várias críticas à democracia liberal. Ele afirmava que "a democracia real terá de fortificar o Poder Executivo, romper com o liberalismo sem disciplina, com o igualitarismo da mediocridade e passar do plano formal, ou se quiserdes, político puro, para um plano político social, em que se acrescente à democracia política a democracia econômica e social de que aquela seja o efeito e a expressão e cujas constituições serão adaptadas aos fatos tornados coletivos" (1958d, p. 156). Sua perspectiva afinava-se com as críticas ao liberalismo dos anos 1930 e com a defesa da associação, em voga na era Vargas, entre Executivo forte e democracia.

13. São vários os trabalhos sobre a obra de Fernando de Azevedo. Entre eles ver Bomeny, 1999; Candido, 1994; M. V. Cunha, 1995; Penna; 1987; Piletti, 1982, 1985; Vidal, 1994.

modificações deveriam ser capazes de vencer uma mentalidade conservadora, autoritária e rotineira que assolava as classes preponderantes no país. Tendo sido ela formada, durante três séculos, num ambiente social individualista, familista, personalista e pouco plástico (Azevedo, 1962), as mudanças encontrariam todas as formas de resistências que apenas seriam vencidas por meio de um processo educacional universalizante e capaz de recriar inteiramente os valores no âmbito, principalmente, desta última classe.

As desigualdades e as violações foram potencializadas ao longo dos séculos. Isso se deu, principalmente, em virtude da ausência de um sistema nacional de educação que fosse capaz de criar um pensamento coletivo, uma unidade de orientação para o país. As distâncias socioeconômicas foram sendo expandidas por meio das diferenças entre uma larga massa de analfabetos e uma minoria de indivíduos instruídos, tendo-se, assim, instalado uma inorganização social que se refletia inteiramente nas dificuldades de sedimentação de um ensino público no país, o qual estava "condenado a não ter organização, quebradas como foram as suas articulações". Assim, o ensino público não cumpriu o seu papel de "coordenar, num sistema, as forças e instituições civilizadoras, esparsas pelo território nacional" (Azevedo, 1996, p. 556).

Ao estudar o modo como a educação pública foi-se arrastando durante os séculos XIX e XX, Fernando de Azevedo foi revelando o descaso com que os setores preponderantes lidaram com a reversão das desigualdades e das exclusões no país. Suas ações políticas reforçaram, após a República, uma cultura antidemocrática de desrespeito aos princípios humanistas de modo geral. Tanto que a ausência de instrução pública e universal e o analfabetismo nunca foram tratados pelos dirigentes como uma das formas mais prementes de violência contra o ser humano. Após 1889 deu-se continuidade a um "regime de educação doméstica e escolar, próprio para fabricar uma cultura antidemocrática, de privilegiados" (Azevedo, 1996, p. 560, 1958, 1958a, 1958b, 1958c, 1958d).

As reformas da década de 1920, por exemplo, batiam-se essencialmente contra esse tipo de educação que não era capaz de implementar uma nova forma de conceber a vida social. A educação universal seria a única capaz de gerar uma mentalidade democrática em todas as camadas sociais. Somente assim os interesses coletivos poderiam se sobrepor às demandas puramente individuais. A renovação pedagógica e social seria capaz, segundo Azevedo, de dar um outro sentido à vida das pessoas. Por isso todos os brasileiros deveriam ser atingidos por tais reformulações do sistema escolar que se esboçavam no país a partir da década de 1920.[14]

Em *Novos caminhos e novos fins*, Fernando de Azevedo afirmava que o objetivo da nova educação era libertar os indivíduos da intransponibilidade social que no Brasil lembrava um regime de castas em virtude dos preconceitos e da servidão prevalecentes. Esta última somente poderia ser revertida se a escola fosse, de fato, para todos. Assim, seria criada uma nova civilização, uma nova forma de desenvolvimento da vida social.

> "Transmutando a escola popular não apenas num instrumento de adaptação (socialização), mas num aparelho dinâmico de transformação social. [...] A educação nova é uma obra de cooperação social, que atrai, solicita e congrega para um fim comum todas as forças e instituições sociais, como a escola e a família, pais e professores, que antes operavam, sem compreensão recíproca, em sentidos divergentes senão opostos." (Azevedo, 1958, p. 17)

E de que maneira a renovação educacional seria eficiente para transfigurar a vida social brasileira, ou seja, para transformá-la em geradora de uma sociedade mais igualitária e democrática? Tais objetivos seriam atingidos se a escola fosse capaz de mudar socialmente todos os indivíduos, independentemente de sua classe social. A universalidade da educação visava transmutar também a elite, pois não seria suficiente mudar apenas os setores mais pobres. Todas as camadas tinham que ser atingidas, de modo a prevalecer nos vários grupos o interesse coletivo, a cooperação e a preocupação com a vida do outro. A valorização da vida de todos e a condenação das várias formas de privações e de injustiças tinham que se generalizar, através de uma educação democrática, na sociedade brasileira.

Mas o que seria, para ele, uma educação democrática? Ele afirma que

---

14. A década de 1920 teria sido o nascedouro de um novo ideário escolar, segundo Marcus V. Cunha. "Fatos marcantes nesse processo foram a criação da Associação Brasileira de Educação de 1924 e a dissidência ocorrida na IV Conferência Nacional de Educação em 1931 que cindiu o pensamento renovador em dois agrupamentos, os liberais e os católicos. O primeiro grupo, integrado por Fernando de Azevedo, Lourenço Filho, Anísio Teixeira e outros, publicou em 1932 o documento que ficou conhecido como Manifesto dos Pioneiros da Educação Nova, em que se encontram as principais diretrizes políticas, sociais, filosóficas e educacionais do escolanovismo" (Cunha, M. V., *on-line*, 2001, p. 1, 1995).

"podemos considerar, pois, como democrática aquela educação que, fundada no princípio da liberdade e do respeito ao valor e à dignidade da pessoa humana, favorece a expressão da personalidade a todos, sem distinção de raças, classes ou crenças, comporta um sistema de garantias para a livre escolha, pelo cidadão, entre ideias, crenças e opiniões, como entre carreiras e atividades técnicas e profissionais". (Azevedo, 1958d, p. 166)

O aperfeiçoamento humano estar-se-ia processando, então, quando fossem instaurados mecanismos capazes de gerar a prevalência dos interesses coletivos sobre os individuais. A escola deveria ser a instância capaz de criar uma socialização geradora de uma personalidade democrática[15] que impulsionasse a criança no sentido do enaltecimento de ideais e valores comuns. A geração de uma consciência de que todos os grupos sociais possuíam uma tarefa social e nacional levaria a um espírito de colaboração com os objetivos públicos. A nação como um todo obteria ganhos nesse processo. Observe-se que nas décadas de 1930 e 1940 encontram-se, em Fernando de Azevedo, leituras muito positivas sobre as possibilidades de o país gerar renovações sociais e pedagógicas substancialmente modificadoras das elites, por exemplo. Para ele, a industrialização, a urbanização, os progressos técnicos e científicos, as reformas educacionais propostas pelo movimento denominado escola nova deveriam agir como refundadores da democracia no país, já que essas mudanças produziriam homens inteiramente novos, até mesmo entre os setores preponderantes.

No início da década de 1960, no artigo "A evolução das elites políticas no Brasil contemporâneo e, particularmente, em São Paulo" (1962), ele já se mostrava decepcionado com a possibilidade de uma refundação das bases de atuação política das novas elites que se teriam formado no país nas décadas de 1930, 1940 e 1950. Estas últimas não se mostravam comprometidas com nenhum interesse coletivo e/ou nacional. Ficava, assim, evidenciado que elas não seriam sujeitos geradores de uma sociedade democrática e, portanto, voltadas para o desenvolvimento de ações que visassem superar as desigualdades, as exclusões, as violações e as injustiças sociais.

O desenvolvimento pedagógico e social não seguiu, evidentemente, os caminhos sugeridos e pensados por Azevedo nos anos 1930. O projeto da Es-

---

15. Era visível uma significativa influência de Mannheim sobre Fernando de Azevedo no que diz respeito à necessária formação da personalidade democrática (Mannheim, 1972, p. 293-315).

cola Nova não foi levado adiante, e por isso as novas gerações não obtiveram (dos setores preponderantes ou não) um ideal de ação política nacional voltado para a consecução de um projeto nacional. A educação comum (formada por uma escola única, obrigatória e gratuita), a qual seria a base da democracia, não teria vingado. Entre as várias razões da não implementação de uma educação universal estaria a própria resistência dos setores preponderantes em aceitá-la. Inviabilizava-se, então, a construção da própria unidade nacional.

A universalização da educação criando em todos o sentimento de dever e de responsabilidade, o espírito de cooperação e de brasilidade poderia ter potencializado em todos os brasileiros, até mesmo nas elites, uma mentalidade distinta daquela vigente. O nascedouro desse processo seria a própria sala de aula, que deveria ser uma espécie de "democracia em miniatura" (Azevedo, 1958a, p. 77-8) propiciadora da formação da cidadania.

É evidente que Fernando de Azevedo não atribuía somente à educação universal toda a responsabilidade pelas mudanças constituidoras da democracia e da cidadania. Era ela uma das instâncias fundamentais, porém não a única. Ele afirmava: "Todos os males que verificamos no meio brasileiro, social, político e econômico, são consequências da estrutura social da nação e que só poderão ter remédio, se nos metermos a transformar essa estrutura por um conjunto de reformas políticas, econômicas e educacionais, rigorosamente concatenadas e impelidas numa direção firme e uniforme" (Azevedo, 1958a, p. 114).

Eram múltiplas as formas de desigualdade e de violência que recaíam sobre os indivíduos, entre as quais estavam: a privação material, o analfabetismo, a exclusão política, a ausência de democracia, a não existência de um projeto nacional que tivesse em mente a melhoria das condições de vida da coletividade. Portanto, era necessário criar um conjunto de reformas que atingiriam as diversas esferas da vida social. A reforma educacional era por ele ressaltada como aquela que serviria de base para todas as demais, à medida que ofereceria o substrato necessário para a implementação e a durabilidade de todas as demais.

4. Josué de Castro: a fome como uma forma de violência

Josué de Castro destacava que a fome era uma das formas de violência que minavam a sociedade brasileira em vários sentidos. Ou seja, ela emperrava o desenvolvimento social, a democracia, o combate às epidemias, ao analfabetismo e à exclusão política, potencializando, assim, vários outros modos de violações da vida humana. Quando a necessidade de comer transforma-se em tragédia, as pessoas que estão submetidas a esta última têm as suas existências biológicas e sociais submetidas a uma agressão que lhes causa danos irreversíveis, dizia ele.

A fome aguda e a crônica não tinham, segundo Josué de Castro, razão de existir nos tempos modernos, já que estes possuíam todas as condições para alimentar a população mundial como um todo (Castro, 1961, 2001, 1959, 1967, 1968). Havia, então, recursos naturais e industriais suficientes para que ninguém sobrevivesse na condição de famélico, mas esses recursos eram canalizados para consumos supérfluos, luxos descabidos, armamentos e guerras. A existência de recursos e a indisponibilidade política para solucionar o problema da fome eram consideradas, por ele, uma das mais graves formas de violação do direito à vida. Ele tecia, portanto, uma ampla crítica às perspectivas que advogavam existir escassez de alimentos e pessoas em excesso no mundo atual. Essas posições advinham de "espíritos impregnados dos preconceitos malthusianos (Malthus, 1996, 1996a; Osborn, 1965; Vogt, 1951), [que se baseavam na] convicção de que os solos cultiváveis do mundo são limitados e esgotáveis e o crescimento das populações naturalmente ilimitado" (Castro, 1961, p. 39).

A fome enquanto uma forma de violência teria sido potencializada pelo fato de prevalecer um silêncio opressor, nas diversas partes do mundo, quanto aos efeitos da desnutrição aguda e crônica. Josué de Castro afirmava que tinha um significado sociológico importante o fato de não haver estudos, bibliografias, reflexões acerca da fome. Existiam muitos sobre as guerras, mas não sobre a carência alimentar inviabilizadora da vida. E isso por quê? Segundo ele, as sociedades militaristas e mercantilistas orgulham-se da guerra e não se ocupam da fome. Pode-se perguntar: essa fala de Castro referindo-se à década de 1950 possuía alguma atualidade? Sim, ela é atualíssima, pois basta observar o fracasso da reunião convocada pela FAO/ONU em 2002, na qual a maioria dos países ricos sequer compareceu. As dificuldades mencionadas por ele permanecem intactas no limiar do século XXI.

Permaneceram também intocadas as dificuldades — denunciadas por Josué de Castro quando esteve à frente de vários organismos nacionais e internacionais[16] — de criação de uma economia mais humanitária em todos os âmbitos, ou seja, nacionais, regionais e mundiais. O diretor da FAO, Andrew MacMillan, em 2002, fez uma afirmação que demonstrava a permanência de uma indisposição absoluta dos países ricos em se empenhar na formulação de ações políticas efetivamente voltadas para o combate à fome no mundo. Ele afirmava: "Já fui criticado por dizer que o fato de a fome existir se deve basicamente à incompetência ou à negligência. Nós sabemos muito bem o que fazer, só falta vontade política" (Macmillan, 2002, p. 23).

Nessa mesma linha de raciocínio, comentando ainda o fracasso da reunião da ONU em 2002 para debater a fome, Flávio Luiz Schieck Valente, que participou representando o Brasil, naquele encontro, afirmava que nem sequer o direito à alimentação teria sido aprovado por "pressão dos EUA e do Reino Unido. O código de conduta foi reduzido a uma proposta de mero conjunto de orientações voluntárias para implementar o direito à alimentação" (Valente, 2002, p. 11).

Josué de Castro não supunha, porém, que bastava a formalização do direito à alimentação, mas, evidentemente, que a recusa em aprová-lo deve ser lido à luz de seus escritos como uma absoluta indisposição em implementar qualquer medida efetiva contra a permanência das condições sociais e políticas que reafirmam cotidianamente a fome aguda e a crônica.[17] O esforço para a sua aprovação abriria espaços por onde poderiam fluir ações políticas cada vez mais contundentes no combate à fome. Isto porque esta última era discutida por ele como um problema essencialmente político. Governantes, políticos, intelectuais omitiam direitos e se negavam a procurar soluções. Ao agirem assim, favoreciam alguns interesses específicos. As economias desenvolvidas, por exemplo, faziam da produção e da distribuição de alimentos algo "dirigido no sentido de seus exclusivos interesses financeiros, e não como fenômenos do mais alto interesse social, para o bem-estar da coletividade" (Castro, 1961, p. 50).

Os cientistas sociais, ao se voltarem essencialmente para as temáticas do progresso e da evolução, desviando-se das questões referentes à perma-

---

16. FAO (Food and Agriculture Organization); Ascofam (Associação Mundial de Luta contra a Fome); Sociedade Brasileira de Alimentação, Instituto de Nutrição da Universidade do Brasil.

17. A vasta obra de Josué de Castro tem sido analisada por alguns cientistas sociais. Nesses breves comentários não será possível dialogar com todos eles. Ver Magalhães, 1997; Minayo, 1985; Silva, 2000; Silva, 1998.

nência da fome, favoreciam os interesses preponderantes que se voltavam inteiramente para a exploração, o consumo supérfluo, o luxo e a concentração da riqueza. Os homens de ciência e os homens de ação progressistas tinham de publicizar que a ciência, a técnica, o progresso e a industrialização, por si mesmos, não iriam solucionar a situação da fome no mundo. Era preciso estabelecer uma luta política que fosse capaz de despertar o interesse de governantes, intelectuais, além de outros, pelos grupos humanos violentados em seus cotidianos pela situação de miserabilidade e de fome.

Fazia-se, então, necessário combater diariamente, em todas as frentes, a ideia de que a economia é um jogo no qual uns ganham e outros perdem. Nenhum governo, de fato, preocupado em solucionar o problema da fome e da pobreza poderia ter suas ações circunscritas por esse modo de conceber a vida social. Em *Ensaios de biologia social*, Josué de Castro argumentava que o resultado desse modo de encarar as relações econômicas ia sempre no sentido de culpabilizar os próprios pobres por sua condição. Ou seja, os estratos dominantes e médios difundem a ideia de que os mais pobres passam fome porque têm muitos filhos, porque são não dados ao trabalho, porque são imprevidentes etc. (Castro, 1959).

A cristalização dessa percepção puramente centrada na ótica do mercado de que a economia é um simples jogo, em que uns serão ganhadores e outros perdedores, potencializava as previsões apocalípticas fundadas na ideia de que não havia nenhuma solução para as calamidades sociais, as indiferenças e as indisposições do poder público e da sociedade civil em desenvolver ações políticas voltadas para a solução da fome e de todas as violações que ela provoca.

O desinteresse pela humanidade em sua totalidade é que levava a posições fatalistas e catastrofistas, dizia Josué de Castro. Soluções havia inúmeras, e a principal delas era a criação de uma economia e de uma política mais humanitária e voltada para a valorização da vida e, por conseguinte, da dignidade humana. Deveriam, então, voltar-se para isso todos os homens de ciência e de ação preocupados em criar caminhos por onde deveria dar-se o combate às ações políticas e sociais mantenedoras de amplos setores sociais em condições de miserabilidade. A ciência valorizadora do ser humano deveria ocupar-se intensamente da elaboração de métodos de promoção do bem-estar coletivo. Da obtenção de lucros, da expansão da exploração, da especialização dos mercados, da instrumentalização do imperialismo etc., uma parte expressiva das ciências vinha se ocupando contundentemente. Era preciso abrir uma extensa frente contestadora de tais métodos enaltecedores de situações excludentes.

Em "Estudos da conjuntura brasileira", escrito no início da década de 1960, e publicado junto à obra *Geografia da fome*, Josué de Castro argumentava que não era possível criar uma economia mais humanitária, mais igualitária, menos excludente, senão por meio de uma política nacional capaz de levar em conta "as aspirações políticas, sociais e culturais da maioria" (Castro, 2001, p. 269). Desse modo, a industrialização que se implementava no país a partir da década de 1950 não subverteria a fome, já que ela estava ocorrendo sem o lastro necessário para um desenvolvimento social que atingisse a nação como um todo. Esse lastro se faria com um investimento numa agricultura que se libertasse inteiramente do controle do latifúndio.

As violações da dignidade humana somente seriam vencidas se o país conseguisse superar o progresso de fachada que se havia estabelecido até então. A superação far-se-ia através do combate ao latifúndio improdutivo, ao sistema de grande plantação, ao atraso econômico, ao analfabetismo, ao desequilíbrio regional,[18] ao pauperismo e à fome. Na mesma linha de Euclides da Cunha, a quem Castro dedicou a obra *Geografia da fome*, ele argumentava que era necessária uma forma de progresso econômico que cimentasse a nacionalidade brasileira por meio de um amplo processo de integração nacional. Somente assim as diversas potencialidades singulares de todos os habitantes das várias regiões poderiam ser utilizadas para a criação de uma sociedade mais igualitária, mais democrática e menos subdesenvolvida.

"Porque subdesenvolvimento é exatamente isso: é desnível econômico, são disparidades entre os índices de produção, de renda e de consumo entre as diferentes camadas sociais e diferentes regiões que compõem o espaço sociogeográfico de uma nação" (Castro, 2001, p. 272).

---

18. No que tange ao desequilíbrio regional, ele afirmava que era necessário fixar critérios de investimentos nas diversas regiões. "Não pode ser o de concentrar todos os recursos nas áreas mais adiantadas, onde já existem centros germinativos em expansão, deixando à margem extensas áreas potencialmente capazes de participar do processo econômico. E foi isso o que aconteceu. A filosofia do desenvolvimento brasileiro nos últimos anos foi concebida dentro desta ideia de desenvolver mais o já desenvolvido, e não de integrar no sistema econômico nacional as atuais áreas marginais, tais como o Nordeste e a Amazônia" (Castro, 2001, p. 270).

Diminuir os desníveis de renda entre os diversos segmentos sociais, entre as diversas regiões, entre as várias atividades econômicas, era uma forma de vencer os contrastes[19] que recortavam a sociedade brasileira. A dinamização de um esforço coletivo para o desenvolvimento social depende "em larga escala da validez dos critérios que orientam os investimentos" (Castro, 2001, p. 275) e o ritmo da distribuição da renda. Não havia, em seu entender, nenhum modelo pré-fabricado que o país deveria seguir nesse processo, já que "cada sistema econômico em expansão se orienta de maneira original e até certo ponto imprevisível, em face das possibilidades, das virtualidades das diferentes áreas geoeconômicas" (Castro, 2001, p. 276).

As condições de servidão interna e externa às quais estava submetida a maioria dos brasileiros eram uma das formas mais potentes de violência oriunda do subdesenvolvimento vigente no país na década de 1960. A fome era a expressão mais evidente desse mal-estar coletivo que atingia uma parte expressiva da população. No entanto, ele alertava sobre as impossibilidades de os países da América Latina saírem do atoleiro do subdesenvolvimento sem cooperação internacional. Daí a sua defesa da intervenção de um organismo internacional como a FAO/ONU nesse processo.

> "A escassez de poupanças internas e a necessidade de investir suas disponibilidades em bens de consumo para satisfazer as necessidades básicas de suas populações impacientes por elevar seus padrões de vida torna bem difícil aos países subdesenvolvidos sair por seus exclusivos esforços do atoleiro econômico em que jazem enterrados. Por maiores que sejam esses esforços eles se anulam diante de obstáculos quase intransponíveis, ligados à instabilidade de mercados para seus produtos primários e às dificuldades de obter divisas para o equipamento técnico de sua economia." (Castro, 1959, p. 167)

No entanto, na década de 1960 ele constatava que as nações ricas não vinham cooperando, de modo algum, e as agências especializadas das Nações Unidas (FAO, Unesco, Unicef) não possuíam recursos suficientes para investimentos de tamanha monta. Os países subdesenvolvidos encontravam-se diante de um impasse considerável, pois, por um lado, os interesses econômicos e políticos dos países desenvolvidos não permitiam qualquer mudan-

---

19. A discussão sobre os contrastes era feita com base na obra *Brasil, terra de contraste*, de Roger Bastide, na qual este último afirmava que a fome, a miserabilidade, o analfabetismo etc. tinham que ser explicados através dos contrastes que assolavam a sociedade brasileira (Bastide, 1959).

ça em suas atitudes e condutas em favor de uma cooperação internacional; por outro, sem essa cooperação não era possível vislumbrar qualquer transfiguração significativa, uma vez que as nações ricas tinham em suas mãos vários mecanismos para impedir avanços consideráveis na América Latina.

A miopia política era tamanha que os países ricos não hesitavam em canalizar recursos incomensuráveis para o combate ao comunismo e para a construção de bombas atômicas, mas não se interessavam em investir nenhum recurso no combate à fome (Castro, 1959, p. 170). Isto era catastrófico, pois no "momento atual [década de 1950], a situação social do mundo se constitui obstáculo difícil de vencer para os países subdesenvolvidos" (Castro, 1959, p. 182).

É evidente que para Josué de Castro não bastava somente lamentar a não cooperação internacional que sufocava os países subdesenvolvidos de diversas maneiras (a desvalorização contínua dos produtos primários era uma delas); era preciso também atentar para o modo como as economias nacionais vinham encaminhando seus projetos de desenvolvimento. Em seus pronunciamentos na Câmara como deputado federal, em seus dois mandatos legislativos a partir de 1954, ele argumentava que a crise social que se instalara no país tinha a ver, também, com o modo de condução da política econômica e da política social. Uma política social direcionada para o combate de calamidades, tais como a fome, o analfabetismo, a miserabilidade etc., somente poderia vingar se estivesse "assentada numa política econômica com um norte preciso" (Castro, 1959, p. 174).

Arrancar a política social de seu eixo puramente sentimentalista era, então, o desafio que o país enfrentava nos anos 1950. Era necessário romper com a atitude paternalista e caridosa dos programas sociais. A distribuição daquilo que era direito do brasileiro deveria ser feita por meio da aplicação do capital social no desenvolvimento da agricultura, da educação e da saúde. Somente desse modo o Brasil estaria construindo veredas por onde fluiriam os combates às múltiplas formas de violências que destruíam, incessantemente, inúmeras vidas.

5. Considerações finais

Manoel Bomfim, Euclides da Cunha, Fernando de Azevedo e Josué de Castro destacaram, cada um a seu modo, as múltiplas formas de expressão da violência no Brasil. Em razão das condições sociais, econômicas e políticas vigentes entre 1900 e 1970 — período esse em que escreveram suas obras —, eles ressaltavam o autoritarismo, a exclusão política, o abandono de populações inteiras nos diversos recônditos do país, o analfabetismo, a miserabilidade e a fome como violações da vida humana. Assim, esses intérpretes fornecem amplos elementos para a compreensão de que a violência não se restringe apenas a índices de assassinatos, números de assaltos e de agressões físicas de diversas naturezas.

A produção social de um conjunto de condições que impedem, nos diversos âmbitos, o desenvolvimento de todas as potencialidades humanas foi retratada, por eles, como uma forma de violência. Fernando de Azevedo e Josué de Castro demonstraram que a sociedade brasileira, ao se configurar de modo a impedir que inúmeros indivíduos tenham acesso à educação e aos alimentos necessários a uma existência adequada, revelava-se reprodutora, em larga escala, de um amplo processo negador da possibilidade de que uma parte expressiva da população brasileira saísse das condições de exclusão em que se encontrava em meados do século XX.

O abandono a que o poder público submeteu os mais pobres foi destacado por Manoel Bomfim, Euclides da Cunha e Fernando de Azevedo como uma das formas de violência mais duradoura e constante da história do país. Cristalizado na sociedade brasileira desde o processo de colonização, esse descaso teria trazido em seu bojo um conjunto de ações políticas potencializadoras de um completo desprezo pela vida dos mais empobrecidos. A recusa em implementar um processo de educação universal era uma prova disso, segundo Azevedo.

O desinteresse das classes médias, dos governantes, dos intelectuais e dos políticos em geral, com as condições de miserabilidade e de analfabetismo, por exemplo, era também assinalado pelos pensadores mencionados nessa discussão como um dos vieses que a violência vinha assumindo no país desde tempos remotos. Para eles, ao darem as costas às privações da maioria, os setores preponderantes destruíram o próprio país, que se cindiu em grupos que foram se distanciando e inviabilizando a construção de uma comunicabilidade social capaz de construir um projeto de nação que levasse em conta os interesses de todos. Estabeleceram-se, assim, distâncias incomensuráveis entre os vários estratos sociais. Os segmentos mais abastados encapsularam-se em um modo de vivência totalmente alheio às condições de privações da maioria. A cisão provocada por esse processo teria gerado indiferença e descaso nos estratos preponderantes e médios e apatia e sentimento de incapacidade nos demais segmentos sociais. As desigualdades se constituíram, assim, numa forma de violência que, segundo Manoel Bomfim e Euclides da Cunha, não apresentaram sinais de reversão com o advento da República.

A educação voltada apenas para alguns, segundo Bomfim e Azevedo; a produção econômica voltada exclusivamente para o enriquecimento predador, para a exploração da terra e do homem, para o consumo supérfluo, para o luxo e para uma concentração de riquezas responsável pelas condições de fome aguda e crônica, para Josué de Castro; e o padrão de domínio enaltecedor da exclusão política e social, segundo Euclides da Cunha, estavam, então, na base de um padrão de organização que se reproduzia numa lógica reforçadora da destruição — e não da construção — das potencialidades sociais e políticas da maioria dos brasileiros.

As reflexões empreendidas por esses pensadores demonstram que é necessário ir além dos fatos presentes. A análise histórica feita por eles revelou que ao destruir e/ou ao bloquear os caminhos por onde deveriam fluir as ações construtoras de uma paisagem social mais humana e justa, os setores preponderantes produziram, ao longo dos séculos XIX e XX, múltiplas formas de violências (analfabetismo, pobreza, miserabilidade, fome e outras privações, exclusão política, clientelismo, autoritarismo, entre outros) que comprometeram inteiramente o devir da nação brasileira.

Referências bibliográficas

ABREU, R. *O enigma de Os sertões*. Rio de Janeiro: Funarte/Rocco, 1998.

AGUIAR, R. A. *O rebelde esquecido*: tempo, vida e obra de Manoel Bomfim. Rio de Janeiro: Topbooks, 2000.

ALVES FILHO, A. *Pensamento político no Brasil* — Manoel Bomfim: um ensaísta esquecido. Rio de Janeiro: Achiamé, 1979.

AZEVEDO, F. de. *A cultura brasileira*. Rio de Janeiro/Brasília: UFRJ/UnB, 1996.

_____. *Novos caminhos e novos fins*. São Paulo: Melhoramentos, 1958.

AZEVEDO, F. de. *Sociologia educacional*. São Paulo: Melhoramentos, 1958a.

_____. *A educação e seus problemas*. São Paulo: Melhoramentos, 1958b. t. 1.

_____. *Canaviais e engenhos na vida política do Brasil*. São Paulo: Melhoramentos, 1958c.

_____. *A educação e seus problemas*. São Paulo: Melhoramentos, 1958d. t. 2.

_____. *A cidade e o campo na civilização industrial e outros ensaios*. São Paulo: Melhoramentos, 1962.

BASTIDE, R. *Brasil, terra de contrastes*. São Paulo: Difel, 1959.

BOMENY, H. M. B. Fernando de Azevedo: sociologia, educação e a ciência brasileira. In: MAIO, M. C.; VILLAS BÔAS, G. *Ideais de modernidade e sociologia no Brasil*. Porto Alegre: UFRGS, 1999.

BOMFIM, M. *O Brasil nação*: realidade da soberania brasileira. Rio de Janeiro: Francisco Alves, 1931.

_____. *O Brasil na história*. Deturpações da tradição. Degradação política. Rio de Janeiro: Francisco Alves, 1931a.

_____. *A América Latina*: males de origem. Rio de Janeiro: Topbooks, 1993.

_____. *O Brasil na América*: caracterização da formação brasileira. Rio de Janeiro: Topbooks, 1997.

CANDIDO, A. Radicalismos. *Estudos Avançados*. São Paulo, USP, v. 4, n. 8, jan./abr. 1990.

_____. Um reformador. *Revista do Instituto de Estudos Brasileiros*. São Paulo, USP, n. 37, 1994.

CASTRO, J. de. *Ensaios de biologia social*. São Paulo: Brasiliense, 1959.

_____. *Geopolítica da fome*: ensaio sobre os problemas de alimentação e de população no mundo. São Paulo: Brasiliense, 1961. v. 1 e 2.

_____. *Sete palmos de terra e um caixão*. São Paulo: Brasiliense, 1967.

_____. *O livro negro da fome*. São Paulo: Brasiliense, 1968.

_____. *Geografia da fome*. Rio de Janeiro: Civilização Brasileira, 2001.

CUNHA, E. da. *Os sertões*: a campanha de Canudos. Rio de Janeiro: Francisco Alves, 1995.

CUNHA, E. da. Da independência à República. In: _____. *Obra completa*. Rio de Janeiro: José Aguilar, 1966.

_____. Contrastes e confrontos. In: *Obra completa*. São Paulo: Aguilar, 1966a.

_____. À margem da história. In: *Obra completa*. São Paulo: Aguilar, 1966b.

_____. Garimpeiros. In: *Obra completa*. São Paulo: Aguilar, 1966c. v. 1.

_____. Plano de uma cruzada. In: *Obra completa*. São Paulo: Aguilar, 1966d. v. 1.

_____. Entre o Madeira e o Javari. In: *Obra completa*. São Paulo: Aguilar, 1966e. v. 1.

CUNHA, M. V. *A educação dos educadores*: da escola nova à escola hoje. Campinas: Mercado de Letras, 1995.

CUNHA, M. V. *Escola Nova no Brasil*. Disponível em: <http://www.educacao.pro.br/escolanova.htm>. Acesso em: 7 out. 2001.

FAUSTO, B. Memórias do subdesenvolvimento. *Folha de S.Paulo*, 1º dez. 1996, Caderno 5.

FREYRE, G. *Perfil de Euclydes e outros perfis*. Rio de Janeiro: José Olympio, 1944.

_____. Euclydes da Cunha: revelador da realidade brasileira. In: CUNHA, E. *Obra completa*. Rio de Janeiro: Aguilar, 1966. v. 1, p. 17-31.

GALVÃO, W. N. Euclides: cartas do ano da guerra. In: HARDMAN, F. F. *Morte e progresso*: cultura brasileira como apagamento de rastros. São Paulo: Unesp, 1998.

_____ (Org.). *Euclides da Cunha*: história. São Paulo: Ática, 1980.

_____ (Org.). *Euclides da Cunha*: diário de uma expedição. São Paulo: Companhia das Letras, 2000.

HARDMAN, F. F. Troia de taipa: canudos e os irracionais. In: _____. *Morte e progresso*: cultura brasileira como apagamento de rastros. São Paulo: Unesp, 1998.

_____. Brutalidade antiga: sobre história e ruína em Euclides. *Estudos Avançados*, v. 10, n. 26, jan./abr. 1996.

MACMILLAN, A. Só falta vontade política, diz diretor da FAO. *Folha de S.Paulo*, 9 jun. 2002, Caderno A.

MAGALHÃES, R. *Fome*: uma (re)leitura de Josué de Castro. Rio de Janeiro: Fiocruz, 1997.

MALTHUS, T. R. *Ensaio sobre a população*. São Paulo: Nova Cultural, 1996. (Col. Os economistas.)

_____. *Princípios de Economia Política*. São Paulo: Nova Cultural, 1996a. (Col. Os economistas.)

MANNHEIM, K. O padrão da personalidade democrática. In: _____. *Liberdade, poder e planificação democrática*. Rio de Janeiro: Mestre Jou, 1972.

MINAYO, M. C. (Org.). *Raízes da fome*. Petrópolis: Vozes, 1985.

MOTA, C. G. O santo caos. Discurso editorial/USP/Unesp. *Folha de S.Paulo*, 14 mar. 1997, p. 1, Jornal de Resenhas, n. 24.

NUNES, Maria T. Manoel Bomfim: pioneiro de uma ideologia nacional. In: BOMFIM, M. *O Brasil na América*: caracterização da formação brasileira. Rio de Janeiro: Topbooks, 1997.

OSBORN, F. (Org.). *As pressões da população*. Rio de Janeiro: Zahar, 1965.

PENNA, M. L. *Fernando de Azevedo*: educação e transformação. São Paulo: Perspectiva, 1987.

PILETTI, N. *A reforma Fernando de Azevedo-DF, 1927-1930*. São Paulo: Feusp, 1982. (Col. Estudos e Documentos, n. 20.)

_____. *Fernando de Azevedo*: a educação como desafio. Brasília, Inep/MEC, 1985.

REZENDE, M. J. de. A formação política brasileira: a tradição conservadora e a mudança social em Manoel Bomfim. In: GORDO LANG, A. B. da S. (Org.). *Realidade brasileira*: várias questões, muitos olhares. São Paulo: Humanitas/Ceru, 2002.

_____. Os sertões e os (des)caminhos da mudança social no Brasil. *Tempo Social*. São Paulo, v. 13, n. 2, p. 201-226, nov. 2001.

RIBEIRO, D. Manoel Bomfim, antropólogo. In: _____. *A América Latina*: males de origem. Rio de Janeiro: Topbooks, 1993.

SPENCER, H. *On social evolution*. Chicago: University of Chicago Press, 1972.

SILVA, T. E. Magno da. Imagens da fome e o itinerário intelectual de Josué de Castro. *Cronos*: Revista do programa de pós-graduação em Ciências Sociais da UFRN, Natal, v. 1, n. 2, jul./dez. 2000.

SILVA, T. E. Magno da. *Josué de Castro*: para uma poética da fome, 1998. Tese (Doutorado) — Pontifícia Universidade Católica, São Paulo, 1998.

VALENTE, F. L. S. Reunião não garantiu nem direito à alimentação. *Folha de S.Paulo*, 14 jun. 2002. Caderno A.

VENTURA, R. Euclydes da Cunha e a República. *Estudos Avançados*, v. 10, n. 26, jan./abr. 1996.

VIDAL, D. Gonçalves. Nacionalismo e tradição na prática discursiva de Fernando de Azevedo. *Revista do Instituto de Estudos Brasileiros*, São Paulo, n. 37, 1994.

VOGT, W. *El camino de la supervivencia*. Buenos Aires: Sudamericana, 1951.

Direitos humanos
e as leis no Brasil

A CIDADANIA E O ARTIGO 5º DA CONSTITUIÇÃO DE 1988*

Andrei Koerner

A consideração da cidadania no Brasil contemporâneo demanda uma abordagem matizada, dada a extrema diversidade de situações e diagnósticos que alcançamos, conforme privilegiemos uma ou outra dimensão. As diversas formas de violência, o desemprego e a ineficiência ou inexistência de serviços públicos dão-nos uma face de violação e inefetividade dos direitos de cidadania. A Constituição, a legislação complementar, alguns programas e iniciativas estatais, os movimentos e organizações sociais nos dão exemplos de realizações e a expectativa positiva quanto a possíveis avanços da cidadania no Brasil. Não é objetivo deste texto traçar um panorama completo deste quadro, mas colocar alguns marcos interpretativos que mostrem os aspectos relevantes da formação da cidadania no Brasil contemporâneo, os impasses da cidadania no período de transição democrática, as realizações da Constituição de 1988, assim como as realizações e frustrações que lhes seguiram.

1. A formação da cidadania no Brasil contemporâneo

A abordagem mais comum da cidadania em Ciências Sociais é a que parte da análise de T. H. Marshall sobre a expansão da cidadania na Ingla-

---

* Texto redigido em fevereiro de 2003, no quadro do projeto de difusão de conhecimentos sobre direitos humanos do programa Cepid/Fapesp, em desenvolvimento no Núcleo de Estudos da Violência/USP.

terra para formular comparações com outros países. Ele adota a classificação comum de direitos em civis, políticos e sociais. Os primeiros referem-se às garantias como o direito à vida, à segurança, a um julgamento imparcial, à liberdade (de consciência, de expressão), à igualdade, à propriedade; os segundos são aqueles que se referem à participação política, isto é, os direitos de votar e ser votado, de participar e organizar partidos políticos etc.; os terceiros referem-se a necessidades que devem ser satisfeitas pela sociedade, como os direitos à educação, à saúde, à moradia. O autor afirma que a cidadania expandiu-se na Inglaterra em três momentos sucessivos: no século XVIII, os direitos civis foram reconhecidos a toda a população e incorporados nas relações sociais e dos cidadãos com o Estado; no século XIX, os direitos políticos foram gradualmente reconhecidos a toda a população adulta e masculina (as mulheres teriam o direito de voto a partir de 1928); no século XX (na primeira metade), os direitos sociais teriam sido reconhecidos e efetivados por meio de serviços públicos tornados disponíveis a toda a população do país.

A sequência não é algo necessário, mas é o resultado de um processo expansivo e cumulativo, em que os partidos políticos e movimentos sociais reivindicaram o acesso a um conjunto de direitos, o qual expandiu as garantias e as oportunidades de participação e serviu de ponto de apoio para a luta por outros e mais amplos direitos. Afirma-se que, na segunda metade do século XX, reivindica-se e são reconhecidos direitos de uma nova dimensão, os direitos coletivos e difusos, que dizem respeito a problemas (como os ambientais e de relações de consumo) que afetam indistintamente grupos sociais ou a população como um todo.

É consensual que no Brasil os direitos não tiveram, do ponto de vista do seu exercício, a mesma sequência. Se todas as Constituições reconheceram os direitos civis e políticos, mantiveram-se limitações efetivas durante os séculos XIX e XX, algumas das quais permanecem até hoje. A título de ilustração, a Constituição imperial garantia os direitos civis aos cidadãos, o que excluía os escravos e também os estrangeiros; a participação eleitoral era restringida com o critério de renda durante o Império e, na República, pela exigência de alfabetização (a qual só foi eliminada pela Constituição de 1988). Quanto às mulheres, a participação eleitoral estava excluída — embora não explicitamente — até o Código Eleitoral de 1932, e elas tiveram que demandar nos tribunais o seus direitos à educação superior e ao exercício de profissões, só tendo reconhecida a plena capacidade civil — isto é, a possibilidade de trabalhar, contratar e praticar outros atos da vida civil sem autorização de seus maridos — com o Estatuto da Mulher Casada, de 1962. Por outro lado, os direitos sociais foram reconhecidos pela Constituição de 1934 e a legislação e programas para sua efetividade foram implantados a partir dos anos 1930.

Esses exemplos mostram que a expansão da cidadania no Brasil não se deu segundo as etapas referidas por Marshall. Porém, mais importante, é que se o movimento pela expansão dos direitos resultou da luta social e política promovida pelos despossuídos e seus representantes, o reconhecimento dos direitos não foi apenas mediado pelas autoridades públicas, mas foi também incorporado pelo Estado, que em muitos aspectos se antecipou àquelas lutas e deu a eles generalidade — pela expansão da titularidade dos direitos a todos, e não só aos participantes dos setores sociais mais ativos — e obrigatoriedade — pela regulamentação detalhada e previsão de órgãos estatais supervisores e/ou promotores da efetivação dos direitos.

O reconhecimento estatal privilegiou um viés particular de incorporação da população: o modelo da "cidadania regulada". A titularidade dos direitos individuais foi diretamente vinculada ao trabalho, ou seja, a condição de trabalhador com carteira assinada dava aos indivíduos o acesso ao reconhecimento de seu estatuto mesmo de cidadão, além da garantia jurídica de suas relações de trabalho e os outros direitos sociais, como a aposentadoria, a assistência médica e outros serviços sociais. Além disso, os trabalhadores tinham sua representação coletiva em sindicatos organizados em moldes corporativos (participação não voluntária, unicidade de representação, regulação jurídica dos sindicatos pelo Estado).[1] Como esse esquema de direitos foi adotado principalmente durante o período autoritário do Estado Novo (1937-45), a ampliação da participação política no período democrático posterior (1945-64) foi, em grande parte, dissociada da luta por esses direitos. O Partido Trabalhista Brasileiro (PTB), criado e liderado por Getúlio Vargas, atuou no sentido de fortalecer o vínculo entre a organização política dos trabalhadores e a luta pelos seus direitos sociais. Porém essa vinculação foi,

---

1. Vê-se a relevância da cidadania regulada para o acesso aos direitos civis pela associação frequente entre a condição de trabalhador e o respeito a direitos como a integridade física, a liberdade e devido processo legal.

em grande parte, posterior ao reconhecimento dos direitos, ou seja, os direitos dos trabalhadores não foram o resultado da sua ação coletiva através de seu partido político, mas os direitos resultaram de iniciativas tomadas a partir do Estado e, com a democratização, a combinação desses fatores possibilitou a oportunidade de criação de uma organização política vinculada aos direitos dos trabalhadores.

A cidadania regulada era sustentada, de modo geral, por uma perspectiva otimista em relação ao futuro, o desenvolvimentismo. A retórica política, os planos de ação governamental, os esquemas de cooperação entre governos, empresários e sindicatos atuavam no sentido de promover a industrialização acelerada de um país que se urbanizava e que se sentia cada vez mais moderno. Ou seja, os brasileiros não tinham os seus direitos universalizados pelo seu pertencimento como cidadãos da república brasileira, titulares, antes de tudo, de direitos civis indiscutíveis e garantidos pelas autoridades públicas. A universalização era projetada no futuro, pela possibilidade de que todos viessem a desfrutar dos benefícios da sociedade industrial, na condição de empresários ou trabalhadores ou como beneficiários indiretos dos resultados desses esforços.

No período pós-46 verifica-se o fortalecimento do esquema regulado e corporativo da cidadania, com a expansão do trabalho assalariado com carteira, da organização sindical e dos institutos de Previdência. Ao mesmo tempo, o ambiente democrático propiciava a expansão de formas de organização e de demandas que ultrapassavam esse quadro, como é o caso das Ligas Camponesas, as reivindicações de reforma agrária e de outras reformas de base. Assim, o fato de a expansão dos direitos de cidadania não ter passado pelas mesmas etapas da Inglaterra e de que o processo tenha sido diferente não significa que em nosso país não tenha ocorrido uma dimensão essencial do processo dos direitos: o da expansão das lutas pelo seu reconhecimento e/ou efetividade, a sustentação dessas lutas nos direitos reconhecidos, que servem de base para novos direitos, a dinâmica expansiva e, ao que parece, cumulativa, dos direitos em situação democrática. Porém afirma-se que esse processo tendeu a ser muito instável em nosso país (e outros da América Latina) dada a limitada tradição de pluralismo político e a forte presença do Estado na regulação da sociedade. A primeira dava às lideranças políticas a ocasião de tentar soluções autoritárias, enfraquecia os procedimentos legais de resolução de conflitos políticos, limitava a cultura política de tolerância; a segunda propiciava o papel estratégico de agentes estatais imbuídos de cultura contrária à política partidária, com fortes alianças com militares e empresários, com os quais partilhavam interesses de grande monta na manutenção da situação vigente, isto é, do limitado alcance da democratização política e a manutenção dos controles corporativos à participação política e social dos despossuídos.

A situação pós-64 é de regressão desse processo, dada a repressão direta às lideranças populares e outros agentes favoráveis à expansão dos direitos, assim como à situação não democrática, com o que limitava o aparecimento de novas lideranças e ampliava os riscos da participação popular autônoma. Os direitos civis e políticos foram severamente limitados, dada a repressão aberta aos opositores e críticos do regime. Tornavam-se muito incertas as garantias à vida e à integridade física, assim como os direitos que garantem a liberdade de expressão e de associação, ao devido processo legal e outros que lhes são associados, como o *habeas corpus*. A limitação formal foi efetiva, pelos atos institucionais e mudanças constitucionais e legais, mas também a falta de controles sobre o arbítrio de autoridades e outros agentes do poder público. Por sua vez, os direitos políticos foram restringidos, por exemplo, com as cassações e inelegibilidades de líderes políticos, a suspensão das eleições diretas para presidente e vice-presidente, governadores e vice-governadores, prefeitos de capitais e cidades consideradas relevantes do ponto de vista da segurança nacional, a extinção dos partidos políticos e a adoção de barreiras maiores para a organização de partidos políticos.

Os governos militares procuraram reforçar os controles corporativos sobre os sindicatos, assim como difundiram discursos e programas nos quais se adotavam discursos e outras formas de representação orgânicas e unitárias da nacionalidade. Os governos militares promoveram algumas reformas nos direitos sociais no sentido de generalizar a titularidade aos direitos (INPS, Funrural) e os direitos associados às relações de trabalho (FGTS). Algumas iniciativas, como o Estatuto da Terra, visavam intervir nas limitações estruturais do acesso à terra, e outros programas eram adotados para a expansão de direitos sociais, como a educação, com a erradicação do analfabetismo (Mobral) e o direito à habitação (BNH). Esses programas foram sujeitos a muitas críticas posteriores, quanto aos seus princípios, formas de organização e alcance. A controvérsia posterior à efetivação do programa já é uma indicação de que o padrão de reconhecimento dos direitos foi semelhante ao do Estado Novo, ou seja, a intervenção estatal e a baixa (ou inexistente) intervenção dos agentes políticos de representação dos despossuídos, os quais manifestamente deveriam ser os seus principais beneficiários.

Mas o período do regime militar foi de crescimento econômico, com acelerada industrialização e urbanização, com a formação de um mercado de consumo e de meios de comunicação de massa, o que trouxe importantes consequências para o quadro institucional. As atividades empresariais, por exemplo, se diversificaram, ampliou-se o número de empresas assim como suas dimensões e âmbitos de atuação; diversificaram-se as ocupações, com a expansão do número e o papel dos profissionais com formação superior, assalariados ou por conta própria; o perfil dos trabalhadores da indústria também foi modificado; cresceu o setor de serviços, reduziu-se ainda mais a importância econômica da produção agrícola para exportação. Com isso, já na década de 1970 verificava-se a atuação relevante de associações empresariais que representavam setores específicos ou que não se consideravam representados pelas federações estaduais ou confederações nacionais das respectivas atividades.[2] Esses processos significam que o quadro de representação corporativa já não era mais capaz de alcançar aqueles cujos interesses pretendia agregar e representar. No plano das relações sociais, a formação de uma sociedade de massas implica a modernização das relações de autoridade, ou seja, a decrescente legitimidade daquelas baseadas na hierarquia e na tradição. Apesar das avaliações favoráveis do início dos anos 1970, o crescimento econômico não diminuía as desigualdades econômicas e sociais; pelo contrário, as aumentava. Em suma, a sociedade como que "transborda" o quadro institucional existente do regime autoritário, ao mesmo tempo que o padrão de mudança acirra as tensões e os conflitos sociais.

Essa situação é agravada pelo baixo nível de investimento nos serviços públicos considerados propriamente do Estado, como justiça e segurança, assim como equipamentos e serviços públicos, urbanos e os de educação e saúde. O enorme crescimento do Estado no período militar foi concentrado no setor econômico, ou seja, a expansão das empresas estatais e autarquias voltadas para a infraestrutura e a produção de bens. A combinação de urba-

---

2. Por exemplo, a Associação Brasileira de Máquinas, Abimaq, a Associação dos Fabricantes de Veículos Automotores, Anfavea, a Associação das Micro e Pequenas Empresas.

nização e serviços públicos precários é mais grave nos anos 1980, com o quadro das sucessivas crises econômicas que atingem a população. A violência urbana crescente encontra um sistema judicial diminuto, com leis, procedimentos e práticas ultrapassados, sem mecanismos de controle e responsabilidade, sobre o qual há expectativas sociais crescentes e que começa a se fragmentar, dado o acirramento da competição entre as suas organizações (judiciário, ministério público, polícia, penitenciárias). Além disso, os governos militares promoveram a militarização da polícia, que passou a adotar técnicas de confronto e combate no policiamento ostensivo, além de não haver meios efetivos de controle dos atos violentos e arbitrários de seus membros.

Assim, a legitimidade do esquema da cidadania regulada é afetada pelo desemprego e pelas dificuldades crescentes de inserção dos jovens no mercado de trabalho, bem como pela superação do esquema corporativo de representação coletiva. As perspectivas futuras de integração à cidadania são menos brilhantes, dado que o desenvolvimentismo começa mostrar sua exaustão. Mas em meados dos anos 1980 a tônica é a da combinação do desenvolvimento econômico com justiça social no quadro do Estado desenvolvimentista.

2. A cidadania e a transição democrática

As greves no ABC em 1978 e a criação das centrais sindicais; a expansão dos movimentos eclesiais de base; a força renovada dos movimentos sociais urbanos; a criação do Partido dos Trabalhadores, em 1979... Esses são alguns elementos que ilustram os novos movimentos coletivos em prol da expansão e maior efetividade dos direitos de cidadania no período da transição democrática. Os movimentos se associam às reivindicações políticas pelo fim do regime militar, e, assim, tem-se uma maré crescente de participação entre os anos de 1978 e 1988. Essa participação amplia-se no sentido eleitoral e político-partidário, com a extensão dos direitos de voto e de organização de partidos políticos; e no sentido coletivo, dada a presença de movimentos políticos e associações no cenário de reivindicações e manifestações pelo fim da ditadura, a eleição direta para governadores, a eleição direta para presidente etc. Em nível estadual e municipal, os movimentos sociais urbanos apresentam suas demandas mais específicas pela maior efetividade dos direitos de moradia, de saúde e educação.

A Ordem dos Advogados do Brasil — OAB, a Associação Brasileira de Imprensa — ABI e a Igreja Católica, entre outras grandes organizações da sociedade civil nacional, estiveram na linha de frente da luta pela volta ao Estado de direito, defendendo a revogação das leis de exceção, a volta às garantias constitucionais e a anistia dos perseguidos pelo regime. Essas associações associaram-se a grupos de defesa dos direitos humanos, que denunciaram e divulgaram as graves violações de direitos humanos dos opositores, praticadas pelos governos militares. Ao lado dessas organizações e grupos que defendiam os direitos civis, políticos e econômicos, passam a atuar novos grupos de luta pelos direitos de setores vulneráveis ou com características particulares, como as mulheres, as crianças, os índios e aqueles que atuam contra a discriminação.

O *establishment* político propõe superar as crises política e financeira do Estado com um programa que propõe, ao mesmo tempo, estabilizar a economia, recuperar a capacidade de investimento público e realizar o "resgate da dívida social", que é o mote da aliança democrática, o primeiro governo da Nova República. Parte das lideranças intelectuais dos profissionais do direito está aberta a essas demandas por direitos, dado que acompanham as mudanças que ocorrem no cenário internacional.

É preciso levar em consideração esse conjunto de agentes que dirigem suas demandas para a ampliação dos direitos num esquema mais democrático para compreender as mudanças legais relevantes para a cidadania no início da década de 1980, ou seja, antes mesmo da Constituinte e do encerramento formal do regime militar em 1985, com a posse do presidente Sarney. Com a extinção do AI-5 em 1978 houve o retorno das garantias constitucionais aos presos políticos, mas ao mesmo tempo algumas salvaguardas do Estado são inseridas no texto constitucional. O fim do bipartidarismo em 1979 e as eleições diretas para governador em 1982 ampliam as possibilidades de organização dos partidos políticos. Na esteira da rejeição pelo Congresso Nacional, em 1984, da emenda constitucional que restabelecia as eleições diretas para a presidência da República, o processo de reorganização político-eleitoral do país continuou com a emenda constitucional de 1985. Esta, entre outras medidas, estabeleceu eleições diretas em dois turnos para presidente e vice-presidente da República, eleições diretas para prefeitos de capitais, áreas de segurança e estâncias hidrominerais, o direito de voto dos analfabetos, a liberdade de organização partidária, retirando a proibição ao partidos comunistas, e a abolição da fidelidade partidária.

Quanto ao direito sindical, alguns decretos ministeriais de 1985 ampliaram os direitos de participação autônoma dos trabalhadores. Foram abolidos os controles sobre as eleições sindicais, reabilitaram-se líderes sindicais afastados por "má conduta". No ano seguinte os sindicatos passaram a reger-se por seus próprios estatutos e foi abolida a proibição da formação de associações de caráter intersindical, como a CUT e a CGT.

Algumas reformas visavam tornar os direitos civis mais efetivos: em 1983, a do Código Penal, que tinha sido outorgado em 1940, pelo Estado Novo; é também o caso da lei de execuções penais, que ampliou os poderes dos juízes no que diz respeito ao exame dos direitos dos condenados. Em 1984 foram criados os Juizados de Pequenas Causas, que iniciaram a importante mudança do Judiciário no que diz respeito à ampliação do acesso à justiça. A Lei da Ação Civil Pública, de 1985, reconheceu o conceito dos interesses difusos e coletivos cuja representação é aceita no Judiciário.

Mas os militares — assim como os setores políticos civis ligados a eles — mantiveram forte poder de veto sobre o alcance das mudanças institucionais geradas pela transição democrática. Assim, por exemplo, a anistia de 1979, que equiparou os perseguidos políticos aos que perpetraram violações de direitos humanos, tornou-se uma questão não negociável pelos militares, tal como o papel e atribuições das Forças Armadas. Os efeitos da transição foram extremamente limitados no que diz respeito ao quadro de funcionários, o pessoal que trabalhava nas organizações do regime militar, muitos dos quais eram mais do que funcionários no cumprimento do seu dever. Como veremos adiante, esses importantes poderes de veto teriam graves consequências para o avanço do processo de democratização.

Porém o processo de transição é marcado pela crescente independência das diferentes esferas de poder político, as quais procuram autoproteção para suas posições de poder e interesses. Além dos partidos políticos divididos internamente, os governadores têm forte capacidade de ação política, ao lado de altos funcionários públicos, dirigentes das estatais e os militares. O fracasso das sucessivas alianças em encontrar soluções para a crise econômica e a reordenação institucional mostram que o período é mais do que o de transição do regime autoritário para a democracia; é o de uma crise profunda do Estado. Trata-se de uma crise que afeta, inicialmente, o padrão de financiamento dos investimentos públicos e privados, dado que as contas públicas enfrentam um colapso, tanto interna quanto externamente; em seguida, a crise afeta o padrão de relacionamento entre os agentes públicos e os grupos de interesse. Vimos que, até então, o corporativismo proporcionava os espaços de representação de interesses e negociação dos conflitos entre os diversos setores de classe, a qual era induzida ou arbitrada pelos agentes do Estado. A crise mostra que esse padrão de negociação é incompatível com a "nova" sociedade, dado que a estrutura e a composição dos agentes econômicos transbordam os esquemas existentes de representação de interesses. Enfim, a crise torna aguda a superação da cidadania regulada, dada a já referida emergência de novos atores coletivos, de novas identidades, interesses e demandas.

Assim, durante a transição democrática mostram-se exacerbadas as tendências polares do cenário contraditório que vimos tratando. Por um lado, amplia-se a mobilização popular, cresce o poder de pressão de movimentos sociais e partidos políticos, os quais demandam — e, em parte, são atendidos — o reconhecimento de direitos numa sociedade democrática, cujos destinos seriam conduzidos por um Estado democratizado, aberto à participação e com capacidade de resgatar a dívida social, isto é, de adotar políticas redistributivas que tornassem viável a realização de uma ordem socialmente justa num horizonte razoável de tempo. Por outro lado, porém, a capacidade deste Estado já era bastante reduzida, a estrutura de autoridade política se fragmenta e o seu espólio é disputado por grupos com acesso privilegiado às esferas centrais de decisão. Neste ponto vemos o conflito entre reivindicações e expectativas de ampliação do campo de ação de um Estado democratizado, aberto às demandas sociais e capaz de mediar os conflitos de interesse, e um Estado privatizado, atravessado pelos conflitos entre grupos políticos e de interesse, incapaz de recuperar seu papel de ponto de referência da normatividade social e dos rumos para a superação dos conflitos.

3. Os direitos fundamentais na Constituição de 1988

A elaboração da Constituição de 1988 ocorreu num processo complexo de negociações entre partidos políticos, grupos de interesse, movimentos pela cidadania, e o seu conteúdo espelha isso, pois tornou-se bastante detalhado, às vezes contraditório, prospectivo e com cláusulas defensivas. Como se sabe, foram ampliados os poderes do Congresso face ao presidente da República, mas foi rejeitado o sistema de governo parlamentarista. Os estados e municípios ganharam maior autonomia, assim como o Judiciário e o Ministério Público; os direitos e atribuições dos militares não foram alterados; os funcionários públicos tiveram garantias reconhecidas, assim como algumas empresas estatais de serviços públicos.

Mas a Constituição também foi a realização de um acordo entre essas diversas forças no qual se enunciou um extenso conjunto de direitos fundamentais e foram adotados compromissos com outros direitos individuais e coletivos. Esses enunciados representam um verdadeiro compromisso dos representantes políticos brasileiros com os princípios de uma ordem política democrática, em que sejam protegidos os direitos e garantias individuais, assim como com a adoção de políticas públicas que proporcionem uma ordem social mais justa.

A compreensão dos direitos do artigo 5º deve ser enquadrada pela sua articulação com o caráter e princípios da Constituição de 1988, bem como com os demais direitos nela enunciados. Esses direitos tiveram seus desdobramentos num conjunto de alterações legislativas e organizacionais às quais faremos referência adiante.

3.1. O caráter comunitário da Constituição de 1988

A Constituição de 1988 baseia-se na concepção comunitária de constituição, formulada pelo pensamento constitucional europeu do pós-guerra — e presente em Constituições de diversos países, como Portugal e Espanha —, para a qual os princípios e regras da Constituição enunciam os valores compartilhados pela comunidade política e as diretrizes para a sua efetivação. Essa concepção se diferencia do constitucionalismo liberal, para o qual o sentido dos direitos e garantias individuais expressos na Constituição é o de proteger os cidadãos contra abusos dos governantes. Assim, os direitos constitucionais seriam um sistema fechado e completo de limites que protegeriam as liberdades negativas dos cidadãos, como o direito à liberdade de consciência, de associação e de locomoção e à propriedade, que possibilitam que eles não sofram embaraços postos pelo poder político no exercício de seus direitos e na busca dos seus interesses privados.

Para a concepção comunitária, os direitos fundamentais são enunciados de valores reconhecidos pela comunidade e que se situam no núcleo básico da Constituição. Não são vagos compromissos ou princípios morais abstratos baseados em determinada concepção da natureza humana. Eles são concebidos como valores compartilhados, efetivamente vividos ou cuja realização é considerada relevante pela comunidade.

A dignidade humana, pensada como autonomia ética de seres humanos socialmente situados, é o valor que fundamenta todos os demais direitos. Dos direitos fundamentais decorrem os princípios que orientam a organização do Estado e de todas as leis do país, que direcionam as prioridades e formas adequadas de ação dos governantes e que formulam os objetivos a serem alcançados pelo Estado e pela sociedade brasileira. São ainda o critério de interpretação e integração das normas constitucionais e legais pelos juízes.

Os direitos fundamentais enunciam as normas e programas de ação apenas de forma vaga e esquemática, e a sua formulação mais precisa em planos efetivos é dever dos governantes e legisladores. Eles constituem, pois, um conjunto aberto de preceitos, cujo significado preciso será determinado pela deliberação realizada pelo debate entre as diversas concepções de vida presentes na sociedade pluralista. O seu conteúdo é obra da comunidade de intérpretes da Constituição, a qual é formada não só pelos representantes políticos e juízes, mas também pelas organizações sociais e os cidadãos.

A interpretação constitucional não é mais considerada um procedimento técnico e politicamente neutro com o qual os juízes buscam o sentido literal dos direitos e garantias legais a fim de proteger os cidadãos. Sob a nova Constituição, a interpretação é um processo em que se abordam a situação e os dispositivos legais a partir dos princípios constitucionais e tendo em vista a concretização dos valores neles expressos, dos quais o valor superior é a dignidade humana. Desse processo, que é formalmente realizado pelos juízes, participa a comunidade de intérpretes da Constituição, num contexto aberto de agentes, no qual se admite as mais variadas bases argumentativas e expectativas sobre o sentido dos valores constitucionais, os instrumentos e as formas de realizá-los... Nele muitas vezes se tematiza a validade das bases de legitimidade de interlocutores que, até então, haviam sido considerados válidos.

A Constituição de 1988 estrutura-se a partir dessa concepção comunitária, e isso está explicitado em várias passagens. Assim, o Preâmbulo da Constituição de 1988 anuncia que o objetivo da Constituinte foi "instituir um Estado democrático, destinado a assegurar o exercício dos direitos sociais e individuais, a liberdade, a segurança, o bem-estar, o desenvolvimento, a igualdade e a justiça como valores supremos de uma sociedade fraterna, pluralista e sem preconceitos, fundada na harmonia social e comprometida, na ordem interna e internacional, com a solução pacífica de controvérsias...".

O artigo 1º da Constituição coloca a dignidade da pessoa humana como um de seus fundamentos, junto com a soberania, a cidadania, os valores sociais do trabalho e da livre iniciativa e o pluralismo político. Esses fundamentos se desdobram nos objetivos fundamentais da República, que são a construção de uma sociedade livre, justa e solidária; a garantia do desenvolvimento nacional, a erradicação da pobreza e a marginalização e a redução das desigualdades sociais e regionais e, enfim, a promoção do bem de todos, sem preconceitos de origem, raça, sexo, cor e quaisquer outras formas de discriminação (art. 3º).

Nos parágrafos 1º e 2º do artigo 5º vemos que as normas e garantias têm aplicação imediata e que os direitos e garantias expressos na Constituição não excluem outros decorrentes do regime e dos princípios por ela adotados, ou dos tratados internacionais de que o país seja parte. Por esses parágrafos, as normas legais anteriores contrárias aos direitos e garantias constitucionais deveriam deixar de ser aplicadas, sendo declarada a sua inconstitucionalidade pelos juízes sem necessidade de mudança das leis aprovadas pelo Congresso. Os juízes e outros intérpretes poderiam também demandar o reconhecimento de princípios e normas não expressos na Constituição e nas leis, decorrentes, por exemplo, de tratados internacionais de direitos humanos.

3.2. Os direitos individuais e coletivos na Constituição de 1988

A Constituição de 1988 inovou ao enunciar de forma extensa e detalhada direitos individuais e coletivos, de natureza política, econômica, social e também civil. Se o sentido da enunciação era afirmar um compromisso com uma concepção compartilhada de direitos, a sua efetivação tornava-se prioridade e dever de ação do Estado. Vejamos alguns desses direitos antes de apresentarmos o artigo 5º da Constituição.

No que diz respeito aos direitos políticos, a Constituição incorporou as alterações dos anos anteriores quanto aos direitos eleitorais e à organização dos partidos políticos. Foram previstos direitos, como o plebiscito, o referendo e a iniciativa popular, instrumentos que permitiriam a participação direta dos cidadãos no processo de produção das leis.

Quanto aos direitos sociais, a Constituição os enuncia como os direitos à educação, à saúde, ao trabalho, à moradia, ao lazer, à segurança, à previdência social, a proteção à maternidade e à infância e à assistência aos desamparados. Reconhece direitos do trabalho estabelecidos na CLT como a proteção contra despedida arbitrária, o seguro-desemprego, o fundo de garantia por tempo de serviço, o salário mínimo, o décimo terceiro salário, a participação nos lucros, a duração normal de oito horas da jornada diária e de 44 semanais, repouso semanal remunerado, a licença-maternidade. Reconhece a liberdade de associação profissional e sindical, mas preserva a unidade da organização sindical por categoria em cada base territorial e a contribuição sindical em folha de salário. No que tange à Previdência Social, a Constituição estabeleceu que nenhum aposentado receberia mensalmente menos do que o salário mínimo e estendeu o direito à aposentadoria a todos os maiores de 65 anos e aos deficientes físicos, independentemente de contribuição anterior.

A Constituição também enunciou o compromisso do Estado com a promoção da seguridade social (saúde, previdência social e assistência social), da educação para todos, visando "ao pleno desenvolvimento da pessoa, seu preparo para o exercício da cidadania e sua qualificação para o trabalho" (arts. 205 ss.), da cultura (arts. 215 ss.), ao desporto (arts. 217 ss.). Reconheceu o direito de todos ao "meio ambiente ecologicamente equilibrado, bem como de uso comum do povo e essencial à sadia qualidade de vida", cuja defesa e preservação é dever do poder público e da coletividade, visando a sua sustentabilidade, isto é, o seu uso pelas presentes e futuras gerações (art. 225). Inovou nas normas do direito de família ao estabelecer a igualdade do homem e da mulher no exercício dos deveres familiares, ao reconhecer a união estável, ao assegurar à criança e ao adolescente a proteção do Estado (arts. 226 ss.). A Constituição previu como dever do Estado e da família o amparo aos idosos (art. 230). Enfim, a Constituição reconheceu os direitos dos índios à "sua organização social, costumes, línguas, crenças e tradições", assim como os direitos originários sobre as terras que tradicionalmente ocupam, cabendo à União demarcá-las, proteger e fazer respeitar todos os seus bens (arts. 231 ss.).

3.3. O artigo 5º da Constituição

O artigo 5º enuncia um conjunto bastante amplo de direitos civis, os quais abrangem desde aqueles "clássicos", alguns direitos contemporâneos, além de detalhar aqueles cujo exercício foi considerado problemático na sociedade brasileira. Sem enumerar todos, os direitos "clássicos" são os que se referem às garantias e liberdades pessoais, como a igualdade, a legalidade e o devido processo legal, a integridade física, a privacidade, a inviolabilidade de domicílio, as liberdades de consciência, de expressão, de organização e de reunião, a liberdade de locomoção, a propriedade.

Os incisos que incorporam temas contemporâneos são os direitos relativos à propriedade autoral e à reprodução de obras artísticas, ao sigilo de comunicações telefônicas, à defesa do consumidor e ao pleno acesso às informações dos órgãos públicos, à proteção contra qualquer forma de discriminação. Além disso, o direito à propriedade supõe que esta deva atender à sua função social.

Outros direitos referem-se a questões problemáticas, que encontravam obstáculos importantes para a sua efetividade e cuja promoção pelo Estado brasileiro pode ser considerada prioritária:

— obrigatoriedade de ordem escrita e fundamentada da autoridade para a efetivação de prisão, salvo nos casos de flagrante delito e de transgressão ou crime propriamente militar. A Constituição anterior previa apenas ordem escrita da autoridade competente, o que permitia a prisão por ordem de autoridade administrativa;

— gratuidade do registro civil e da certidão de óbito, assim como as ações de *habeas corpus* e *habeas data* e os atos necessários ao exercício da cidadania (não havia disposição semelhante na Constituição anterior);

— assistência jurídica integral e gratuita aos que comprovarem a insuficiência de recursos, para o que preconiza a criação de defensorias públicas pela União e os Estados (art. 134). A Constituição anterior determinava apenas a "assistência jurídica aos necessitados, na forma da lei;

— os crimes de prática de tortura, o tráfico ilícito de entorpecentes e drogas afins, o terrorismo e os definidos como crimes hediondos são inafiançáveis e insuscetíveis de graça ou anistia;

— o crime de racismo é declarado inafiançável e imprescritível, sujeito à pena de reclusão;

— individualização da pena, na qual são enumerados os tipos admissíveis de penalidade (privação de liberdade, perda de bens, multa, prestação social alternativa, suspensão ou interdição de direitos) e excluídos aqueles inadmissíveis ao nosso sistema jurídico (de morte, perpétua, de trabalhos forçados, de banimento e cruéis). A Constituição anterior remetia à lei o estabelecimento dos critérios de individualização da pena;

— foram enunciados os direitos dos presidiários e presidiárias, notadamente o respeito à integridade física e moral e, para as segundas, as condições para permanecerem com seus filhos durante o período de amamentação (a Constituição anterior não fazia referência ao tema).

O artigo 5º estabelece direitos que servem de especial precaução contra abusos e omissões do poder público e que possibilitam a participação efetiva dos cidadãos e organizações que demandam a sua efetivação ao Poder Judiciário. Este já é o sentido da proibição de que a lei exclua da apreciação do Poder Judiciário qualquer lesão ou ameaça a direito. Proíbe tribunais de exceção e determina os princípios do tribunal do júri. Além dos clássicos direitos ao *habeas corpus*, mandado de segurança, de petição ao poder público e de ação popular, o artigo 5º enuncia os direitos ao *habeas data*, ao mandado de injunção e ao mandado de segurança coletivo. Procedimentos jurídicos como esses, juntamente com a ação de inconstitucionalidade por omissão, permitiriam aos cidadãos e organizações coletivas superar a omissão dos governantes, impulsionar a formação da agenda política no sentido da realização dos princípios e objetivos da Constituição e alcançar, via do Poder Judiciário, a sua efetivação imediata. Vimos antes que este também é um aspecto central da concepção comunitária de Constituição.

4. O período pós-Constituição de 1988

O resultado da Constituição é muito mais importante do que deixam ver os seus críticos que a condenam por inviabilizar o governo, paralisado pelos vetos das outras esferas de poder e os grupos políticos no Congresso, e incapaz de investir, dada a distribuição irracional dos recursos orçamentários e despesas entre União, estados e municípios. O extenso reconhecimento de direitos tem impulsionado reformas sucessivas da legislação e das organizações do Estado, nas diversas esferas de poder, no sentido de torná-lo cada vez mais próximo de um Estado social e democrático de direito. Mas, no período subsequente à Constituição, não têm sido pequenas as resistências e conflitos, tanto políticas como na sociedade em que a violência criminal crescente se soma a graves violações perpetradas por agentes do Estado.

Nos anos posteriores à Constituição, a expectativa popular frustrada com o governo Collor, as denúncias de corrupção e a fragmentação da autoridade política central tornavam bastante frágeis as perspectivas de continuidade e consolidação da democracia. O fracasso dos planos de estabilização monetária mantinham os quadros de crise econômica, em que a crise fiscal do Estado não havia sido controlada e, assim, não havia perspectivas de que recuperasse a sua capacidade de investir. A inflação continuada trazia efeitos deletérios não só para a economia, mas também para as relações sociais, devido à perda das referências de valor compartilhadas e ao estreitamento dos horizontes temporais das relações de troca, o que estimulava e/ou permitia comportamentos oportunistas por parte de agentes econômicos, lideranças políticas e cidadãos.

O caráter comunitário da Constituição, assim como os direitos de cidadania explicitados por ela universalizados significam que o quadro legal da "cidadania regulada" foi superado, em compasso com as mudanças sociais e da maior autonomia de atuação dos movimentos sociais e de direitos humanos, organizações sindicais e partidos políticos ocorridas a partir da transição democrática. Além disso, a Constituição deve ser tomada como um marco de referência do ciclo expansivo dos direitos, no sentido tratado anteriormente, ou seja, de que, num quadro de política democrática, são permanentes as tensões no sentido de ampliação dos direitos reconhecidos em mais de um sentido: os movimentos sociais e partidos políticos apoiam-se no quadro institucional, na opinião pública e nos direitos já efetivos para reivindicar o reconhecimento de novos direitos; as opiniões e práticas que lhes são contrárias são tornadas ilegais ou são deslegitimadas face à opinião pública, às lideranças políticas e aos servidores públicos; enfim, os direitos reconhecidos passam a fazer parte das demandas por políticas públicas que ampliem a sua efetividade, auxiliando os que sofrem com as violações e coibindo-se práticas que lhes são contrárias. Enfim, os direitos são incorporados aos valores compartilhados, e a sua violação torna-se inaceitável publicamente, mesmo que ainda haja graves violações.

Mais recentemente, as demandas dos movimentos sociais por cidadania têm recebido novas direções. Se antes esses sujeitos voltam-se inicialmente para o Estado na expectativa de alcançar regulação e a distribuição de benefícios segundo as promessas do desenvolvimentismo, com o tempo as demandas acentuam os efeitos positivos da participação e a ação coletiva. Eles passam a ter maiores expectativas quanto a fórmulas de concertação, de negociação direta entre os diversos setores afetados pelos problemas, nas quais os agentes públicos passam a ter um papel de mediadores, que se concentram em garantir a comunicação, a continuidade do processo de negociação e a efetivação das decisões tomadas. Participam, pois, em menor medida, como agentes com iniciativa própria que buscam fórmulas para solucionar os conflitos e menos como financiadores de inovações.

A atuação dos movimentos e organizações junto ao Congresso tem levado à adoção de inúmeras mudanças legislativas cujo objetivo é tornar efetivos os direitos constitucionais. Sem enumerá-los exaustivamente, citemos algumas leis que tiveram efeitos importantes para a realização dos direitos:

— as leis que definem os crimes resultantes de preconceito de raça, cor, religião, etnia ou procedência nacional (n. 7.716, de 1989, n. 9.459, de 1997 e n. 8.081, de 1990);

— o Estatuto da Criança e do Adolescente (Lei n. 8.069, de 1990);

— o Código de Defesa do Consumidor (Lei n. 8.078, de 1990);

— as leis sobre união estável;

— leis que introduziram mudanças no Poder Judiciário, como a criação dos Juizados Especiais Cíveis e Criminais (Lei n. 9.099, de 1995), estendidos também à Justiça Federal (Lei n. 10.259, de 2001), bem como outras mudanças na legislação que simplificaram os procedimentos da justiça civil e trabalhista;

— lei que regulamenta a gratuidade dos atos necessários ao exercício de cidadania (n. 9.265, de 1996);

— a lei definindo o crime de tortura (n. 9.455, de 1997);

— a lei que regula o direito de acesso a informações e disciplina o rito processual do *habeas data* (n. 9.507, de 1997);

— a lei de proteção ao meio ambiente (n. 9.605, de 1998).

Com a redemocratização, as autoridades do país tomaram uma atitude ativa no sentido de aderir aos pactos internacionais de direitos humanos e de fortalecer os sistemas internacional e interamericano de proteção aos direitos humanos. Com a ratificação, essas normas passam a fazer parte do direito brasileiro e o nosso governo passa a ser responsável internacionalmente pela sua efetivação. Assim, por exemplo, o Brasil ratificou em 1992 a Convenção Interamericana sobre os Direitos Humanos, conhecido como Pacto de São José da Costa Rica, e, em 1996, a Convenção Interamericana para Prevenir, Punir e Erradicar a Violência contra a Mulher.

Essas mudanças legais têm sido acompanhadas de iniciativas políticas e institucionais a fim de torná-las mais efetivas. Assim, foram criadas secretarias e programas, em todos os níveis de governo, no sentido de proteger os direitos da mulher, de promover os direitos humanos, os direitos de crianças e adolescentes, dos idosos etc. Elas revelam, de um modo geral, a maior resposta de governos às demandas de cidadãos e movimentos sociais no sentido da adoção de sistemas de proteção e de promoção de seus direitos.

Os efeitos mais gerais dessas iniciativas têm sido parciais e fragmentários, pois tem-se a impressão de que é muito frágil a sua incorporação aos valores compartilhados. Por um lado, permanecem as graves desigualdades econômicas e sociais, agravadas em parte pelos efeitos do ajustamento econômico, em que a estabilização monetária de 1994 foi acompanhada pela abertura da economia, as privatizações e as mudanças na organização da produção das empresas. Com isso, o período foi de aumento do desemprego e da precariedade das ocupações, diminuindo a importância relativa dos trabalhadores com carteira de trabalho assinada. As mudanças no emprego produzem efeitos imediatos para os trabalhadores e suas famílias, dada a situação precária em que passam a viver, e efeitos de maior alcance, pois reduzem as perspectivas dos jovens de ingresso no mercado de trabalho, os quais demandam novas formas de inserção na vida produtiva. Além disso, aprofunda-se a defasagem entre as condições de ocupação e as representações sociais que continuam a associar fortemente a cidadania à condição de trabalhador com carteira assinada.

Por outro lado, a ordem pública compatível com o Estado democrático de direito tem alcance muito limitado sobre o território e as relações sociais. Se em alguns espaços e relações as suas normas têm plena vigência, em outras predominam normas e relações de incivilidade. Boa parte da população das metrópoles continua privada do acesso aos bens e serviços públicos mais elementares para os direitos civis, como justiça e segurança, assim como para os direitos sociais, como saneamento e moradia. As violações de direitos são sobrepostas e atingem de forma muito mais intensa a população pobre que vive nas periferias das metrópoles. A tensão nas relações sociais se intensifica entre pessoas que vivem em condições precárias e agravam-se os conflitos interpessoais, a organização de grupos de justiceiros e a formação de grupos especializados em atividades ilegais e criminosas. Mas a ordem pública do Estado de direito não está ausente apenas nas favelas, pois noutros espaços, como condomínios, empresas e fazendas mantêm-se normas e relações baseadas no comando arbitrário e há a expectativa de obediência incondicional. Em instituições públicas, como hospitais psiquiátricos, postos de saúde e estabelecimentos escolares vê-se a resistência em reconhecer os direitos dos usuários e tratá-los de forma condizente com eles. A presença do crime organizado amplifica a sensação de insegurança da população. A experiência dos cidadãos com a corrupção e a irresponsabilidade de agentes públicos aumentam a sua desconfiança e afastamento em relação ao Estado. Isso é ainda acentuado pela falta de respostas razoáveis e compreensíveis das instituições judiciais na apuração de denúncias e de graves crimes. Nessa situação de incerteza, os indivíduos isolam-se, calam-se, resistem, aceitam ou mesmo procuram tirar proveito dela. E a opinião pública mantém a percepção de fragilidade da democracia, tanto no plano do funcionamento do Estado quanto na vida associativa e na participação popular nos assuntos públicos.

No entanto, a dinâmica política dessa democracia tem mostrado solidez e vitalidade, em sua Constituição democrática, no processo político-eleitoral, na legislação que reconhece os direitos da cidadania, na política externa, e também em certas áreas de políticas públicas, nas quais se busca uma maior efetividade dos direitos. Nesses anos, o país deixou a cidadania regulada e de alcance limitado, o regime militar, uma transição democrática incompleta associada a uma profunda crise estrutural do Estado para passar a um processo político democrático, um ajuste econômico que, apesar dos seus custos sociais e efeitos políticos, foi adotado segundo procedimentos democráticos e o reconhecimento de uma cidadania universalizada e baseada no valor da dignidade da pessoa humana, acompanhada de ações governamentais para sua promoção.

5. Conclusão

Os caminhos que a cidadania irá tomar no nosso país nos próximos anos são pouco previsíveis. Os direitos e garantias do art. 5º da Constituição impõem uma agenda absolutamente prioritária para as ações governamentais. Eles não excluem outros domínios ou políticas que visem erradicar a pobreza e reduzir as desigualdades sociais. Essa associação é necessária, se considerarmos o princípio da indivisibilidade e inter-relação dos direitos humanos, expresso na Declaração de Viena de 1993, se levarmos em conta que esta indivisibilidade está presente no próprio ciclo expansivo dos direitos no processo democrático e, enfim, que não é possível esperar que numa sociedade desigual, que impõe formas degradantes de vida para uma parcela de seus membros, venham a prevalecer facilmente relações sociais segundo as regras do civismo e da civilidade democráticos.

Mas a efetivação dos direitos do artigo 5º é prioritária para fazer parar os ciclos de violência, nas relações entre cidadãos e as praticadas por agentes do Estado, os sofrimentos de vítimas, de familiares e de todos os que se sentem potencialmente visados, a memória de violações cujas denúncias não encontraram atenção nem resposta.

Tornou-se comum afirmar-se que o país vive como se estivesse em guerra, pois à ação dos criminosos seria necessária uma resposta à altura dos governantes. Porém se levarmos em consideração as variadas formas de violência praticadas nas relações sociais, a metáfora da guerra torna-se completamente inadequada. Não se trata da supremacia ou da eliminação de um inimigo para estabelecer a ordem determinada por uma autoridade incontestável. Na multiplicidade de violações que ocorrem atualmente não há "outro lado", pois são cidadãos e seres humanos que estão, de variadas formas, envolvidos ou implicados. A superação desses confrontos só se dará com a extensão de uma ordem pública democrática, que é diferente e mais ampla do que a supremacia alcançada pelas armas, pois nela os cidadãos não são só destinatários das normas e comandos da autoridade, mas são também os participantes incontornáveis de sua elaboração. A efetividade do artigo 5º é parte essencial do objetivo de extensão da ordem democrática, dado que nele estão implicadas as condições para essa participação: a igualdade, as liberdades, o devido processo legal, a segurança e a garantia dos cidadãos contra a prática de violações por parte das autoridades públicas.

Referências bibliográficas

ADORNO, Sérgio. *A gestão urbana do medo e da insegurança*: violência, crime e justiça penal na sociedade brasileira contemporânea, 1996. Tese (Livre-docência) — Departamento de Sociologia, FFLCH/USP, São Paulo, 1996.

_____. Consolidação democrática e políticas de segurança pública no Brasil: rupturas e continuidades. In: ZAVERUCHA, J. (Org.). *A democracia no século XXI*. Recife: Massangana, 1998.

ALVAREZ, Sonia E.; DAGNINO, Evelina; ESCOBAR, Arturo (Orgs.). *Cultura e política nos movimentos sociais latino-americanos*: novas leituras. Belo Horizonte: Ed. UFMG, 2000.

CARVALHO, José Murilo de. Cidadania: tipos e percursos. *Estudos Históricos*, Rio de Janeiro, v. 18, n. 9, p. 357-424, 1996.

_____. *Cidadania no Brasil*: o longo caminho. Rio de Janeiro: Civilização Brasileira, 2001.

CITADINO, Gisele. *Pluralismo, direito e justiça distributiva*. 2. ed. Rio de Janeiro: Ed. Lumen Juris, 2000.

DINIZ, Eli. *Crise, reforma do Estado e governabilidade, Brasil 1985-95*. Rio de Janeiro: Fundação Getúlio Vargas, 1997.

MARSHALL, T. H. Cidadania e classe social. In: _____. *Cidadania, Classe Social e Status*. Rio de Janeiro: Zahar, 1963.

NORONHA, Eduardo. *Entre a lei e a arbitrariedade*: mercados e relações de trabalho no Brasil. São Paulo: LTr, 1999.

PANDOLFI, Dulce et al. *Cidadania, justiça e violência*. Rio de Janeiro: Fundação Getúlio Vargas, 1999.

PINHEIRO, Paulo Sérgio. Autoritarismo e transição. *Revista USP*, n. 9, mar./maio 1991.

_____. O passado não está morto: nem passado é ainda. In: DIMENSTEIN, G. *A democracia em pedaços*. São Paulo: Companhia das Letras, 1996.

SALLUM JR., Brasílio. *Labirintos*: dos generais à Nova República. São Paulo: Hucitec, 1996.

SANTOS, Wanderley G. dos. *Cidadania e justiça*. *A política social na ordem brasileira*. Rio de Janeiro: Campus, 1979.

_____. Fronteiras do Estado mínimo — indicações sobre o híbrido institucional brasileiro. In: _____. *Razões da desordem*. Rio de Janeiro: Rocco, 1994.

TELLES, Vera. *Pobreza e cidadania*. São Paulo: Ed. 34 e Curso de Pós-Graduação em Sociologia da FFLCH/USP, 2001.

VIANNA, Luís Werneck et al. *A judicialização da política e das relações sociais no Brasil*. Rio de Janeiro: Revan, 1999.

_____; CARVALHO, Maria Alice R. de. República e civilização brasileira. In: BIGNOTTO, Newton. *Pensar a República*. Belo Horizonte: Ed. da UFMG, 2000.

Direitos humanos e educação

A EDUCAÇÃO ESCOLAR COMO DIREITO HUMANO DE TRÊS GERAÇÕES: identidades e universalismos

Carlota Boto

"Toda frontera es, antes que un hecho físico, un hecho de conciencia. Es una línea arbitraria trazada sobre un espacio, que divide, marca y señala una diferencia entre aquello que es posible y aquello que no lo es. Las culturas se definen por las fronteras que trazan entre lo imposible, lo cotidiano, lo plausible, lo impensable incluso. Todo modo de ver es un modo de no ver y, por ello, toda cultura, que es un modo de estar en el mundo, una **Weltanschauung**, es también un modo de no estar. Una cultura se define, más que nada, por aquello que rechaza y coloca en las fronteras de lo impensable. Romper esas fronteras, transgredirlas, es redefinir la cultura. Por ello la clave de la dinámica cultural es la comunicación entre culturas, sometidas a los mismos requisitos de toda comunicación. Pues es a través de la comunicación como se debilita esa coraza y se efectúan los traspasos de rasgos y prácticas, la fertilización cruzada, la aculturación. Labor realizada siempre inicialmente por *outsiders*, marginales, extranjeros, viajeros, gente en los bordes, en las fronteras, que cruzan una y otra vez sus límites y, por ello, toman distancias y se ven obligados a traspasarlos. Pero aqui no hacen sino experimentar personalmente el solapamiento de marcos de plausibilidad. Pues bien, el primer requisito para toda comunicación es la aceptación del discurso del otro, no como síntoma de una situación o de un tipo de personalidad, sino como discurso entero y verdadero. Pues la primera tentación del diálogo intercultural es la estereotipación del otro y la desconstrucción de su discurso como manifestación enferma y perversa de algún rasgo dominante. De ahí la importancia del multiculturalismo en su sentido normativo. Pues sólo la previa aceptación del otro, de su lengua, de su cultura permite la comunicación verdadera y, por lo tanto, la fertilización cruzada". (Espinosa, E. L. de, 1995, p. 69-70)

Introdução do tema e do problema

Com o propósito de refletir acerca das relações entre democracia, educação e direitos humanos, partimos do que acreditamos ser um desafio metodológico: a pressuposição da vida escolar como produtora de cultura, cujo conhecimento exige, portanto, alguma remissão a acepções etnológicas de matrizes culturais variadas, com o propósito de investigar práticas e conteúdos escolares postos na vida cotidiana da dinâmica ensino-aprendizado. A princípio, tomemos a definição de Forquin:

"A escola é também um 'mundo social', que tem suas características de vida próprias, seus ritmos e seus ritos, sua linguagem, seu imaginário, seus modos próprios de regulação e de transgressão, seu regime próprio de produção e de gestão de símbolos. E esta 'cultura da escola' (no sentido em que se pode também falar da 'cultura da oficina' ou da 'cultura da prisão') não deve ser confundida tampouco com o que se entende por 'cultura escolar', que se pode definir como o conjunto de conteúdos cognitivos e simbólicos que, selecionados, organizados, 'normalizados', 'rotinizados', sob o efeito dos imperativos de didatização, constituem habitualmente o objeto de uma transmissão deliberada no contexto das escolas... Ensinar supõe querer fazer alguém aceder a um grau ou a uma forma de desenvolvimento intelectual e pessoal que se considera desejável. Isto não pode ser feito sem se apoiar sobre os conteúdos, sem extrair da totalidade da cultura — no sentido objetivo do termo, a cultura enquanto mundo humanamente construído, mundo das instituições e dos signos no qual, desde a origem, se banha todo indivíduo humano tão somente por ser humano, e que constitui como que sua segunda matriz — certos elementos que se consideram como mais essenciais, ou mais intimamente apropriados a este projeto. Educar, ensinar, é colocar alguém em presença de certos elementos da cultura a fim de que ele deles se nutra, que ele os incorpore à sua substância, que ele construa sua identidade intelectual e pessoal em função deles. Ora, um tal projeto repousa necessariamente, num momento ou noutro, sobre uma concepção seletiva e normativa da cultura." (Forquin, 1993, p. 168)

Michel de Certeau define as ações culturais como movimentos — inscritos, portanto, na existência; ou em situação: "inscrevem trajetórias, não indeterminadas, mas inesperadas, que alteram, corroem e mudam pouco a pouco os equilíbrios das constelações sociais" (Certeau, 1995, p. 250). O próprio saber estaria, assim, impregnado de uma dada correlação de forças, que silencia, interdita, impinge e impõe protocolos de crenças com valor de verdade: "a própria ciência não é autônoma com relação a esses conflitos e seus avatares" (Certeau, 1995, p. 250); sendo nas ações e nas estratégias culturais que se produzem, que se firmam, que se reproduzem, que se transformam as práticas e os conflitos, nos seus lugares de ação e por táticas de permanente enfrentamento.

Em trabalho centrado sobre a temática do cotidiano na análise da escola como objeto e prática cultural, Azanha destaca os limites analíticos daquilo que nomeou abstracionismo pedagógico: a tradução, para o discurso educativo, de regras generalizantes, que pretendem, por suposto, apreender alguma essência firmada na educação escolar, à custa da observação de aspectos rotineiros e específicos acerca da circunscrição espaço-temporal desta ou daquela escola. São esses elementos, todavia, que podem se mostrar mais reveladores — enquanto ferramentas conceituais e operatórias — das coisas que costumeiramente se passam em sala de aula: das crenças, das práticas, dos planos de ensino e de sua execução, dos problemas de disciplina e da administração da escola; enfim, dos rituais que marcam a vida escolar em seu dia a dia. É, pois, no parecer de Azanha, essencial que as pesquisas pedagógicas passem a perscrutar "o escrutínio no nível microscópico do dia a dia escolar" (1992, p. 61), ainda que tal averiguação possa parecer destituída de significado — registrando trivialidades; "uma soma de insignificâncias, pequenos episódios sem cor, marcados pela monotonia das repetições" (Azanha, 1992, p. 62).

Muitos autores reportam-se — pela mesma tecla assinalada por Azanha — a alguma dificuldade revelada pela produção teórica do campo da pedagogia nesse encalço de apreender o que verdadeiramente acontece na escola. André Chervel, para evidenciar o caráter específico do que nomeia "cultura escolar", recorda que o efeito de aculturação provocado pela escola traduz-se, por um lado, em prescrições normativas curriculares, ou programas oficiais que oferecem as diretrizes do que se deverá ensinar — e, muitas vezes, de como se deverá fazê-lo. Na outra margem, contudo, existiria um significativo

> "conjunto de efeitos culturais não previsíveis, engendrados, de maneira independente, pelo próprio sistema escolar. Por qual nome se poderia designar todo

esse recorte cultural que, embora resulte da ação da escola, não está inscrito nas grandes finalidades que a sociedade lhe havia assinalado? Uma expressão se impõe aqui, embora ela costume ser desonrada em seu uso habitual: a de 'cultura escolar'. A cultura escolar, propriamente dita, é toda aquela parte da cultura adquirida na escola, que encontra na escola não apenas seu modo de difusão, mas também sua origem." (Chervel, 1998, p. 191)

Tal cultura escolar tem a ver com contiguidades de "saberes", de um conjunto de práticas que podem ser nomeadas de "saber-fazer" e, seguramente, da adesão a valores que a escola, de alguma maneira, cria e, certamente, cultiva e cultua. Há especificidades nítidas no modo de ser escola, as quais são construídas ao longo de séculos. A escola tem um modo arquitetônico todo seu, que se propõe a dar a ver os sentidos da cultura letrada com alguma reverência. Sobre o espaço-escola, Agustín Escolano recorda, por exemplo, o caráter singular desse repertório de modelos constituídos desde o princípio da era moderna. Pouco a pouco, a escola seria vista por sua própria construção material e simbólica. Diz Escolano que "a arquitetura escolar é também por si mesma um programa, uma espécie de discurso que institui na sua materialidade um sistema de valores como os de ordem, disciplina e vigilância, marcos para a aprendizagem sensorial e motora e toda uma semiologia que cobre diferentes símbolos estéticos, culturais e também ideológicos" (1998, p. 26).

O tempo escolar teria também, por sua vez, um recorte muito próprio, que lhe confere uma particularidade distintiva de outras modalidades do tempo social. Diz, sobre o tema, Antonio Viñao Frago:

"O tempo escolar é um tempo simultaneamente institucional, pessoal, cultural e individual. Do ponto de vista institucional revela-se um tempo prescrito e uniforme. E efetivamente o é, pelo menos, por sua intenção. Sem dúvida, do ponto de vista individual, é um tempo plural e diverso. Não há apenas um tempo, mas uma variedade de tempos. Evidentemente, o do professor e o do aluno. Mas também o da administração e o da inspeção — o normativo. Enquanto tempo cultural, além disso, o tempo escolar é uma construção social historicamente mutante, um produto cultural que implica uma determinada vivência ou experiência temporal. Um tempo que é organizado e construído social e culturalmente como tal tempo específico, mas que, por seu turno, é vivido não apenas pelos professores e alunos, mas também pelas famílias e a comunidade em seu conjunto, mediante sua inserção e relações com o resto dos ritmos e tempos sociais." (Viñao Frago, 1998, p. 5).

O impacto das novas tecnologias digitais — para além do lugar já ocupado anteriormente pelos meios de comunicação de massa — reforça a encruzilhada e os embaraços apresentados para qualquer estudo voltado para a busca de sistematização do conceito de cultura escolar. A juventude mudou; a infância mudou; os adultos também mudaram... Será que existe alguma coisa que permanece o que sempre fora? Acerca do tema, Bill Green e Chris Bigum efetuaram a feliz analogia entre um dado cenário de representação da escola no filme *ET* — dirigido, no início dos anos oitenta, por Steven Spielberg — e os lugares que, na vida escolar real, modelam distinções e distâncias entre professores e seus alunos — tantas vezes ainda enfileirados — em sala de aula. Dizem sobre o tema os referidos autores:

> "[na sala de aula], o professor é visto da cintura para baixo, sendo descrito, assim, de forma bastante eficaz, como um ser distante e abstraído, desconhecido e desconhecível, ao menos, para nós, os/as espectadores/as, embora a narrativa funcione para sugerir que as crianças aí descritas... estão posicionadas e dispostas de maneira similar. Quem são os alienígenas na sala de aula? São os/as estudantes ou os/as professores/as? Não serão os adultos, de forma geral, que deverão ser vistos, cada vez mais, como alienígenas, vistos a partir do outro lado? Tendo em vista que será a juventude que herdará a terra, que é ela que já habita o futuro, em muitos sentidos, não deveríamos contemplar a possibilidade de que somos nós os/as que estamos sendo, assim, cada vez mais, transformados/as em 'outros/as', com nossos poderes se desvanecendo, no momento mesmo em que os exercemos, cada vez mais estrangeiros/as em nossas próprias salas de aula e na cultura pós-moderna, de forma mais geral? É essa espécie de ansiedade quase inconcebível que anima e dirige boa parte do debate contemporâneo sobre a interface entre a cultura juvenil e as novas tecnologias do texto, da imagem e do som." (Green e Bigum, 1995, p. 213)

Teremos nós, docentes, ainda o que dizer a essa juventude que nos interpela? Ou seremos apenas alienígenas que, todos os dias, assombram crianças e adolescentes com a obsolescência de nossos ditos "saberes" escolares? Bernard Charlot recorda que — sendo a relação com o conhecimento letrado um modo de interagir com o mundo e com os outros — há um entrecruzamento de identidades ao se pensar no convívio da criança com o aprendizado escolar: tanto por sua relação com os conteúdos, como por sua vivência perante o grupo de colegas e perante a autoridade do professor; além, evidentemente, do lugar ocupado pelo que sua família supõe serem essas mesmas experiências. De qualquer modo, dirá Charlot, quando aprendemos, colocamos em jogo a construção de nossa autoimagem; e, portanto, a escola é importante para formar identidades: "aprender faz sentido por referência à história do sujeito, às suas expectativas, às suas referências, à sua concepção de vida, às suas relações com os outros, à imagem que tem de si e à que quer dar de si aos outros" (Charlot, 2000, p. 72). Existiria, sob tal enfoque, uma singular dimensão simbólica concernente ao lugar social ocupado pela escolarização — dimensão simbólica que dialoga muito de perto com comunidades de sentido partilhadas e socialmente autorizadas. Ao aprender, cria-se — nessa perspectiva — uma distinta apreciação do tempo; o tempo escolar ganha vida como um repertório de significados inscritos, por sua vez, no espaço da escola, na sua territorialidade. Sendo assim, estrutura-se uma linguagem própria, que tende a representar a escola como sua fala autorizada. A modernidade engendrou um modo muito próprio de ser escola e de viver a escola. Estaríamos presenciando, no mundo contemporâneo, a etapa terminal desse percurso de configuração do protocolo de sentidos escolares? Diz, sobre isso, Tomaz Tadeu da Silva:

> "A ideia de educação, que é parte essencial do senso comum moderno, está montada nas narrativas do constante progresso social, da ciência e da razão, do sujeito racional e autônomo e do papel da própria educação como instrumento de realização desses ideais. A ciência e a razão são instrumentos de progresso, o sujeito moderno é aquele que está imbuído desses mesmos propósitos e impulsos e a educação institucionalizada é quem está encarregada de produzi-lo. O sujeito educacional assim produzido encarna os ideais da narrativa moderna: emancipado, livre, racional." (Silva, 1996, p. 253)

Além disso, os dizeres da escola moderna falam do mundo por escrito. Trata-se, pois, de estruturar novos códigos reguladores da vida; aceites e prescritos pelo mundo adulto:

> "Quando se aprende a ler, aprende-se um modo peculiar de se comportar, do qual a imobilidade física é só um aspecto. O autocontrole é um desafio não só para o corpo, mas também para a mente. Frases, parágrafos e páginas são desdobrados lentamente, em sequência, e de acordo com uma lógica que está longe de ser intuitiva. Na leitura, precisa-se esperar para obter a resposta, esperar para chegar a uma conclusão. E enquanto se espera, fica-se obrigado a avaliar a validade das frases ou, pelo menos, saber quando e em que condições suspender o juízo crítico. Aprender a ler é aprender a aceitar as regras de uma complexa tradição lógica e retórica que exige que avaliemos o caráter das ora-

ções com cautela e rigor, e, claro, que modifiquemos os significados continuamente à medida que novos elementos se desdobram em sequência. A pessoa letrada precisa aprender a ser reflexiva e analítica, paciente e afirmativa, sempre ponderada, para poder, após a devida consideração, dizer não a um texto. Este tipo de comportamento é difícil para o jovem aprender. Na verdade, deve ser aprendido por etapas, e por isso espera-se do leitor jovem, a princípio, somente a paráfrase, não a crítica." (Postman, 1999, p. 90-1)

Ocorre que a escola de Estado engendrada pela contemporaneidade ocidental — única, obrigatória, laica, universal e gratuita — é tomada, em si mesma, como fonte pública de esclarecimento — e isso fica muito claro no discurso de pensadores tradicionais como Alain, para quem o mundo escolar constitui um solo fértil para a iniciação. O tempo do principiante, por sua vez, não é um tempo simples — e, por vezes, nem mesmo é agradável. Trata-se, contudo, de um estágio necessário para um aperfeiçoamento do espírito que está pressuposto na acepção iluminista de racionalidade — incluindo aqui o inevitável amargor dos inícios...

> "O urgente perigo, e também a urgência, sempre premente, de se tirar a Humanidade da barbárie próxima, exige que nos encaminhemos diretamente à finalidade humana. É necessário que a criança conheça o poder que ela tem de se governar, e, antes de tudo, de não se confiar. É preciso também que tenha o sentimento de que este trabalho sobre si mesma é difícil e belo... os verdadeiros problemas são inicialmente amargos de gosto; o prazer virá para aqueles que vencerem o amargor. Não prometerei, portanto, o prazer, mas darei como finalidade a dificuldade vencida. Esse é o atrativo que convém ao homem; somente assim é que conseguirá pensar em vez de experimentar. Toda a arte consiste em graduar as provas e em medir os esforços; porque a grande tarefa é dar à criança uma elevada ideia de seu poder, e de cultivá-la pelas vitórias. Mas é também importante que essas vitórias sejam penosas... E a criança não deve somente ser capaz de vencer o tédio e a abstração; deve também saber que é capaz disso." (Alain, 1978, p. 4-5)

Democracia como princípio e como método: ética, valores e direito

Norberto Bobbio delimita o que apresenta como definição mínima de democracia: "um conjunto de regras (primárias ou fundamentais) que estabelecem quem está autorizado a tomar as decisões coletivas e com quais procedimentos" (Bobbio, 2002b, p. 30). Tal acepção do ideário democrático é bastante adequada se pensarmos historicamente na temática dos direitos humanos e nos procedimentos políticos mediante os quais eles foram postulados e socialmente assumidos enquanto valores coletivos de humanidade. Bobbio compreende a ideia democrática como progressivo e continuado alargamento do repertório de direitos individuais e coletivos. Tomada desta forma, democracia é método. Trata-se de um postulado básico de regras e procedimentos de decisões públicas a serem progressivamente ampliadas para o foro decisório de um maior número de pessoas. Ora, se tomarmos a condição democrática pela efetivação de dispositivos reguladores do jogo social, é necessário acrescer que tais normas deverão ser compartilhadas, e isso, inclusive em virtude do propósito de os cidadãos (além de deliberarem sobre dinâmicas internas à vida social) deterem consigo o poder de controlar a execução e a própria exequibilidade das regras. Bobbio afirma que "a publicidade é por si mesma uma forma de controle, um expediente para distinguir o que é lícito do que não é" (2002b, p. 42).[1]

A democracia seria, pois, um acervo histórico de normas processuais publicamente expostas, cuja lógica é necessariamente dirigida para o contínuo alargamento da tomada coletiva de decisões. Isto não significa — pondera Bobbio — que não haja a possibilidade institucional da dissensão, do exercício da divergência. Contudo, o modo pelo qual o Ocidente configurou os sentidos da democracia supõe um tácito acordo coletivo sobre as regras norteadoras do jogo político e social. Daí a recorrente dificuldade quando, por exemplo, nos interrogamos sobre as margens incertas entre o tolerável e o intolerável, sobre a fronteira entre o direito da escolha e o dever da obediência ao resultado da mesma escolha etc. No limite, é pre-

---

1. Essa visão relativa a tornar públicas as regras do jogo constitui uma assumida apropriação do pensamento kantiano sobre o tema. Nos termos de Bobbio: "No Apêndice à Paz Perpétua, Kant enunciou e ilustrou o princípio fundamental segundo o qual 'todas as ações relativas ao direito de outros homens cuja máxima não é suscetível de se tornar pública são injustas', querendo com isto dizer que uma ação que sou forçado a manter secreta é certamente não apenas uma ação injusta, mas sobretudo uma ação que, se fosse tornada pública, suscitaria uma reação tão grande que tornaria impossível a sua execução: que Estado, para usar o exemplo dado pelo próprio Kant, poderia declarar publicamente, no momento exato em que firma um tratado internacional, que não o cumprirá? Que funcionário público pode afirmar em público que usará o dinheiro público para interesses privados? (Bobbio, 2002b, p. 42).

ciso ser democrata, inclusive para pensar as confluências e também possíveis assimetrias entre as ideias de particularidade, de pluralismo e de relativismo cultural.

Seria possível, com Bobbio, indagarmos o seguinte:

> "Pode-se modificar por maioria a própria regra da maioria? Em poucas palavras: se uma maioria parlamentar decide, como já ocorreu na história, abolir o regime parlamentar e atribuir a um chefe ou a uma oligarquia restrita o poder de tomar decisões vinculatórias para toda a coletividade, o sistema daí derivado ainda é uma democracia apenas pelo fato de ter sido instituído democraticamente? Certo, se uma democracia não aceita colocar em discussão as próprias regras 'é já uma outra coisa'. Mas não se torna ainda mais abertamente 'uma outra coisa' se certas regras, como a regra da maioria, são postas em discussão? E então, não existe talvez um problema preliminar àquele, igualmente importante, da corrigibilidade do sistema — qual seja, o de saber se não existem limites intransponíveis neste processo de revisão contínua e, no caso de existirem (e eu não duvido que existam), o de saber quais são eles? A segunda razão pela qual é necessário introduzir o debate sobre as regras do jogo num discurso sobre os sujeitos e sobre os instrumentos do 'fazer política' está no fato de que é impossível desconsiderar que existe um estreitíssimo nexo entre as regras dadas e aceitas do jogo político, de um lado, e os sujeitos que deste jogo são os atores e os instrumentos com os quais se pode conduzi-lo a bom termo, de outro. Para insistir na metáfora, existe um estreitíssimo nexo que liga as regras do jogo aos jogadores e a seus movimentos. Mais precisamente: um jogo consiste exatamente no conjunto de regras que estabelecem quem são os jogadores e como devem jogar, com a consequência de que, uma vez dado um sistema de regras do jogo, estão dados também os jogadores e os movimentos que podem ser feitos." (Bobbio, 2002b, p. 80)

A relação da sociedade diante da categoria operatória dos direitos humanos exige necessariamente que sua própria constituição seja observada mediante o crivo da história; e, no mesmo esquadro, que a reflexão seja pautada pela diretriz de normas coletivas pensadas como universalmente válidas. Isso é artifício, como a própria cultura. Existem leis naturais que possam conferir dignidade à clivagem do direito? Não. Quem "fabrica" a ideia de direito é o homem. Por seu turno, o ser humano é — também ele, em alguma medida — sujeito de sua própria construção: da natureza, através da sociedade, o homem se faz cultura. Sob tal consideração, há de se indagar a respeito da existência ou não de fundamentos absolutos legitimadores do direito. Além disso — como sugere Bobbio —, caso sejam possíveis, seriam tais fundamentos desejáveis? Existe — pode-se perguntar — uma vocação humana para a liberdade?[2] Seria plausível radicar em algum ponto alguma dimensão de essência, de universalidade da condição humana, no que ela traz de potência ou de especificidade? Como poderíamos qualificar os pilares intrínsecos à acepção de humanidade? Parece-nos haver, de fato, algum impulso naturalmente dado em direção à liberdade. Mas será que é mesmo assim? Parece-nos convidativo o recurso à igualdade como categoria fundadora e irredutível, em última instância, de qualquer projeto humano legítimo. Porém como conciliar duas distintas exigências — por um lado, a liberdade; e por outro a igualdade — se, como sabemos, uma tende a concorrer com a outra? Antes de tudo, é preciso reconhecê-las como manufaturas culturais, ainda que a produção de cultura esteja — ela mesma — alicerçada na própria constituição do ser humano, apresentando-se, por tal razão, como aquilo que nos radica no coração do que ainda nomeamos humanidade. É prudente, portanto, duvidar da "irredutibilidade das crenças últimas" (Bobbio, 1992, p. 22), posto que, no campo dos valores, não há possibilidade de firmar fundamentos razoáveis, se os pensarmos como inamovíveis:

> "Aliás, vale a pena recordar que, historicamente, a ilusão do fundamento absoluto de alguns direitos estabelecidos foi um obstáculo à introdução de novos direitos, total ou parcialmente incompatíveis com aqueles. Basta pensar nos empecilhos colocados ao progresso da legislação social pela teoria jusnaturalista do fundamento absoluto da propriedade: a oposição quase secular contra a introdução dos direitos sociais foi feita em nome do fundamento absoluto dos direitos de liberdade. O fundamento absoluto não é apenas uma ilusão: em alguns casos, é também um pretexto para defender posições conservadoras." (Bobbio, 1992, p. 22)

Liberdade do homem como artefato de sua condição

No Renascimento, ao discorrer sobre a inscrição do homem no cosmos, Giovanni Picco — conde della Mirandola e de Concórdia — reconhece, em

---

2. Segundo Bobbio, nenhum fundamento irresistível das ideias e das vontades humanas poderia ser mantido à revelia das circunstâncias, pelo atributo de sua universalidade. Diz ele sobre o tema: "Kant havia racionalmente reduzido os direitos irresistíveis (que ele chamava de 'inatos') a apenas um: a liberdade. Mas o que é a liberdade? Essa ilusão já não é possível hoje; toda busca do fundamento absoluto é, por sua vez, infundada" (Bobbio, 1992, p. 17).

finais do século XV europeu, a condição de sujeito livre como o distintivo potencial criador — o fundamento radical da acepção humana em sua irredutibilidade. Diz seu discurso sobre "a dignidade do homem" que, quando Deus acabou de construir o mundo, apercebeu-se da ausência de um outro ser, que fosse capaz de compreender e admirar os significados de sua obra. Não havia, contudo, naquela altura, nenhum espaço sobressalente no planeta para a criação desse ser apreciador e crítico: o território-mundo estava já ocupado, distribuído e ordenado. Daí, por coerência, Deus produz um indivíduo que, por definição, se deveria distinguir das demais criaturas, exatamente pela possibilidade de fazer-se capaz de apreender sentidos inscritos no universo, interagir com eles, e radicar-se, a seu modo, pela superfície da Terra com a irredutível liberdade do arbítrio a propósito dos rumos escolhidos para trilhar sua própria existência: "o homem, um animal de natureza multiforme e cambiante" (Picco della Mirandola, 1999, p. 57). O texto de Picco della Mirandola traduz, de maneira magistral, uma expressa apologia à liberdade humana:

> "Decretou então o ótimo Artífice que àquele ao qual nada de próprio pudera dar, tivesse como privativo tudo quanto fora partilhado por cada um dos demais. Assim, pois, tomou o homem, essa obra de tipo indefinido e, tendo-o colocado no centro do universo, falou-lhe nestes termos: 'a ti, ó Adão, não te temos dado nem uma sede determinada, nem um aspecto peculiar, nem um múnus singular precisamente para que o lugar, a imagem e as tarefas que reclamas para ti, tudo isso tenhas e realizes, mas pelo mérito de tua vontade e livre consentimento. As outras criaturas já foram prefixadas em sua constituição pelas leis por nós estatuídas. Tu, porém, não estás coarctado por amarra nenhuma. Antes, pela decisão do arbítrio, em cujas mãos te depositei, hás de predeterminar a tua compleição pessoal. Eu te coloquei no centro do mundo, a fim de poderes inspecionar, daí, de todos os lados, da maneira mais cômoda, tudo que existe. Não te fizemos nem celeste nem terreno, mortal ou imortal, de modo que assim tu, por ti mesmo, qual modelador e escultor da própria imagem, segundo tua preferência e, por conseguinte, para tua glória, possas retratar a forma que gostarias de ostentar. Poderás descer ao nível dos seres baixos e embrutecidos; poderás, ao invés, por livre escolha da tua alma, subir aos patamares superiores, que são divinos. Ó suprema liberalidade de Deus Pai, ó suma e maravilhosa beatitude do homem! A ele foi dado possuir o que escolhesse; ser o que quisesse." (1999, p. 53-54)

Ernst Cassirer — em trabalho intitulado *Indivíduo e cosmos na filosofia do Renascimento* — reconhece em Picco della Mirandola o ineditismo de haver expressamente demarcado a linha divisória que distingue o entendimento racional da crença mítica. Sua concepção de liberdade remeterá sua reflexão para desbravar, com abertura de espírito, enigmas cifrados por um universo enclausurado nas malhas da religiosidade e do misticismo da época. Seria essa acepção renascentista de liberdade quem teria proporcionado a moderna aventura de decifrar racionalmente o universo. A liberdade, como conceito humano, foi um alicerce necessário, para edificar, talvez, os novos paradigmas que comporiam a ciência moderna. Observa Cassirer sobre o tema o pioneirismo da abordagem quanto à hipótese de o homem não possuir qualquer essência ou forma que precede o trajeto de sua existência: "esse conceito de liberdade é lesado não apenas quando o espírito do homem é subordinado à causalidade da natureza, mas também quando é subordinado a todo e qualquer outro tipo de determinação que ele próprio não tenha estabelecido" (Cassirer, 2001, p. 197).

Sob perspectiva absolutamente diacrônica — com o intuito, todavia, de marcar distâncias e aproximações da longa duração de tal atmosfera mental — pode-se confrontar com o excerto do manifesto de Picco della Mirandola o texto pelo qual Jean-Paul Sartre explicita o significado da apresentação de sua filosofia existencialista como uma tradução ou atualização do pensamento humanista. Sartre, em ensaio intitulado *O existencialismo é um humanismo*, leva à radicalidade os dois conceitos com que opera seu título — em sua agonia e em seu fascínio — ao inscrever a acepção de liberdade no ponto de partida e no ponto de chegada da existência humana. Aqui Deus não existe — embora isso não se traduza exatamente pela alegria do alívio. Ao contrário, produz a convicção segundo a qual, na ausência de um pressuposto bem anterior à existência, será preciso destacar esse bem da condição mesma da liberdade do arbítrio. Não há determinismo, não há teleologia, não há imanência radicada na condição do homem. Há o acaso, a liberdade e a escolha. O futuro será sempre indeterminado, embora possamos com ele interagir. Isso nos alçará — seres humanos — ao estatuto de arquitetos de valores; e, mais do que isso, responsáveis pelos valores que elegemos como nossos:

"Estamos sós e sem desculpas. É o que traduzirei dizendo que o homem está condenado a ser livre. Condenado, porque não se criou a si próprio; e, no entanto, livre, porque uma vez lançado ao mundo é responsável por tudo quanto fizer. O existencialista não crê na força da paixão. Não pensará nunca que uma bela paixão é uma torrente devastadora que conduz fatalmente o homem a certos atos e que, por conseguinte, tal paixão é uma desculpa. Pensa sim que o homem é responsável por toda essa sua paixão. O existencialista não pensará também que o homem pode encontrar auxílio num sinal dado sobre a terra, e que o há-de orientar; porque pensa que o homem decifra ele mesmo esse sinal como lhe aprouver. Pensa portanto que o homem, sem qualquer apoio e sem qualquer auxílio, está condenado a cada instante a inventar o homem. Disse Ponge num belo artigo: 'o homem é o futuro do homem'. É perfeitamente exato. Somente, se se entende por isso que tal futuro está inscrito no céu, que Deus o vê, nesse caso é um erro, até porque nem isso seria um futuro. Mas se se entender por isso que, seja qual for o homem, tem um futuro virgem que o espera, então essa frase está certa. Mas em tal caso o homem está desamparado." (Sartre, 1978, p. 227-8)

É possível vislumbrar a radical angústia quanto à postulação do conhecimento de si: direitos e existências, anteriormente concebidos como naturais e, nessa condição, expressos se originários diretamente da essencialidade do homem... caem por terra. Na margem oposta, quanto mais se procura a almejada essência, mais diversos se afiguram os modos de vida, as maneiras de ser, as formas compartilhadas de existência — históricas, sociais, políticas e, também, irredutivelmente individuais. Daí o reconhecimento de que qualquer reflexão sobre os direitos do homem requer, como contrapartida, a notificação dos contornos da liberdade, das diferenças e da pluralidade — imprescindíveis para buscar consensos equilibrados de decisões e opções coletivas tidas por razoáveis.

Alain Touraine, sobre o tema, destaca a atualidade da indagação acerca da possibilidade de vivermos juntos; e, ainda assim, de observarmos e convivermos com algumas de nossas diferenças. Nesse sentido, aponta o impasse entre aqueles que tomam como postulado a aspiração universalista e os que optam pelo relevo das identidades múltiplas. O desafio a que Touraine nos convida é o de "combinar as duas, quer dizer, renovar a figura moderna da democracia; é preciso ao mesmo tempo reconhecer o pluralismo e manter regras de direito universalistas" (1998, p. 63). A consciência universalista, sob tal enfoque, não poderia — de maneira alguma — se basear em qualquer dimensão fundadora ou essencial à sociedade. Seria, para tanto, necessário fugir das tentações que remetem à sobredeterminação de raças, de classes ou de ideologias de explicação última do real. Contudo, não se poderia — em nome da tão em voga desconstrução de visões de mundo essencialistas — recusar qualquer anseio pelo universal, com o fito exclusivo da preservação de interesses particulares dessa ou daquela tradição de cultura.

Pensar processos civilizatórios, pelos seus plurais, implica reconhecimento mútuo; no postulado tácito do diálogo, da comunicação, da busca de compreensão. Isso supõe o "reconhecimento do outro, da diversidade, da pluralidade, ou seja, do direito de cada um a combinar, à sua maneira, instrumentalidade e identidade, razão e cultura" (Touraine, 1998, p. 172), singularidades e comunidades — em seus elos e em suas travas.

> "A comunicação interpessoal e intercultural só é possível se deixamos de nos definir por nossa pertença a uma identidade particular ou por nossa referência a uma razão que a sua abstração torna inseparável de determinada classe dominante, a dos proprietários ou a dos cidadãos. Ela supõe que a oposição entre universalismo dominador e particularismo intolerante seja superada pelo recurso ao que não é nem geral nem particular, mas único, a individuação de cada existência pessoal ou coletiva... Esse reconhecimento, a que se deu o nome de solidariedade ou fraternidade, vê em cada vida individual um esforço para combinar diferença e semelhança." (Touraine, 1998, p. 186)

A(s) cultura(s): entre o universal e o relativo — indivíduos, povos e pertenças

Ao abordar o complexo tema do multiculturalismo, Andréa Semprini atenta para a cautela metodológica a ser operada diante das multifacetadas expressões da linguagem humana, já que transmitir um enunciado ou recebê-lo requer necessariamente traduções culturais no modo pelo qual os sentidos e sua expressão verbal são transmitidos ou apreendidos. A dificuldade começa por aí. Será que diferentes culturas falam línguas que podem ser, de alguma maneira, comunicáveis? Semprini compreende, a esse respeito, a relevância de se pensar no ato tradutório para, do particular, buscar padrões ou sistemas de equivalências passíveis de estabelecer a comunicação intercultural. O universalismo, tal como tem sido traçado pelo roteiro civilizatório do Ocidente, abarcaria, nesse sentido, alguns impasses, evidenciados por seus simulacros: o debate de nossa tardia modernidade não mais resiste à desmistificação da racionalidade como inequívoco rastro do encontro da verdade. A própria verdade — tomada no sentido racionalista — seria uma crença: nos termos de Semprini, uma convicção. O multiculturalismo, compreendido teoricamente, reclamaria da modernidade a circunscrição "desse universalismo, essa igualdade, essa justiça, esse reconhecimento que ela sempre pretendeu ter na própria base de seu projeto civilizatório. A modernidade fica, assim, refém de si mesma" (Semprini, 1999, p. 161).

Refletir sobre as especificidades, as diferenças, as particularidades passa a ser, sob tal enfoque, estratégia primordial. Um exemplo, a tal respeito, oferecido por Semprini remete-se a uma inquietação que tomou conta, recentemente, do debate pedagógico europeu: qual seja, a proibição, por autoridades francesas, do uso do véu islâmico em escolas públicas. Sobre o tema, Semprini defende explicitamente o que acredita ser direito de as famílias, a religião e as meninas expressarem na escola sua particularidade; sua diferença:

> "A crise do véu islâmico, em 1994, ilustra bem essa dissonância. Frente à súbita proliferação de jovens estudantes muçulmanas recusando tirar o véu na escola, o ministro da Educação proibiu o uso do véu dentro do recinto escolar. Essa interdição foi justificada com base em argumentos de ordem estritamente política e igualitária. A circular ministerial sublinhava que toda discriminação de sexo, cultura ou religião deve parar na porta da escola. Sem citar o véu, o texto estigmatizava toda forma de proselitismo religioso dentro da escola, algo intolerável numa república laica. Na realidade, a maioria dessas jovens não era induzida nem pelas famílias nem pelos agitadores islâmicos. Frequentemente, elas agiam contra o parecer de seus pais. Seu gesto não tinha nada de ameaçador para a nação; antes ele exprimia uma aspiração de identidade, mais simbólica que religiosa, por parte de um grupo — os franceses nascidos de imigrantes do Magreb — para o qual os mecanismos de integração não funcionaram como aconteceu no passado com outras comunidades (italianos, poloneses, judeus...). A consequência paradoxal e grave da circular foi que as alunas que se recusaram a submeter-se foram excluídas do ensino público em nome dos princípios de integração da escola republicana." (Semprini, 1999, p. 154)

Alain Touraine, também polemizando sobre o impasse do véu islâmico na sociedade francesa, recorda — na margem oposta do parecer de Semprini — que se trata de uma medida de maior alcance do que se pode, a princípio, supor. Trata-se de uma resposta a correntes ideológicas e a algum ativismo que tem, sistematicamente, em nome da bandeira da diversidade cultural, atacado o que acreditam ser, talvez, as metanarrativas dos saberes escolares — recusando, sob tais argumentos, "programas de história ou história natural das escolas públicas, porque o espírito do Corão proíbe falar de sexualidade e porque a história do mundo foi apresentada com clareza e de uma vez pelo próprio Alá em suas revelações" (Touraine, 2004, p. 11). Não se trata de negar a diferença; mas, no sentido contrário, seria igualmente inadmissível recusar com ceticismo qualquer juízo de valor, invocando supostas equivalências inamovíveis no âmbito moral ou ético. A escola republicana e laica foi — é preciso lembrar — fruto de confronto entre representações que contrapunham, na Revolução Francesa, a bandeira da equalização dos direitos herdada do Iluminismo com a conservadora defesa das diferenças: de castas, de classes, de raças, de sexo... Seria já ultrapassado esse ideário iluminista, que, a seu tempo, foi irradiado por todo o mundo ocidental? Nossa contemporaneidade corre o risco de, sob o álibi da diversidade, defender o irracionalismo, o tradicionalismo e a queda das conquistas do conhecimento científico e técnico historicamente acumulado. Urge necessariamente combinar elementos de algum parâmetro universal, até para que se promulgue, em termos mundiais, o universal reconhecimento dos direitos às diferenças.

Gerenciar a diferença nos tempos que correm é — para retomar aqui a perspectiva de Semprini — exigência política que requer opções. O próprio autor reconhece que se, por um lado, o racionalismo universalista tem a ver com uma mundividência eurocêntrica — com todas as implicações disso no percurso da civilização construída —, o relativismo também resvalaria por inúmeras fragilidades do ponto de vista cultural e sobretudo ético/valorativo. Se tudo é válido, o universalismo é válido. Se tudo for relativo, o relativismo é também relativo (Semprini, 1999, p. 169).

No mesmo cenário, Dominique Schnapper — em artigo intitulado "A neutralidade religiosa do Estado, instituição de tolerância" — também reconhece no projeto nacional e na ideia de nação que compuseram a mítica do Estado moderno a incorporação de uma adesão que lhe seria anterior: a vivência comunitária, na especificidade dos diferentes grupos, de distintas etnias, em suas particularidades. A nação pode transcender grupos sociais, comunitários, aldeões e mesmo as etnias. Isso, contudo, não erradicaria a diversidade das culturas específicas com as quais cada um dos cidadãos se reconhece em seu bairro, em sua cidade, em seu território mais constitutivo. À luz de tal parecer, a mesma autora faz o seguinte comentário:

> "[...] toda nação democrática caracteriza-se, de fato, por sua ambição de transcender, pela cidadania, o fato de o indivíduo pertencer, de alguma forma, a comunidades particulares: biológicas (pelo menos as que são perceptíveis), étnicas, históricas, econômicas, religiosas ou culturais. Ela se propõe a integrar seus membros pela cidadania, vencendo suas diversidades concretas, transcen-

dendo suas particularidades. Define o cidadão como um indivíduo abstrato, sem identificação e sem qualificação particulares, aquém e além de suas determinações concretas. Todo cidadão dispõe dos mesmos direitos, deve cumprir as mesmas obrigações e obedecer às mesmas leis, sejam quais forem sua raça, seu sexo, sua religião, suas características econômicas e sociais, ou o fato de pertencerem a esta ou àquela coletividade histórica particular. Mas isso, é óbvio, não o torna um indivíduo menos concreto, menos preso a tradições particulares, que escolhe livremente o sentido que quer dar à sua vida." (Schnapper, in: *A intolerância*, 2000, p. 144)

Clodoaldo Meneguello Cardoso observa que defender o espaço da tolerância exige hoje a derrocada de duas tendências radicais contrapostas. A primeira dela postularia uma identidade única irredutível à condição humana, a ser perscrutada, ressaltada e firmada como cláusula pétrea de qualquer nação. Essa "absolutização da identidade está presente hoje em qualquer postura fundamentalista, seja de caráter étnico, religioso, ou até mesmo político" (Cardoso, 2003, p. 149). Por sua vez, na vertente contrária, haveria a tendência de uniformização valorativa de toda e qualquer prática cultural. Cada cultura só poderia ser apreciada e julgada por seus próprios parâmetros analíticos. Nenhum julgamento externo seria, portanto, procedente, posto que derivado de valores exteriores à própria cultura. Diz — sobre o tema — o mesmo autor: "assim, tudo deve ser tolerado, em nome do respeito à singularidade inalienável de cada posição. Nesse caso, não existem limites para a tolerância, não existe o intolerável. E sem limites destroem-se a própria ideia e a possibilidade de tolerância na convivência humana" (Idem, p. 149).

Visando demarcar o espaço do diálogo intercultural e do reconhecimento mútuo que estaria na base na comunicação entre os povos, Paula Montero, por sua vez, considera que, a despeito das diferenças de hábitos, de tradições, de visões de mundo e de valores, deverá existir — para os diversos grupos distribuídos no espaço geográfico do globo, inclusive pelo ponto de vista da antropologia — a possibilidade de aparatos teórico-conceituais suficientemente abrangentes para apreender, mediante alguma clivagem da razão, a diversidade existente. Diz a autora que o próprio desacordo reside também aí:

"Resumidamente, podem ser destacados dois pontos de vista maiores nesse debate em torno da diversidade: um deles — que podemos denominar de ponto de vista racionalista — supõe que modos de percepção que por detrás da diversidade dos costumes operam procedimentos lógicos, modos de percepção, que são universais na condição humana; outro — que se convencionou chamar de relativismo cultural — nega, ao contrário, a suposição de universalismos e parte do pressuposto de que toda crença só tem significação e validade no interior de seu próprio contexto. Para o racionalismo, se não houvesse essa universalidade, seria impossível compreender os enunciados de culturas diferentes das nossas e, em consequência disso, impossível, até mesmo, colocar a diversidade como problema. Desse ponto de vista, toda cultura teria, como a nossa, o mesmo interesse em explicar, predizer e controlar os acontecimentos, sendo, portanto, capaz de elaborar uma teoria sobre o mundo. Assim, se as experiências culturais são diversas em função das diferenças tecnológicas e de condição de vida, todas as culturas compartilhariam conosco de uma mesma racionalidade. Na perspectiva racionalista, a pluralidade cultural é de certo modo subsumida na ênfase mais geral que é dada aos traços universais do pensamento e ação humanos. O problema que se coloca para esta perspectiva é a sua incapacidade de explicar os particularismos, uma vez que estes são reduzidos a variações pouco significativas de estruturas permanentes. Já o relativismo cultural, ao contrário, trata toda afirmação de universalidade como abstrata demais para a compreensão de culturas particulares, uma vez que essa abordagem dos fenômenos culturais parte do pressuposto de que toda crença só tem significação e validade no interior do contexto que a faz emergir. A relatividade contextual das significações dos valores exige do antropólogo que, ao estudar uma cultura diferente da nossa, procure colocar-se o mais perto possível do ponto de vista nativo que deseja compreender... Mas aqui também surge uma nova ordem de problemas. O primeiro deles diz respeito à contradição interna que a própria defesa do relativismo encerra: como é possível, a partir de nossa língua e de nosso sistema de crenças, compreender um universo cultural diferente do nosso? E, se partirmos do *a priori* de que esta tradução é possível, como podemos ao mesmo tempo sustentar que a significação e a validade dos nossos enunciados são relativos e não podem atravessar contextos culturais? Isso significa que, ao negarmos a possibilidade de que um valor ou ação cultural qualquer possa ser comparável ao de outra cultura, a teoria da significação contextual torna teoricamente impossível o próprio procedimento que ela propõe para a explicação, a saber: a contextualização das expressões culturais como caminho necessário para a sua compreensão." (Montero, 1996, p. 43-4)

Na base da atitude relativista estaria a incomunicabilidade essencial de uma cultura em relação a outras. Onde não há possibilidade de tradução cultural, não há inteligibilidade. Portanto, nada, a rigor, poderia ser dito no tocante à base da ética (dos costumes vigentes no sentido valorativo). Subjacente à acepção racionalista, estaria, por sua vez, a pretensão de superioridade de uma cultura sobre aquela que lhe aparece como "outra". Daí a origem de todo tipo de etnocentrismo. Como pensar, diante desse impasse, o estabelecimento de possíveis universais, compostos como direitos de humanidade? Será deslocado, anacrônico, almejar o encontro de valores supostos como universalmente válidos em seus significados culturais? Para Denis Cuche isso só será possível se houver a deliberação consciente e assumida de relativização do relativismo cultural. Na condição de preceito operatório, a ideia de relativismo é necessária e constitui mesmo um avanço contra supostos essencialismos advindos de algum darwinismo social ou mesmo da aspiração eurocêntrica de estabelecer um modo de ser cultura a ser irradiado para os tidos — por supostos critérios dedutivos — como "sem cultura". Contudo, há de se verificar os procedimentos mediante os quais as diferentes culturas circulam e se interprenetram. Além disso, é possível aferir que, do ponto de vista de uma dada cultura particular, aqueles que não são seus membros, os que não pertencem ao seu modo de viver, são tidos como estranhos e como outros: nós somos sempre o outro daquele que, para nós, é o outro. Ele também nos considera *outsiders*. O contato intercultural provoca a troca e, consequentemente, amplia a compreensão; estreita, nessa medida, as fronteiras. Diz Cuche que "o que cria a separação, a fronteira, é a vontade de se diferenciar e o uso de certos traços culturais como marcadores de sua identidade específica" (1999, p. 200).[3] Contudo, não se poderia afirmar que

---

3. "Com a edificação dos Estados-Nações modernos, a identidade tornou-se um assunto de Estado. O Estado torna-se gerente da identidade para a qual ele instaura regulamentos e controles. A lógica do modelo do Estado-Nação o leva a ser cada vez mais rígido em matéria de identidade. O Estado moderno tende à monoidentificação, seja por reconhecer apenas uma identidade cultural para definir a identidade nacional (é o caso da França), seja por definir uma identidade de referência, a única verdadeiramente legítima (como no caso dos Estados Unidos), apesar de admitir um certo pluralismo cultural no interior de sua nação. A ideologia nacionalista é uma ideologia de exclusão das diferenças culturais. Sua lógica é a de 'purificação étnica'. Nas sociedades modernas, o Estado registra de maneira cada vez mais minuciosa a identidade dos cidadãos, chegando em certos casos a fabricar carteiras de identidade 'infalsificáveis'. Os indivíduos e os grupos são cada vez menos livres para definir suas próprias identidades. Alguns estados pluriétnicos impõem aos seus cidadãos a menção de uma identidade etnocultural ou confessional em sua carteira de identidade, mesmo que alguns deles não se reconheçam nessa identificação. Em caso de conflito entre diferentes componentes da nação, esta rotulação pode ter consequências dramáticas, como se viram no conflito libanês ou no conflito em Ruanda. A tendência à monoidentificação, à identidade exclusiva, ganha terreno em muitas sociedades contemporâneas. A identidade coletiva é apresentada no singular, seja para si ou para os outros. Quando se trata dos outros, isso permite todas as generalizações abusivas. O artigo definido identificador permite reduzir um conjunto coletivo a uma personalidade cultural única, apresentada geralmente de forma depreciativa: 'o árabe é assim....'; 'os africanos são assim...'" (Cuche, 1999, p. 188-9).

o preconceito e a rejeição cultural sejam monopólio ou exclusividade da ação civilizadora de matriz ocidental.

Sobre o tema, parece irresistível recorrer às considerações teóricas e metodológicas de Norbert Elias e John L. Scotson em sua notável reflexão sobre *Os estabelecidos e os outsiders*. Nessa pesquisa, que analisa laços comunitários de pertença, de solidariedade, de indiferença, de rejeição e de segregação, parecem evidentes as constatações de que os recém-chegados em grupos sociais costumam ocupar — diante das populações estabelecidas — lugar de *outsiders*, no que concerne a padrões de conduta, códigos de civilidade, estruturas de crença. São vistos, em geral, como se portassem, inclusive, distintas maneiras de sentir...

> "Como os estabelecidos costumam ter uma integração maior e ser mais poderosos, eles conseguem, através da indução mútua e da colocação dos céticos no ostracismo, dar uma sólida sustentação a suas crenças. Muitas vezes, logram induzir até mesmo os *outsiders* a aceitarem uma imagem de si modelada pela 'minoria dos piores', bem como uma imagem dos estabelecidos modelada pela 'minoria dos melhores'. É com base nos afetos e nas emoções que se produz essa forma de generalização da parte para o todo. Os mais 'antigos' muitas vezes conseguem impor aos recém-chegados a crença de que estes são inferiores ao grupo estabelecido, não apenas em termos de poder, mas também 'por natureza'. E essa internalização da crença depreciativa do grupo socialmente superior pelo socialmente inferior, como parte da consciência e da imagem que este tem de si, reforça vigorosamente a superioridade e a dominação do grupo estabelecido." (Elias e Scotson, 2000, p. 175)

Reconhecendo esse embaraço, hoje, são inúmeros os estudos debruçados sobre sugestões de diálogo sistemático, de comunicação e de intercâmbio entre povos e culturas. Sendo assim — ao perceberem no encontro intercultural um projeto possível de ação socializadora —, diferentes grupos colocam em pauta diferentes valores, diferentes normas, diferentes acepções de direito. Norteados por tal lógica da interação, "cada um tentará explicar sua atitude de tal forma que o outro possa compreendê-la, mesmo que ele ou ela não a aprove. Na sequência, cada um poderá ser levado a analisar, com maior profundidade, sua posição. Pouco a pouco, as posições contrárias podem se aproximar e chegar a algum tipo de acordo ou compromisso" (Atlan, in Changeux, 1999, p. 77). De acordo com Henri Atlan — no mesmo texto intitulado "Os níveis da ética" — haveria, de pronto, um universal possível: "a indignação frente ao sofrimento" (in Changeux, 1999, p. 78).

Norberto Bobbio — a propósito — adverte para o risco de se advogar a indiferença perante quaisquer valores. A neutralidade, no limite, nos conduz a lavar as mãos perante o sofrimento e o drama alheio. Aquilo que é humano é próximo de nós, não nos deve ser estranho. Do contrário, recusaremos o próprio conceito de humanidade, com toda a repercussão valorativa nele contida. Para Bobbio, a tolerância não deve ser, assim, posta como um "estado de indiferença diante da verdade, com a atitude de quem não crê em nenhuma verdade e para o qual todas as verdades são igualmente discutíveis" (2002a, p. 151).

Se a tolerância não tiver fronteira alguma — adverte Bobbio —, correremos o risco de colocar em questão nosso próprio direito de possuir, divulgar e pôr a público nossas ideias. Mas onde poderiam ser localizadas as fronteiras? A resposta imediata — constata o autor — pareceria, a princípio, simples: "todas as ideias devem ser toleradas, menos aquelas que negam a ideia mesma da tolerância" (Bobbio, 2002a, p. 153). Bobbio pondera, contudo, que reagir contra a intolerância com as armas do intolerante corresponderia a uma tácita recusa da radicalidade dos próprios pressupostos da acepção de tolerância. Como método que implica também a "persuasão perante aqueles que pensam diferentemente de nós" (Bobbio, 2002a, p. 155), a atitude mais democrática será — no parecer de Bobbio — aquela que assume o risco de sua própria ambiguidade:

> "Pode valer a pena colocar em risco a liberdade fazendo que seu inimigo também se beneficie dela, se a única possível alternativa é a de restringi-la a ponto de correr o risco de sufocá-la ou pelo menos de não lhe permitir dar todos os seus frutos. Melhor uma liberdade sempre em perigo mas expansiva que uma liberdade protegida mas incapaz de evoluir. Somente uma liberdade em perigo é capaz de se renovar. Uma liberdade incapaz de se renovar acaba por se transformar, cedo ou tarde, numa nova escravidão. A escolha entre as duas atitudes é uma escolha última, e como todas as escolhas últimas não tem como ser sustentada apenas com argumentos racionais. Existem situações históricas, que podem favorecer ora uma, ora outra." (2002a, p. 154)

Mireille Delmas-Marty, em trabalho que aborda exatamente a mesma espinhosa questão — se *o direito é universalizável?* — recorda que o processo de mundialização das trocas, na última instância da determinação estrutural da economia, já teria configurado um território do direito internacional voltado especificamente para funções de mercado. Não fazer com que isso seja acompanhado de um direito mínimo comum fixado para o território da ética pode nos fazer esquecer a identidade universal da condição de homem.

A própria acepção de humanidade, inscrita no coração do debate contemporâneo — a despeito de ser um conceito de matriz universal — foi construída e firmada pela tradição e pelas trilhas do trajeto civilizatório do Ocidente; embora haja deixado pegadas, rastros e rumos que abarcaram, porventura, povos de matriz não ocidental. Tratava-se de uma luta, disputada no campo de cenários políticos, envolvendo, entretanto, também uma história das mentalidades — de atmosferas mentais coletivas: um embate que abarcou luta de representações e cujo desfecho foi favorável ao maior número — pela própria vitória do gênero humano como categoria irredutível de direitos. A ideia de direitos humanos, derivada do conceito histórico de humanidade, contempla uma dimensão de totalidade histórica, sendo, portanto, de cariz mais valoroso, mais democrático, mais generoso, mais amplo e mais fraterno. Sem a significação de humanidade perder-se-iam referências imprescindíveis à própria defesa da condição humana. Por outro lado, a postulação da universalidade requereria colocar o direito à prova, mediante a justificativa do diálogo essencial à comunicação entre as culturas:

"[...] esses fragmentos de direito universal repousam sobre normas extraídas de sanções e procedimentos que têm como objeto tanto afirmar como proibir: afirmar o universal humano, ao reconhecer a todo ser humano direitos oponíveis aos Estados, e interditar os comportamentos mais graves de negação daquilo que alicerça o universal humano, através da noção de crime contra a Humanidade. Observar esses fragmentos mostra as diferentes opções que a confrontação do universalismo com a diversidade cultural esconde, pois o que o direito permite ver é um universalismo descontínuo em sua evolução histórica, plural em seus significados e complexo pelos seus processos de elaboração." (Delmas-Marty, in Changeux, 1999, p. 102)

"[...] as descontinuidades históricas e geográficas mostram que o direito só pode pretender ser universalizável, à condição de ser, ao mesmo tempo, modesto em seus métodos — interativos e evolutivos — e pluralista em seu conteúdo — parcialmente unificado, parcialmente harmonizado." (Idem, p. 114)

Todorov, ao contemplar o tema pela perspectiva antropológica nele inscrita, reconhece que, embora haja a constatação da diversidade humana como um dado infinito, é possível o reconhecimento coletivo de postulados tidos por universais, para além das fronteiras dos particularismos e das identidades diferenciais. Evidentemente — pondera o autor — a pior forma de discurso universalista é aquela que postula como "naturalmente" universais os valores próprios da sociedade a que pertence o sujeito da enunciação. Para esse viés analítico, do "nosso lado" estaria sempre o "bem"; "o mal" são "os outros" — os que nos causam estranheza e distanciamento. Esse modo de ver o problema é nefasto, posto que, tendo à partida sua própria conclusão, revela absoluta incapacidade para qualquer distanciamento que possibilite a ponderação crítica dos vários aspectos a serem analisados. Todavia, destaca Todorov, essa não é a única possibilidade do ser universalista:

> "A opção universalista pode se encarnar em diversas figuras. O *etnocentrismo* merece ser posto à frente, pois é a mais comum dentre elas. Na acepção dada aqui a esse termo, consiste em, de maneira indevida, erigir em valores universais os valores próprios à sociedade a que pertenço. O etnocêntrico é, por assim dizer, a caricatura natural do universalista: este, em sua aspiração ao universal, parte de um particular, que se empenha em generalizar; e tal particularidade deve forçosamente lhe ser familiar, quer dizer, na prática, encontrar-se em sua cultura. A única diferença — mas, evidentemente, decisiva — é que o etnocêntrico segue a linha do menor esforço e procede de maneira não crítica: crê que seus valores são os valores, e isso lhe basta; nunca busca verdadeiramente prová-lo. O universalista não etnocêntrico (pode-se pelo menos tentar imaginar um) buscaria fundar na razão a preferência que sente por certos valores em detrimento de outros; seria particularmente vigilante a respeito daquilo que, embora lhe pareça universal, encontra-se em sua própria tradição; e estaria disposto a abandonar o que lhe é familiar e abraçar uma solução observada num país estrangeiro, ou encontrada por dedução." (Todorov, 1993, p. 21-2)

Abordamos o conceito universal como exigência operatória de nosso próprio processo de raciocínio. E, de qualquer maneira, é preciso transformar o tema em uma questão intelectual a se debater, especialmente quando nós, educadores, lidamos com o cotidiano das situações em que problemas relativos a valores — queiramos ou não — se colocam no dia a dia de nossas salas de aula. Corbett, acerca do tema, é provocador com algum tom de chocante crueza, mas expõe de maneira pertinente o coração da ferida, quando diz que "a ética é um estudo insípido para quem não tenha ainda captado a aparição instantânea do nazista dentro de si' (Corbett, in Archambault, 1979, p. 176).

Seja como for, trata-se de recorrer à razão e à sensibilidade para fugir de preconceitos, de superstições, de relatos míticos, percepções místicas e, sobretudo, de algum irracionalismo convidativo e — no limite — sempre pronto para se fazer de álibi de nossa recusa perante a presença do outro; de nossa desobrigação de convivência com todos os que nos parecem diferentes de nosso padrão identitário... Não será fugindo da clivagem racional que se equacionará o dilema da ética. Antes, pelo contrário, será reivindicando do ato racional o contraponto a possíveis efeitos perversos da mesma racionalidade. Nos termos do que recorda Edgar Morin:

"O espírito racional era e é universal. A Grécia forjou o discurso racional. A Europa produziu a dialógica, simultaneamente crítica, construtiva e mitológica da razão. Debaixo da palavra 'razão' há o melhor e o pior da cultura europeia. Foi sob a égide da razão que a dominação desenfreada e o cego desdém das culturas não europeias investiram o mundo. Mas foi o exercício da racionalidade que nos permitiu criticar a razão europeia e reconhecer o valor das culturas não europeias. Esta racionalidade nascida na Europa está em vias de universalização. Mas ela é muito frágil. Ela deve ser continuamente protegida, não só dos seus inimigos exteriores, que a impedem de seu implantar, mas também do delírio lógico e do demônio mitológico, que a sacode por dentro. É ela que podemos defender, alimentar, fortificar, este fruto derradeiro, o mais precioso, que a Europa no seu declínio pode levar ao universo. É o nosso pássaro de Minerva que se levanta no crepúsculo." (Morin, 1988, p. 85)

Os direitos humanos como uma história de fraternidade

O filme italiano intitulado *O carteiro e o poeta* relata uma história de amizade: amizade entre o poeta chileno Pablo Neruda e um carteiro com quem ele convivia. Mais do que isso, retrata também uma nítida relação pedagógica. Tratava-se do período em que Neruda estava exilado do Chile, vivendo na Itália, em uma pequena aldeia, onde a maioria dos habitantes era praticamente iletrada. Na verdade, o carteiro de quem Neruda se torna amigo havia sido contratado há pouco tempo pelo correio da aldeia quase exclusivamente para levar, com sua bicicleta, as cartas para Neruda, já que, naquelas redondezas, praticamente ninguém recebia correspondência. A ideia da entrega das cartas cria para o rapaz certa atmosfera de mistério, já que ele atribui à escrita toda uma magia e um poder extraordinários em termos da interação que ela possibilita entre as pessoas. O carteiro, pouco letrado, a princípio fica impressionado com a quantidade de cartas que chegam dirigidas a Neruda e atribui grande parte do sucesso de seu amigo a essa habilidade de falar do mundo por escrito. Num dado momento, o carteiro passa também a desejar isso para si. Certo dia, ele, carteiro, apaixona-se por uma moça e resolve conquistá-la com uma poesia. Acreditava que seu sentimento deveria, de alguma forma, encontrar registro na linguagem poética. Pergunta então a Neruda: "D. Pablo como se faz poesias?" Ao que o poeta responderá: "Aprende-se a fazer poesia caminhando à beira da praia e observando o que se tem ao redor."

A resposta do poeta poderia ser considerada a epígrafe de qualquer trabalho de educação. Na verdade, passamos grande parte de nossa vida em profissão pautados por um leque de incertezas quanto à adequação ou não dos cursos que ministramos para a vida profissional, acadêmica, intelectual (e até pessoal) de nossos alunos. O questionamento ainda se torna mais acentuado quando nos deparamos com o fato de existir, na dinâmica pedagógica, alguma coisa quase imperceptível, cuja transmissão dependerá de certa sensibilidade, do tato; aspectos que não passam exatamente pela razão, mas antes parecem tocar de perto as notas do coração. Há algo de inefável, que surge aqui e ali, de maneira quase imperceptível, expresso nas entrelinhas de alguma aula, num projeto, num gesto ou num trabalho: a paixão pela pedagogia ou o compromisso com a educação? Ao responder àquele jovem poeta-carteiro do filme, Pablo Neruda hesitou; e, hesitando, também ensinou.

Buscando por analogia compreender a educação enquanto problema intelectual e social a ser resolvido, deveremos descobrir — apropriando-nos da cena para mobilizá-la para nossa situação — qual o significado atribuído pelo poeta à alusão de se aprender pelo "*caminhar* à beira da praia e *observar* aquilo que se tem ao redor". A crença na possibilidade de ensinar alguma coisa a alguém é o primeiro pressuposto do diálogo entre professor e aluno. Ouvir o outro, fazer-se ouvir, é necessário para o próprio convívio social. Os outros — mesmo quando estão ao nosso redor — também são os diferentes; embora sejam, na mesma medida, iguais a nós. Daí a dificuldade.

Quando ensino, parto do pressuposto de que o ato de ensinar é possível. Essa convicção é o ponto de partida imprescindível para o êxito de qualquer processo pedagógico. Nela, por sua vez, inscreve-se a conjectura da existência de valores transcendentes, que estariam postos para todos os nossos alunos, de maneira universal. Hubert Hannoun diz que a educação é, sobretudo, uma aposta. A possibilidade de se educar requer, portanto, de quem se propõe ao ofício, uma convicção que não é, por si mesma, evidente: "educar, no sentido formal do termo, é recusar a onipotência das determinações biológicas e ambientais como construtoras da personalidade atual e futura do homem e, correlativamente, permitir que este acrescente sua própria marca à construção de seu destino" (Hannoun, 1998, p. 14).

O trabalho pedagógico contempla a pressuposição de que o estado ulterior ao processo educativo possui intrínseca validez moral e humana. Do contrário, seríamos treinadores, talvez, jamais educadores. Ao apostarmos na educação, diz Hannoun, requisitamos elementos, simultaneamente, de nossa razão e de nossa vontade: "educo, tanto porque acredito ter razão para fazê-lo quanto porque tenho vontade de fazê-lo em nome dos valores em que aposto. Só posso educar porque acredito nisso" (Hannoun, 1998, p. 169).

A própria acepção de conhecimento desdobra consigo o significado da possibilidade de sua comunicação. Saber alguma coisa requer a habilidade de traduzi-la. Isto, em si, torna possível o processo do ensino. Peters identifica a existência de uma gramática lógica específica para falar o repertório da educação. Apreender — se isso for possível — a inefável realidade existente por detrás da palavra supõe critérios de pertinência, de coerência, de clareza e de precisão conceitual. Ensinar é — para Peters — iniciar alguém em um mundo comum tanto ao aprendiz quanto a seu professor. Nessa direção, o ensino supõe um dado domínio da matéria a que se refere; supõe, ainda, a assimetria da relação que envolve o encontro pedagógico: há autoridade e sentido de direção quando se procura iniciar alguém. Não basta colocar as coisas diante dos olhos de quem deverá decifrá-las... Ensina-se mediante modos culturais e históricos de apropriação do saber; o que, por si, implica recorte, seleção e escolhas prévias. As sociedades possuem, em sua atmosfera mental, crenças tácitas, conhecimentos compartilhados, horizontes de expectativas, tradições e valores perpetuados pela transposição didática de seu universo cultural. Ensinar é nomear; é sugerir roteiros de ação, protocolos de conduta, pista e sinais. Nos termos de Peters: "o aluno deverá aprender, gradualmente, a gramática da atividade com toda a coragem a fim de que possa, em consequência, vencer as dificuldades para atingir o estágio da autonomia" (in Archambault, 1979, p. 129). Os fins do ato educativo, sob qualquer aspecto, supõem a educação como um decisivo processo intencional que envolve saberes, fazeres e modos de ser; o que, com maestria, Peters sintetiza em seu texto intitulado "Educação como iniciação":

> "Há uma virtude da vida que sempre se situa além do simples fato da vida. O grande professor é aquele que pode transmitir este sentido de virtude a outro, de maneira que tal sentido penetre todos os seus esforços e o faça suar e afligir-se para fixar, numa forma adequada, o que ele pensa e o que ele sente. Pois a vida não tem finalidade; é o homem que lhe assinala finalidades. Ela apresenta poucos problemas ordenados; ela apresenta, principalmente, compromissos que devem ser suportados ou apreciados. É a educação que fornece aquele toque de eternidade, fazendo com que a resignação se transforme numa aceitação dignificada, mas a contragosto, e o prazer animal numa virtude da vida." (In Archambault, 1979, p. 130)

Dilemas e apostas: o que ensinar e como fazê-lo?

Norberto Bobbio reconhece na democracia a forma de governo que melhor permite aproximar ética e política. Democracia faz-se com a política do reconhecimento de grupos em conflito e do atestado da legitimidade de sua existência. Esse é o primeiro ponto. Além disso, a democracia supõe alguma impessoalidade de regras para arbitrar os jogos de interesses; daí a possibilidade de uma vida comum, hábil para acatar e incorporar as diferenças. Afinal, desde o princípio, a ideia da barbárie tem a ver com a dificuldade de uma população compreender o que diz a outra. Nos termos de Bobbio: "todo povo tende a considerar a si mesmo como civilizado e rejeita os outros povos como bárbaros. A contraposição entre nós, civilizados, e os outros bárbaros atravessa toda a história do Ocidente. Este juízo, porém, sofre de uma circular reciprocidade: todo povo é bárbaro para o outro" (Bobbio, 2002a, p. 124).

O relativismo cultural tem sido a tônica propugnada pelo que Terry Eagleton nomeia "antietnocencrismo pós-moderno" (Eagleton, 1998, p. 121). A recusa radical de uma racionalidade coletiva que abranja interesses comuns à humanidade acarreta a convicção de que "diferentes culturas são de todo autovalidáveis e incomparáveis" (idem), cada uma delas só podendo ser apreciada perante seus próprios códigos e signos de referências. Lembra-nos Eagleton que, entretanto, "quase ninguém reage dessa maneira quando encontra alguém de outra cultura; ninguém de fato se comporta como se *nada* existisse em comum entre eles, por mais que existam dificuldades desanimadoras no diálogo mútuo" (idem).

Sucede que, se para além das identidades existir o reconhecimento do humano em sua condição de espécie, pode-se dizer que foi o trajeto ocidental quem, antes, propugnou para todos uma sociedade mais fraterna. Diz Latouche sobre o tema que é necessário duvidar de algum modismo do mito identitário, posto que foi uma conquista ocidental a destruição do que ele qualifica por "solipsismo cultural" (Latouche, 1996, p. 129). Mais do que isso, o autor radicaliza quando desnuda possíveis consequências da pretensão inscrita em projetos calcados fundamentalmente no reconhecimento de particularidades societárias, mediante irrestrita legitimação de todo e qualquer pluralismo cultural, já que, recorda o autor, "até onde podemos antever o futuro, nunca mais um grupo humano singular poderá se chamar 'os homens', 'os verdadeiros homens'" (Latouche, 1994, p. 129).[4]

A acepção primeira de direitos humanos remete-nos, de imediato, à tradição ocidental, assim como a ideia de preservação letrada da cultura clássica e o processo de civilização de costumes. Certamente a tradição escolar que se organiza no Ocidente desde primórdios da Idade Moderna carrega consigo essa herança que, ao mesmo tempo, ajuda a fabricar. Práticas e rituais escolares inventam um modo distinto de ser humano, que, por sua vez, contrapõe-se com frontalidade aos particularismos das camadas populares e, por vezes, até mesmo à língua falada nas comunidades e nas famílias. O latim é introduzido como idioma culto para ser o contraponto autorizado dos linguajares coloquiais. Desde as primeiras escolas religiosas no início do século XVI — pela tradição jesuítica, luterana, calvinista, jansenista etc. —

---

4. "Os direitos humanos e o respeito pela pessoa humana, assim como o respeito pelas culturas e os direitos dos povos, fazem parte desse patrimônio, cuja realização é um objetivo que não se pode abandonar; com isso parece necessário rejeitar o fetichismo do culto da vida puramente biológica e o mito identitário. O Ocidente destruiu o 'solipsismo cultural'. Esta destruição é certamente irreversível. Até onde podemos antever o futuro, nunca mais um grupo humano singular poderá se chamar 'os homens', 'os verdadeiros homens'. Se a pós-modernidade assiste ao renascimento de culturas diversas, estas jamais serão inteiramente como antes. Essa impossibilidade de uma cultura ignorar a existência das outras é muito diferente da consciência anterior de que os bárbaros também eram homens. Seria o caso de lamentar e desejar uma restauração do solipsismo cultural? A aceitação da herança da razão emancipadora sem o conhecimento de seus custos não corre sem problemas; seria possível a dissociação de seus componentes?" (Latouche, 1994, p. 129-30).

tratava-se de pôr a público comportamentos prescritos e prevenir condutas proscritas, de modo que, paulatinamente, a escolarização pudesse auxiliar no firmamento da pretendida homogeneidade cultural. Tal intento perpassava o anseio por unidade linguística.

O Estado — quando se apropria dessa constelação, quando assume para si a tarefa de instrutor das populações e de pedagogo da nação — incorpora muitas liturgias construídas e postas em prática pela linguagem da escola moderna (Catroga, 1996). Tratava-se de suplantar e provocar mesmo a erosão dos falares e saberes populares ou comunitários. Como demonstra o trabalho de Jean-Pierre Warnier, era essa a tarefa da nação, firmada pelo Estado:

> "A proteção e a valorização do patrimônio, bem como as políticas escolares, são confrontados aos *particularismos* das culturas da tradição. Valorizar o patrimônio cultural de uma região ou de uma minoria não seria encorajar o irredentismo e até a rebelião de alguma província? Tolerar as línguas vernáculas na escola não seria prejudicar o projeto democrático de uma política escolar uniforme para o conjunto do país? Consequentemente, as políticas culturais dos Estados se alternam entre o apoio e o menosprezo às culturas singulares. Por um lado, elas constituem a única barreira contra a ameaça das indústrias culturais dos países ricos, o que incita certos Estados a valorizá-las. Por outro lado, a história contemporânea está marcada por inúmeros conflitos culturais e até etnocídios. Citemos o exemplo da política linguística da escola primária à época da Terceira República na França: buscava-se suplantar as línguas regionais, proibindo seu uso no exército, no serviço público e, sobretudo, na escola, inclusive durante o recreio. Pierre-Jakez Helias dá seu testemunho desta realidade: 'um cara do governo disse, escreveu e publicou que, para a unidade da França, o bretão devia desaparecer. [...] Muitos professores, desde a criação das Escolas Normais, são filhos de camponeses. Eles fazem geralmente como o pai de um dos meus amigos. Punem severamente, durante o dia, os alunos surpreendidos falando bretão. Depois da aula, seu maior prazer é falar o mesmo bretão em suas famílias e com as pessoas do vilarejo. Contradição? De jeito nenhum. Quando eles deixam de ser os hussardos da República, eles voltam a ser homens'". (2000, p. 105-6)

Não é possível desconhecer o efeito simbólico dessa dissociação; dessa fratura do sujeito, quando a identidade escolar parece incompatível com a pertença comunitária. Por outro lado, a escola é mesmo um território diferente, e não aceitar essa evidência significa desconsiderar a própria relevância do lugar público da mesma institucionalização escolar. As tendências comunitaristas propõem-se a fazer vibrar a diferença.[5] Por sua vez, do ponto de vista da escolarização pública de Estado construída no mundo contemporâneo, mais do que firmar distinções e projetar perspectivas, trata-se de pautar a agenda da escola por um campo de cultura comum, a ser ainda ensinado para todos.

Viver na sociedade contemporânea — protegido e/ou punido pela mesma legislação; todos iguais — requeria o firmamento de uma igualdade matricial quanto ao acesso às oportunidades de formação. No território pedagógico, a escola se alçava como dispositivo de ruptura com o Antigo Regime — o que a Revolução Francesa fizera no sentido da materialidade objetiva deveria se firmar subjetivamente no coração e nas almas de um povo a ser instruído. A escola desenhada pelos revolucionários franceses era tida por universal e única para todos, de maneira a que os mais talentosos pudessem "naturalmente" expressar o seu mérito e o seu destaque. Surge como bandeira de luta da escola moderna de Estado o sonho republicano por um sistema de ensino público, gratuito, laico, universal, único e obrigatório. Seria *universal* por pretender colocar na mesma classe todas as crianças; todos os jovens — meninos e meninas, ricos e pobres, loiros e morenos, católicos, protestantes, judeus ou muçulmanos, habitantes das cidades ou dos campos. Supunha-se *único* porque o ensino ministrado, no conjunto, deveria ser o mesmo quanto a seus conteúdos e a seus métodos, para todos os estudantes, independentemente de quaisquer identidades e pertenças comunitárias por eles abraçadas.

Não há em nossa contemporaneidade nenhuma carta de direitos — e Bobbio sublinha esse aspecto — que não identifique o direito à instrução

---

5. Para Michael Walzer, por exemplo, "o objetivo do multiculturalismo é ensinar as crianças sobre a cultura do outro, trazer o pluralismo da sociedade imigrante para dentro da sala de aula. Enquanto a primeira versão da neutralidade, que era entendida ou mal-entendida como uma anulação cultural, visava simplesmente a transformar as crianças em cidadãos norte-americanos (o que quer dizer, torná-las tão parecidas quanto possível aos protestantes ingleses), o multiculturalismo tem por objetivo reconhecê-las como norte-americanos hifenizados que são e levá-las a entender e admirar sua própria diversidade... Mas às vezes o multiculturalismo é também um tipo de programa diferente, que visa ao uso das escolas estatais para reforçar as identidades depreciadas ou ameaçadas. O objetivo não é ensinar a outras crianças o que significa ser diferente de uma determinada maneira, mas ensinar a crianças supostamente diferentes como serem diferentes da maneira certa" (Walzer, 1999, p. 97-8). Poder-se-ia indagar do autor: será mesmo essa a tarefa mais meritória das escolas estatais — diagnosticar e prognosticar as diferenças? Há que se convir: existem tipos e tipos de diferenças, nem todas eticamente similares.

como integrante da construção do próprio estado de direito (Bobbio, 1992, p. 75). Há, nessa medida, um manifesto reconhecimento do valor do esclarecimento e da racionalidade por parte da comunidade internacional, embora protocolos de intenções nem sempre sejam suficientemente radicados em práticas concretas, especialmente hoje, nos países situados abaixo da linha do Equador... De todo modo, o apregoado consenso em se propugnar, com firmeza, o direito à educação escolar também se dilui quando se pergunta àqueles que enunciam seu discurso, sobre aquilo de que se está falando: quando se advoga o direito à instrução, estaríamos defendendo uma mesma plataforma (Azanha, 1987)? O sentido conferido à ideia de instrução ou de educação escolar é o mesmo? O que dizer sobre a questão dos conteúdos abordados pela escola? O direito à escolarização — por tais razões — significa a mesma coisa em todos os lugares em que é hoje declarado? Poderíamos estabelecer algum paralelo com a reflexão de Azanha, que deduz que será a "ação democratizadora" quem, em última instância, revela a fronteira que demarca territórios perante todos os que, aparentemente em coro uníssono, proclamam a tese da democracia em educação (Azanha, 1987, p. 27). Pensar nos direitos de educação escolar requer da análise algum esforço também para não propugnar inamovíveis limites de campos entre os mesmos direitos. Tal tarefa, contudo, é preciso reconhecer, exige necessariamente algum grau de arbitrariedade, estabelecendo formas de estruturar direitos públicos que não são necessariamente estanques e descolados uns dos outros.

Parece-nos plausível que aqui nos apropriemos da tese de Norberto Bobbio acerca das três gerações de direitos humanos para o território da educação. Bobbio destaca nitidamente em seus trabalhos que a estruturação dos direitos do homem vieram à tona historicamente por períodos demarcados. Houve uma primeira geração de direitos, que data do programa iluminista e que estava posta na primeira plataforma dos revolucionários franceses — os direitos políticos: o direito ao voto e à participação na vida civil. No transcorrer do século XIX, e de forma muito específica, nas lutas sociais que se travaram em meados do século e, posteriormente, na Comuna de Paris, a bandeira de luta residirá no que Bobbio qualifica de segunda geração de direitos, que — embrionários já na etapa das revoluções burguesas — clamavam pela igualdade. Essa temática conflui para o que hoje qualificamos como direitos sociais: aqueles que permitem que, sendo mais iguais, os sujeitos possam ter oportunidades equânimes na vida pública, de modo a reforçar, inclusive, os referidos direitos políticos de primeira geração. Por fim, o século

XX — mais especificamente nos anos que se seguiram aos movimentos jovens da década de 1960 e à contracultura — assistiu à reivindicação coletiva de direitos de minorias consideradas excluídas ou, no mínimo, prejudicadas no tecido social: mulheres, negros, índios, homossexuais, imigrantes, crianças, jovens, portadores de deficiências... Enfim, do clamor pela igualdade passa-se a fazer notar o vigor das diferenças. A sociedade civil presenciaria, então, uma terceira geração de direitos no mundo ocidental: o direito às identidades, à pluralidade cultural e de valores, e, mesmo, à defesa de diferenças. À semelhança das três respectivas etapas de configuração coletiva dos direitos públicos do cidadão, acima referidas, poderíamos, por analogia, traçar um quadro paralelo para refletir sobre as conquistas e as lutas pela escolarização. Procuraremos traçar este quadro a seguir:

1. No tocante ao temário educacional, indubitavelmente, os direitos de primeira geração situam-se no postulado de um ensino universal para todos: o direito de todas as crianças e todos os jovens irem para a mesma escola, até mesmo com o uniforme que disfarça as diferenças. Essa seria, por assim dizer, a primeira exigência quando se pensa a educação como direito público. Seria absolutamente ilegítimo formular o roteiro dos direitos à educação, sem considerar como democrático tal intento primeiro e primário de expansão das oportunidades escolares. Embora, como assinala Azanha, frequentemente a extensão da escola seja vista com desconfiada hesitação pelos educadores, especialmente no que diz respeito a um alegado "zelo pedagógico" por um suposto padrão de qualidade que se poderá perder, Azanha recusa qualquer ponderação de ordem técnico-pedagógica para examinar o assunto, qualificando-a como ilegítima. Expandir a escola é imperativo político, sendo, portanto, indeclinável dever do Estado. No que diz respeito à saudosa qualidade do ensino quando a rede de escolas incorpora uma população mais ampla, o erro é óbvio: não se podem aferir padrões de qualidade sem indagar a quem se atribuem os mesmos padrões. Diante de uma população que não tem escola, qualquer alargamento da possibilidade de frequentar a escola é, em si mesmo, um avanço. A qualidade dos poucos que anteriormente tinham acesso privilegiado não possuiria, no parecer de Azanha, qualquer legitimidade para ser invocada. Perante aqueles que, anteriormente, eram dela excluídos, frequentar a escola é um ganho. Portanto, é direito democrático de primeira geração. Direito que, com veemência, Azanha defende, evidenciando a fragilidade dos argumentos contrários a medidas voltadas apenas para incorporar mais crianças à escola...

"O equívoco dessa ideia reside em desconhecer que a extensão de oportunidades é, sobretudo, uma medida política e não uma simples questão técnico-pedagógica. A ampliação de oportunidades decorre de uma intenção política e é nesses termos que deve ser examinada. Aliás, não poderia ser de outra maneira, pois qualquer que seja o significado que se atribua atualmente ao termo 'democracia', não se poderia limitar a sua aplicação a uma parcela da sociedade... Não se democratiza o ensino, reservando-o para uns poucos sob pretextos pedagógicos. A democratização da educação é irrealizável intramuros, na cidadela pedagógica; ela é um processo exterior à escola, que toma a educação como uma variável social e não como uma simples variável pedagógica." (Azanha, 1987, p. 41)

Como analogia, poder-se-ia recordar aqui de um exemplo não ocidental: o recente filme chinês intitulado *Nenhum a menos* nos oferece o dístico dessa defesa dos direitos educacionais de primeira geração. A história passa-se em um vilarejo pequeno, de uma região rural da China dos tempos de hoje. O professor tem idade e adoece. É o único professor daquela aldeia. Não havia quem o substituísse, a não ser uma menina de treze anos, que se propõe a cuidar daquela turma de alunos, em uma classe aparentemente multisseriada. Mas a garota substituta do professor recorda-se de que não sabia ensinar; não sabia *como* ensinar; não sabia *o quê* deveria ser ensinado. Ela pergunta ao professor da classe, na ocasião em que assume temporariamente a sua turma: "O que o mestre espera de mim? O que devo eu fazer com estes alunos até que o senhor regresse?". Ao que o professor, intrigado, subitamente surpreende-nos com a seguinte solução: "Nenhum a menos. Quando eu voltar para os meus alunos, não quero nenhum a menos." A resposta do docente é emblemática do que supomos ser o primeiro de todos os direitos: a preocupação com que nossos alunos estejam todos em sala de aula. Só a partir daí, poderemos pensar no que daí se segue. Antes de tudo, na escola e na pedagogia, "nenhum a menos"...

2. Consolidado esse primeiro direito político relativo à educação — o acesso à escola pública —, será preciso assegurar uma boa qualidade, que possibilite o êxito dos alunos todos no processo de aprendizado. Existe um subterrâneo procedimento excludente interno à escolarização, advindo este de fatores que estão fora da escola: em nome do talento e do dom, é possível desqualificar a criança que se supõe não deter a mesma capacidade dos outros. A cultura escolar possui, de alguma maneira, um caráter atestador de determinado padrão cultural erudito e letrado, que inclui com facilidade aquelas crianças provenientes de famílias já incluídas no mesmo padrão de letramento erudito. Na outra margem, são da escola silenciosamente expurgados os jovens que não se identificam com o *habitus* e com o *ethos* institucional, jovens que não compartilham — por não terem conhecimento prévio — dos significados culturais inscritos na própria acepção de escola. Para Pierre Bourdieu, a educação escolar exerce sobre as camadas populares níveis sobrepostos de violência simbólica, dado que, além de referendar o capital cultural dos alunos pertencentes às camadas privilegiadas da população, convence aqueles que não são "herdeiros" da mesma cultura erudita que são eles os responsáveis por seu próprio malogro na escola.

> "De fato, como toda percepção social, os juízos que os professores fazem a respeito dos alunos, mormente em situação de exame, levam em conta não apenas o saber e o saber-fazer, mas também as nuances imponderáveis das maneiras e do estilo. Trata-se de manifestações ao mesmo tempo imperceptíveis e nunca despercebidas da relação que os indivíduos mantêm com este saber e com este saber-fazer, isto é, expressões semiformuladas, informuladas e informuláveis de um sistema de valores que, via de regra, são decifradas em função de um sistema de valores também parcamente formulados e formuláveis." (Bourdieu, 1982, p. 231-2)
>
> "De fato, a estatística de frequência ao teatro, ao concerto e, sobretudo, ao museu basta para lembrar que o legado de bens culturais acumulados e transmitidos pelas gerações anteriores pertence realmente (embora seja formalmente oferecido a todos) aos que detêm os meios para deles de apropriarem, quer dizer que os bens culturais enquanto bens simbólicos só podem ser apreendidos e possuídos como tais (ao lado das satisfações simbólicas que acompanham tal posse) por aqueles que detêm o código que permite decifrá-los. Em outros termos, a apropriação destes bens supõe a posse prévia dos instrumentos de apropriação. Em suma, o livre jogo das leis da transmissão cultural faz com que o capital cultural retorne às mãos do capital cultural e, com isso, encontra-se reproduzida a estrutura de distribuição do capital cultural entre as classes sociais, isto é, a estrutura de distribuição dos instrumentos de apropriação dos bens simbólicos que uma formação social seleciona como dignos de serem desejados e possuídos." (Bourdieu, 1982, p. 297)

A escola, sendo assim, fala uma linguagem de classe, a mesma linguagem que fala a escola. Para Althusser, o indivíduo na sociedade burguesa é interpelado como sujeito exatamente para que se arme e efetue a órbita dessa inferida sujeição (1980, p. 113). Afinal, dirá Althusser (1980, p. 88-9), os rituais materiais existem como manifestações explícitas de aparelhos ideológicos, entre os quais figura a escola, cujo intento político seria o de reiterar aquilo que, de qualquer maneira, já estava contido na base da infraestrutura econômica. Dirá o autor — sob referencial marxista — que "a condição última da produção é, portanto, a reprodução das condições de produção" (Althusser, 1980, p. 9). Também convencida dessa perversa tarefa social desempenhada pela escola nas sociedades capitalistas, a crítica de Baudelot e Establet reporta-se diretamente aos ditos rituais que compõem a organização da rotina escolar em seu dia a dia. Segundo Baudelot e Establet as práticas da vida na escola supõem para os alunos a

> "submissão a cada instante a um conjunto de práticas que constituem o 'ritual material' da ideologia burguesa. Os exercícios escolares ocorrem, por simples analogia, como um trabalho: o trabalho escolar, que é ao mesmo tempo apresentado (nomeado e, por isso mesmo, imposto) como um 'dever'. Esse trabalho não possui valor nem em si mesmo nem para quem o realiza: o essencial é possuir um bom desempenho. No ritual escolar cotidiano, o caderno de notas funciona como um equivalente (no sentido figurativo) do salário: a boa avaliação, como o salário, é o 'preço', a recompensa pelo trabalho cumprido. A prática dos pontos positivos tem o mesmo sentido... — lugar de honra. A emulação e o culto da competência representam, no interior da escola, a competência que regula o mercado de trabalho. O professor lida com indivíduos obrigados a estar ali, mas livres para decidir por si mesmos se querem trabalhar e ter êxito ou não, da mesma maneira como, segundo o direito burguês, a força de trabalho é livre etc. De modo geral, procuramos demonstrar que, desde a escola primária, a 'língua' escolar era o instrumento com que na escola operava concretamente a ideologia burguesa, não apenas em seus conteúdos manifestos, mas também mediante práticas coercitivas impostas aos que a elas se submetiam. Não se poderia, de acordo com suas rígidas normas, pensar e expressar outra coisa que não os conteúdos integralmente conformes à ideologia burguesa. Os outros eram reduzidos ao silêncio." (Baudelot e Establet, 1986, p. 242-3)

A segunda geração de direitos educacionais compreende, à luz desse referido debate crítico, revisar os padrões ideológicos que presidem a orientação de normas de qualidade do ensino público. Para atingir a todos, de maneira mais equânime, seria essencial habilitar a escola e formar professores cônscios das armadilhas que tecem o próprio formato da instituição escolar — para que estes possam fugir das malhas tão perigosas quanto ilusórias do que Maria Helena de Souza Patto (1999) identifica nas teorias que explicitam ora a ideologia do dom e do mérito, ora a tese da carência ou desencontro cultural; ora sistemas protocientíficos de medição de alunos anormais — ou hoje com ditos distúrbios de aprendizagem... Estruturar um razoável padrão de qualidade no ensino que é comum a todos (Beisiegel, 1984) requer revisão dos conteúdos, dos métodos, dos pressupostos e das crenças que norteiam a lógica classificatória excludente da escolarização atual. Há que se rever a carga simbólica expressa pelo conjunto dos saberes formalmente veiculados pela escola. Há que se perscrutar, com perspicácia, possíveis efeitos do currículo oculto,[6] que transpõe para a vivência escolar a mesma clivagem de classe que organiza a vida societária em seu conjunto. Os educadores, ao agirem sob a égide dessa consciência, não fariam tudo. Mas, para o âmbito educacional, se avançaria em direção ao que aqui compreendemos ser direito público de segunda geração: todos na escola, em uma instituição de boa qualidade, capaz de incorporar crianças de diversas tradições familiares, comunidades e identidades. Pensar nos significados implicados por tal direito de segunda geração constitui, para a pedagogia, traduzir em eficácia concreta o repertório clássico dos saberes escolares nos procedimentos de sua transposição didática, por conteúdos e por métodos de ensino. Permanece, contudo, uma pergunta: seria isso suficiente?

Jean-Claude Forquin, em seu livro *Escola e cultura: as bases sociais e epistemológicas do conhecimento escolar*, investiga algumas implicações educativas do pluralismo metodológico em termos culturais. O conceito escolar de cultura, diz ele, persiste assumindo uma dada suposição de um repertório cultural de validade universal. Tal concepção unitária de cultura contribui para que a própria constituição dos saberes escolares não seja pensada como um elenco socialmente recortado de tradições culturais diversas, mas como "cultivo" de "referências cognitivas e dos modos de pensamento, de expressão e de avaliação constitutivos de uma tradição erudita universalmente reconhecida, ainda que ela não seja acessível a todos. Esta concepção

---

6. "O 'currículo oculto' designará estas coisas que se adquirem na escola (saberes, competências, representações, papéis, valores) sem jamais figurar nos programas oficiais ou explícitos, seja porque elas realçam uma 'programação ideológica' tanto mais imperiosa quanto mais ela é oculta..., seja porque elas escapam, ao contrário, a todo controle institucional e cristalizam-se como saberes práticos, receitas de 'sobrevivência' ou valores de contestação florescendo nos interstícios ou zonas sombrias do currículo oficial" (Forquin, 1993, p. 23).

'perfectiva' e normativa da cultura traduz-se pedagogicamente através da colocação em ação de um currículo de forma acadêmica e espírito clássico" (Forquin, 1993, p. 123), mediante o qual os estudantes tenham acesso a referências essenciais e consagradas. Trata-se, dirá o mesmo autor, de um "repertório de referências canônicas" (idem, p. 124), descontextualizado porque carente de qualquer circunscrição espacial ou temporal. Contudo, isso não quer dizer que tal pedagogia seja vazia de conteúdos cognitivos e valorativos, "mas que os conteúdos têm aí valor de formas, valor de regras e de modelos: eles induzem maneiras de ser (de pensar, de se expressar, de se emocionar) coerentes... e que, como tais, transcendem os saberes parciais e as competências determinadas que transmitem e sancionam cotidianamente as práticas de ensino. Quer dizer que os conteúdos dessa pedagogia são liberalmente transculturais" (Forquin, 1993, p. 123).

Contra esse modelo manifestamente desterritorializado, seria possível engendrar uma organização alternativa para os saberes curriculares, esta agora baseada na diversidade das tradições e nos múltiplos olhares a partir de onde um temário multifacetado poderá ser eleito e abordado como conhecimento escolar. Essa "inversão de sinais", continua Forquin, conflui para um questionamento quanto à adequação de se ensinar saberes e valores diversos para estudantes oriundos de distintos meios sociais. Em nome da especificidade cultural, não haveria aqui uma oficialização que legitimaria a diferença?

Forquin perscruta o coração do problema curricular quando indaga: "que é que merece, por excelência, ser ensinado, que é que é fundamental, que é que deve ser ensinado a todos os membros da sociedade?" (1993, p. 144). Como poderá a escola travar contato com as diferentes formas culturais que circulam pelo campo societário, sem desejar apropriar-se de todas elas? Como filtrar as escolhas? Quais os critérios? Quem são os árbitros? Em qualquer das hipóteses, é preciso tomar como axioma ou postulado o interesse público e social por uma escola que, com um reconhecido padrão de qualidade, possa atingir a todos. A partir daqui, deve-se, efetivamente, indagar acerca da pertinência dos saberes propugnados pela escola, procurando, talvez, conteúdos culturais, similares ou distintos para cada caso, mas necessariamente dotados de valor epistemológico, heurístico e social tidos por relevantes. Todavia, não se poderia deixar de observar, como recorda Forquin, que a escola elege também para si "conteúdos mítico-simbólicos, valores estéticos, atitudes morais e socais, referenciais de civilização" (1993, p. 147); enfim, tudo o que os profissionais do ensino supuserem que "vale a pena ser ensinado" (idem).[7]

Forquin explicita alguns dos embaraços postos pelo relativismo cultural, ponderando sobre interpretações antropológicas que demarcam a questão valorativa como um campo tendencialmente existente nos mais diversos territórios culturais. O julgamento, a avaliação, a preferência são naturalmente propensos a critérios classificatórios que — para o bem ou para o mal — comparam e hierarquizam roteiros de ação e horizontes de crenças e de expectativas. Mais do que isso, enfatiza o autor:

"O discurso relativista pertence, de fato, a esta categoria paradoxal de discursos que não podem nem ser refutados nem ser tomados verdadeiramente a sério, não pelo fato de uma contradição objetiva interna, mas de uma incompatibilidade entre seu conteúdo teórico assertivo e seu estatuto de asserção teórica. Toda asserção teórica pressupõe a afirmação de seu próprio valor de verdade enquanto asserção teórica e não pode, pois, afirmar, teoricamente, a impossibilidade da verdade. Do mesmo modo pode-se dizer que todo discurso sobre a irredutível pluralidade das culturas (e dos valores) postula pragmaticamente sua própria refutação desde o momento em que ele se formula por meio de conceitos, isto é, em termos que têm vocação para inteligibilidade translinguística e transcultural. Todo reconhecimento do fato da alteridade cultural supõe o reconhecimento do direito ao reconhecimento da alteridade como identidade, isto é, a possibilidade mesma de uma reciprocidade de perspectivas, e portanto, a coparticipação de mim (de nós) e dos outros numa mesma comunidade de locutores humanos e de atores humanos. Empiricamente falando, não se escapa ao relativismo. Transcendentalmente falando, não se escapa ao universalismo. Todas as respostas que se podem dar com referência aos conteúdos e às orientações possíveis da cultura escolar inscrevem-se necessaria-

---

7. "Também a questão de saber o que 'vale a pena' ser ensinado ultrapassa a questão do valor de verdade dos conhecimentos incorporados nos programas. São relativistas em matéria de educação não somente aqueles que põem em questão a validade ou a universalidade dos conteúdos científicos e teóricos de todo ensino possível, mas também aqueles, muito mais numerosos, que consideram que não há critério intrínseco que permita hierarquizar as atividades e as obras humanas e preferir umas a outras, e que por isso ensinar tal coisa mais do que tal outra não pode ser senão o resultado de uma escolha arbitrária, social e culturalmente tendenciosa, ou justificável somente por considerações circunstanciais e pragmáticas. Em suma, para retomar uma distinção proposta anteriormente, são aqueles para os quais não se poderia jamais ter justificação fundamental de um currículo, mas muito mais justificações de oportunidade" (Forquin, 1993, p. 147).

mente na brecha aberta por esta dualidade de pontos de vista." (Forquin, 1993, p. 168-9)

3. Pode-se, de qualquer modo, intuir a emergência, já bastante evidente, em nossos dias, de uma terceira geração de direitos públicos em educação. O debate contemporâneo relata a urgência de se revisar a cultura escolar à luz de questões advindas do debate atinente à diversidade. Os saberes pedagógicos engendrados pela escolarização moderna compõem, como vimos, enquanto um vasto relato explicativo, aquilo que alguns certamente chamariam de metanarrativa. Sendo assim, é forçoso reconhecer que os mesmos saberes traduzem uma mundividência de matriz eurocêntrica, masculina, branca, capitalista e ocidental. A cultura da escola contemporânea apresenta a evolução do Ocidente como se se tratasse de um universal. É como se houvesse uma natural linha evolutiva que, progressivamente, aperfeiçoaria os povos "abençoados" pela laicidade do percurso civilizatório de matriz ocidental. Romper algumas amarras simbólicas do conhecimento escolar exigiria um esforço voltado não mais agora para a direção exclusiva da igualdade, ainda que com qualidade, mas, substancialmente, para projetar, acatar e conviver com diferenças: distintas trajetórias, percursos alternativos, diferentes pertenças culturais passam a reivindicar fazer parte do currículo. Um currículo que, aberto quanto aos conteúdos, possa entretecer a diversidade, mobilizando-se pela desconstrução de uma falsa unidade de um saber sequencial, repartido em disciplinas estanques e hierarquizadas entre si. A terceira geração dos direitos educacionais pauta-se pelo signo da tolerância, mediante a qual o encontro de culturas se faça e se refaça constantemente em uma sempre renovada convivência e partilha entre diferentes nações, diferentes povos, diferentes comunidades, diferentes grupos sociais, diferentes pessoas.

Para edificar, do ponto de vista político, um pluralismo razoável, é premente recusar o tom algo atraente do discurso que leva à radicalidade a admissão do relativismo cultural e ético. Como vimos, tal perspectiva levaria a supor que cada tradição cultural se autovalida e não pode ser legitimamente submetida a nenhum parâmetro externo a seus específicos contextos. Juízos morais, no limite, só poderiam ser pensados com validação local. Essa não seria uma boa alternativa para se refletir sobre direitos... É possível, sob outra ótica, apreender as diversidades à luz de parâmetros que propugnem algum nível de cosmopolitismo, que nos aproximem dos outros povos (que não nos distanciem, fechando-nos em nossa própria mônada cultural). Nos termos de John Rawls, um pluralismo razoável é aquele que ainda apela para a ideia de humanidade, ainda que para defender os "direitos das gentes". Parte-se, na direção do referido cosmopolitismo, do preceito da reciprocidade, como integrante necessário daquilo que John Rawls compreende ser a "amizade cívica".

> "Os cidadãos são razoáveis quando, vendo um ao outro como livres e iguais em um sistema de cooperação social ao longo de gerações, estão preparados para oferecer um ao outro termos justos de cooperação segundo o que consideram ser a concepção mais razoável de justiça política, e quando concordam em agir com base nesses termos, mesmo ao custo de seus interesses em situações particulares, contanto que os outros cidadãos aceitem esses termos. O critério de reciprocidade exige que, quando esses termos são propostos como os termos de cooperação justa mais razoáveis, quem os propõe pense também que é ao menos razoável que os outros os aceitem como cidadãos livres e iguais, não dominados, nem manipulados ou sob a pressão de uma posição política ou social inferior." (Rawls, 2001, p. 180)

De alguma maneira, adentrar pelos procedimentos adotados do ponto de vista valorativo em nossas opções profissionais acarreta a necessidade de se refletir acerca de padrões de virtude reguladores da própria conduta profissional, tanto no que diz respeito à excelência quanto no que concerne à justiça e à honestidade. Compartilhando com nossos contemporâneos mais próximos "propósitos e padrões que configuram as profissões" (MacIntyre, 2001, p. 322), obteremos alicerces de bom-senso para operar com nossos próprios embaraços de ofício. Como num ciclo de "eterno retorno" não conseguimos nos furtar a alguma tonalidade universalista, quando apontamos na máxima de nossa ação profissional uma cláusula normativa de validade universal (Kant, 1988), ainda que tácita ou escondida... Sendo assim, dirá Alasdair MacIntyre:

> "Da mesma forma que, contanto que compartilhemos os padrões e os objetivos característicos das profissões, definimos nossos relacionamentos uns com os outros, quer reconheçamos ou não, com base em padrões de justiça e de coragem. Se A, que é professor, dá a B e C as notas que seus trabalhos merecem, mas dá nota a D porque sente atração por seus olhos azuis ou tem nojo da caspa de D, definiu sua relação com D de maneira diferente de seu relacionamento com os outros membros da classe, queira ou não. A justiça requer que tratemos os

outros com relação ao mérito ou demérito segundo padrões uniformes e impessoais; afastar-se dos padrões de justiça em alguma situação define nosso relacionamento com tal pessoa como de certa forma especial ou característica... Acredito, então, que, do ponto de vista desses tipos de relacionamentos sem os quais as profissões não se mantêm, a sinceridade, a justiça e a coragem — e talvez algumas outras — são excelências genuínas, são virtudes à luz das quais precisamos caracterizar a nós mesmos e aos outros, seja qual for nossa perspectiva moral ou os códigos específicos de nossa sociedade." (2001, p. 323-4)

Na escola, questões de método...

Já se pôde anteriormente observar que os saberes escolares são constitutivos da própria acepção de sistema escolar, enquanto projeto da modernidade. De alguma maneira, será também por esse repertório que os professores se instituem como intelectuais, já que, ensinando, eles aderem e transmitem visões de mundo, conhecimentos e valores. De alguma maneira, a formação das gerações novas enuncia, na figura do professor, a responsabilidade pelo resguardo de estruturas e alicerces socialmente valorizados de um dado acervo de cultura acumulada, com o propósito de irradiá-lo para as gerações vindouras. Diz, sobre o tema, Jean-Claude Milner:

> "Os fundamentos de um tal princípio são de duas ordens: por um lado, associam-se a uma teoria da transmissão dos saberes; mas, por outro lado, sendo enunciados a propósito da escola pública, eles são também ligados a uma teoria do poder público. A primeira teoria é positiva e se anuncia como se segue:
> - transmitir um saber é propor dados precisos e exatos e conferir aos mesmos explicações claras;
> - só explicamos claramente e descrevemos com exatidão e precisão aquilo que sabemos bem: transmitimos, portanto, com maior eficácia aquilo que dominamos mais e melhor;
> - sabemos tanto melhor quanto mais nos interesse como sujeitos o saber que transmitimos." (1984, p. 109)

Não existiria, nessa medida, pedagogia alguma que pudesse se valer de autonomia perante modalidades do conhecimento ensinado. Na perspectiva de Milner, o tema é levado à sua mais exorbitante radicalidade: "[...] a crença na pedagogia é uma pura e simples questão de opinião; professores extremamente respeitáveis e — o que é ainda mais forte — extremamente eficazes julgam categoricamente que a pedagogia é uma farsa... Que eles tenham ou não razão não constitui um problema: sua crença não vale menos que a crença inversa e não deverá, de modo algum, desqualificá-los" (1984, p. 110). O fato é que seriam exatamente os contornos do saber que conferem ao ofício do professor sua meta maior: a de incutir no aluno o desenho prospectivo de "vasos comunicantes" passíveis de conduzir diferentes conhecimentos ao intercâmbio, entre as diferentes matérias. Do ponto de vista de Milner, o professor qualifica-se como intelectual na medida em que se aventura perante questões científicas a serem resolvidas, questões essas que proporcionam transcendência perante a vida cotidiana, questões postas e radicadas, em última instância, na ânsia por compreensão. Torna-se professor, sob tal enfoque, em virtude de um prévio "interesse pela disciplina, e não por amor às crianças ou por devoção à humanidade ou, ainda, por necessidade de calor afetivo" (Milner, 1984, p. 111). E essa seria a condição mesma para qualificar como intelectuais todos aqueles que, nas escolas e no âmbito público e coletivo, professam matérias de estudo a serem por outros aprendidas. Como a obra de arte ou o artesanato, o trabalho intelectual é diferenciado e, em alguma medida, tributário da singularidade do campo de saber que se escolheu (idem, p. 127), o que, por si só, diferencia o perfil do professor de História do de Matemática; distancia procedimentos, métodos e práticas de ensino eficazes na aula de História daqueles procedimentos, métodos e práticas de ensino bem-sucedidos no trabalho de Matemática.

É evidente — até como fator de ponderação diante das inflexíveis e contundentes assertivas de Milner — que devem ser, para fins analíticos, considerados os dois objetos associados ao verbo ensinar (Meirieu, 2002, p. 60). Ensina-se alguma coisa (objeto direto), necessariamente a alguém (objeto indireto). Independentemente de possíveis controvérsias quanto à existência de ensino sem aprendizado, não se pode — em nenhum caso — pensar em um ensino para ninguém. Não seria ensino, já que "esquecer esse segundo complemento também esvazia o verbo de qualquer conteúdo" (Meirieu, 2002, p. 60). Frente a tal constatação, Meirieu (idem, p. 129) indaga o seguinte: se o aprendiz não for no ensino considerado sujeito, mas sujeitado, qual será o momento de encerramento do ensino, ou, para utilizar as categorias kantianas, quando é que o estudante passaria da "menoridade intelectual" para sua maioridade da razão desenvolvida, ocasião na qual a autoridade docente se esvai e o educando adquire autonomia?

É reconhecido o estatuto provisório da assimetria nas relações entre mestre e discípulo. À educação, sob a referida perspectiva, caberia integrar o ser em formação e desenvolvê-lo de maneira a que ele possa por si mesmo enfrentar sozinho a construção de sua trajetória ulterior. Desse modo, pode-se arriscar dizer, com Hannoun (1998), que o educador consciencioso deverá ter por meta a situação em que seu próprio ato pedagógico, diante de cada discípulo em particular, se torne desnecessário. Há uma confiança presumida na capacidade de cada aluno aprender; para depois aprender a aprender sozinho (Hannoun, 1998). Essa confiança posta de antemão não é, como salientava Hannoun, postulado científico, mas crença e aposta pedagógica necessária para o exercício leal do ofício de mestre. É preciso acreditar na perfectibilidade de nossos alunos, em sua capacidade de aprender, sem que saibamos ao certo quando é que deixarão de precisar de nós, sem que saibamos ao certo como reagiremos a isso... A propósito, transcrevemos o comentário que Meirieu faz de A. Thierry, sublinhando perplexidades de um típico professor francês, herdeiro, na Terceira República, do imaginário da Revolução, em texto datado de 1905 acerca das ambiguidades, incertezas, embaraços e, por vezes, desventuras da profissão-professor:

> "[...] o professor reconhece mais uma vez o caráter essencial de seu lugar e da autoridade que ele representa para além dele mesmo e de sua pessoa: 'eu sou um acontecimento para essas crianças. Durante todo o ano, elas se nutrirão de minhas ideias, de fatos que revelarei a elas...'. Se ele é um 'Acontecimento' para seus alunos, se os introduz, por uma autoridade que está além dele, em um mundo que está além dele, ele também reconhece que é frágil, eminentemente frágil, que depende deles e mantém com eles relações que mesclam de modo complexo dissimetria cognitiva e simetria afetiva: 'eles também são um Acontecimento para mim. Os quarenta de minha classe, acho que dependo deles quase tanto quanto eles dependem de mim." (Meirieu, 2002, p. 130-1)

Em nossa atualidade, nem sempre se adota claramente a referida assimetria institucional entre a figura do professor e a do aluno no que toca às esferas de autoridade e de domínio do saber. Situando, sob outro eixo, o tema das gerações, podemos constatar que vivemos numa era histórica na qual as fases da vida são, a dada altura, fraturadas por uma horizontalidade que nega anteriores rituais intergerações, cuja função demarcava territórios na própria vida social. A acepção da criança moderna — no reconhecimento de sua especificidade, de sua necessária proteção diante de um mundo que será, sem isso, implacável (Postman, 1999), parece convertida no desejo oposto de homogeneização e indiferenciação etária, com crianças e adultos pretendendo adquirir feições de adolescente... Para Christopher Lasch esse modo de lidar com o tema geracional deteriora cuidados imprescindíveis para preservar a infância enquanto categoria: "ao invés de guiar a criança, a geração mais velha atualmente se organiza para 'participar do universo infantojuvenil', dominando seu incompreensível jargão, e, inclusive, imitando seus modos de vestir e suas maneiras com a esperança de preservar uma aparência jovem e atraente" (1991, p. 169).

Seria recomendável, em direção contrária, com cautela e prudência, retomar a validez normativa da distância entre educador e educando, até para poder conferir a tal assimetria diretrizes e critérios daquilo que, no ato educativo, poderia ser nomeado democracia possível. Afinal, quando se lida com crenças, com convicções, com formas de sentir e de observar o mundo, é necessário cuidado e vigor, talvez na mesma proporção, para confrontar os dados da cultura primeira, trazidos pelo estudante, com o território da cultura elaborada, da cultura clássica.

> "Que outra função desempenha a instituição escolar na cultura, se não a de prover 'materiais culturais alheios' para aqueles que não os têm à sua disposição? Que sentido teria a escola que se limitasse a mostrar o que já está disponível de maneira espontânea no meio em que se vive? A educação é motivo de progresso para os sujeitos porque os transforma, de algum modo, em parte de uma comunidade cultural mais ampla e porque os conduz ou os ajuda a ir além de onde estão, porque lhes proporciona o que eles não têm e os conteúdos de experiência que lhes são alheios. A escola foi e pode continuar sendo um agente modernizador se ampliar as referências culturais daqueles que a frequentam. Ensinar a ler e a escrever, por exemplo, não é algo 'natural' para quem não dispõe dessas habilidades, através das quais a educação abre horizontes. A escola é um agente que literalmente estende cultura, globaliza conteúdos e contribui para esse processo de civilização... Da perspectiva que percebe oportunidades na globalização, a educação é vista como recurso para transcender o local e o próximo, para se abrir a um mundo mais cosmopolita, para aproveitar as oportunidades que oferece e criticar o que se opuser a ela, dotando os sujeitos das competências e das atitudes necessárias para poder fazê-lo sem cair em um interculturalismo ingênuo nem no chauvinismo tacanho." (Sacristán, 2002, p. 96)

A educação pode ser mobilizada como estratégia pertencente a território fronteiriço entre o radicalmente global e o irredutivelmente local. Há trocas, intercâmbio, interferências: a produção cultural circula em roteiros de múltiplas direções. Não há essência de natureza nesta ou naquela produção cultural. Desta forma, todas poderão ser submetidas à prova da convivência.[8]

Pensar o tema dos direitos humanos coloca-nos diante de sua intrínseca obstrução: em alguma medida, a tese de direitos universais de humanidade contraria a soberania dos Estados nacionais. Nessa medida, os críticos da escola única, obrigatória, laica e universal dirão que sua produção, permanência e, sobretudo, defesa condiz com determinado retrato ocidental de tessitura da vida coletiva, calcado em normas de modernização, civilização ocidentalizada dos costumes, institucionalização, disciplinarização, controle político e competição econômica (Torres, 2001, p. 99). Sob a mesma abordagem crítica, poder-se-ia argumentar alegando que, sendo a produção da cultura um campo de batalha simbólica, projetar alguma moldura normalizadora de direitos universais significaria acatar, na íntegra, interesses dos países detentores hoje do controle econômico e político em termos mundiais. Significaria conferir atestado de mérito ao percurso civilizatório do Ocidente. Seria mesmo isso? Ou será possível, como destaca Sacristán, tornar compatíveis a aspiração à igualdade com o respeito pelas diferenças?

> "Um projeto de pedagogia progressista atualizado, que conjugue a justiça como igualdade de tratamento, a justiça de redistribuição tendente à igualdade, as justiças de reconhecimento individual e cultural, assim como a do mérito, deve manter a compatibilidade dessas aspirações no seio de uma instituição como a escola, destinada a alicerçar a sociedade longe da tentação comunitarista. O problema está em como tornar compatível a simultaneidade desses desafios em uma instituição única para todos. A tentativa reclamará propor, ao mesmo tempo, a necessidade de transformações no âmbito da política de escolarização, na distribuição de recursos, no simbólico ou cultural, no tratamento aos indi-

---

8. "[...] explorando os territórios fronteiriços da cultura e vendo-a como produto de outras fronteiras em seu passado; é querer ver o alheio no próprio. Ao ser uma intervenção de caráter reflexivo, o currículo pode descobrir nosso ser impuro. Ou seja, que os indivíduos saibam e aceitem-se como seres produtos de misturas, transformando esse aparato de influência simbólica em agente ativo na construção de linhas de contraglobalização cultural quando esta é alienante. Além de globalizar no sentido de criar comunidade cultural (reproduzindo e adaptando), a educação torna aqueles que a frequentam seres humanizados por conteúdos culturais de 'outros'" (Sacristán, 2002, p. 96).

víduos e nas práticas das virtudes sociais... Uma opção, para nós irrenunciável, é reunir a pretensão de igualdade e de reconhecimento da diversidade tolerável, conveniente e digna de ser estimulada (é o modelo da escola pública pluralista). A educação democrática deve ser justa por ser igualadora, ao mesmo tempo em que reconhece a diversidade cultural, a singularidade dos planos da política educacional, a organização do sistema escolar, o funcionamento dos estabelecimentos escolares e a pedagogia prática que torna compatíveis os dois ideais de justiça: a meta dessa orientação é a inclusão social em condições de igualdade dentro do pluralismo. As pedagogias possíveis nesse quadrante têm os referentes do sujeito, da liberdade e da justiça, para o que é preciso conjugar:

1. uma escola semelhante para todos com um currículo comum, regido pela ideia de justiça como igualdade de tratamento e de redistribuição;
2. um currículo comum com pluralidade interna, que seja integrador, dando espaço para a diversidade cultural, e que parta da realidade da hibridação;
3. uma pedagogia diferenciada no desenvolvimento do currículo comum que pratique estratégias variadas de aprendizagem com métodos parcialmente individualizados para dar espaço e estímulo às singularidades dos sujeitos." (Sacristán, 2002, p. 258-9)

Para finalizar, poderíamos deslocar o tema para o que compreendemos ser o efeito de alegria cultural obtido pelo sujeito diante de seu percurso criador perante a cultura letrada. Como bem reconhece Snyders, "a cultura não é apenas a soma dos saberes, um conjunto de obras a admirar, amar, degustar, mas simultaneamente as obras e um modo de vida — além da procura por novos modos de vida; são os modos de vida inovadores que possibilitam extrair das obras toda a força da inovação que elas contêm e, reciprocamente, será apoiando-se sobre obras inovadoras que fortalecerão modos de vida novos" (1986, p. 74). Por tal razão, prossegue o autor, a produção cultural nos desafia e nos convida à alegria. Existe uma feição específica na fruição cultural que nos leva à transcendência e, portanto, a um tipo de felicidade intrinsecamente humano: "a partir da alegria cultural eu me construo, eu me engrandeço; a minha alegria cultural é a que me faz crescer e me construir. E são aqueles heróis que — vindos de tão longe — perpassaram a minha vida cotidiana quem me ajuda a edificar a minha vida cotidiana" (Snyders, 1986, p. 82). Concebida deste modo, a cultura é, sim, sob determinados aspectos, como advogava a tradição iluminista, fonte de esclarecimento e de emancipação.

Considerações finais

Algum nível de conservadorismo vem inscrito na própria base da relação pedagógica, por mais que os educadores desejem e entendam seu próprio ofício como estratégia de mudança. Mesmo os gestos transformadores podem ser, curiosamente, incorporados para a preservação cultural, a despeito de haver, nos mesmos, intuito e algum efeito de prospecção em direção ao inusitado. Acerca do tema, a definição de educação formulada por Durkheim no princípio do século XX mantém, ainda, sua atualidade; não exatamente para pensar nos fatos sociais como coisas, como desejava expressamente o teórico, mas, sobretudo, para circunscrever o sujeito a ser educado em um território posto em determinada temporalidade. A educação é um fato social, que acontece em um tempo e em um lugar, que explicita ritos e mitos; que repõe, reconstrói ou até coloca por terra crenças, costumes e tradições, religião e política, percepções de si e dos contemporâneos. O que haveria, pois, de radicalmente universal no ato de educar, a despeito da multiplicidade de culturas e da diversidade de civilizações? Em qualquer circunstância, assegura Durkheim:

"A educação é a ação exercida pelas gerações adultas sobre as que ainda não se encontram preparadas para a vida social. Ela tem por objeto suscitar e desenvolver na criança um certo número de condições físicas, intelectuais e morais que dela reclamam, seja a sociedade política em seu conjunto, seja o meio social a que ela se destina particularmente. Resulta da definição precedente que a educação consiste numa socialização metódica da nova geração. Poder-se-á dizer que, em cada um de nós, existem dois seres que, para serem inseparáveis que não por abstração, não deixam de ser distintos. Um é constituído por todos os estados mentais que apenas se referem a nós próprios e aos acontecimentos relacionados com a nossa vida pessoal: é aquilo que poderíamos chamar o ser individual. O outro é um sistema de ideias, de sentimentos e de hábitos que expressam em nós, não a nossa personalidade, mas sim o grupo, ou os diferentes grupos de que fazemos parte; é o caso das crenças religiosas, credos e práticas morais, tradições nacionais ou profissionais, opiniões coletivas de qualquer espécie. O seu conjunto constitui o ser social. A constituição desse ser em cada um de nós, eis a finalidade da educação." (1984, p. 17)

Cabe indagar, para resumir a tese aqui propugnada, se, no trajeto histórico da educação moderna, não teria havido — entre o final do século XVIII (quando o projeto de Estado procura assumir para si a tarefa pedagógica de instituir pela cultura fronteiras simbólicas apropriadas à nação) e o final do século XX (quando a própria ideia de Estado-nação entra em crise) — um feixe ordenado de três gerações de direitos em educação, especialmente no tocante à imagem de democracia na escola ou de democratização de ensino, tal como ocorreu, talvez mesmo acompanhando, a continuidade de três gerações de direitos públicos, sucessivamente políticos, sociais e identitários/comunitários. Tais direitos só são sucessivos uns aos outros pela clivagem da história. Em um primeiro momento, teria ocorrido o reconhecimento coletivo dos que aqui são nomeados direitos de primeira geração, embora já houvesse, desde os primórdios da Revolução Francesa, debates concernentes à ação social do Estado perante a ideia de se operacionalizar políticas que não eram apenas civis, mas que exigiam investimento público: direitos como os de educação e de saúde, à guisa do que se passaria posteriormente a compreender como igualdade de oportunidades. É fato que também a consideração de identidades diferenciadas se inscrevia na busca de reconhecimento "do outro", que, ao lado de sua condição de igual, trazia consigo potenciais e múltiplas particularidades possíveis. Talvez até se possa arriscar dizer que o emblema "liberdade, igualdade e fraternidade" já contivesse, nele inscrita, a equivalência virtual do que compreendemos respectivamente como: 1. direitos civis do indivíduo na sua condição de agente político — a *liberdade* do voto, mas também a *liberdade* de opinião — liberdades negativas; 2. a necessidade de ancorar os direitos dessa liberdade primeira em condições de políticas públicas adequadas para o bem-estar da maioria — daí a sugestão de o Estado intervir em setores sociais diretamente, critério imprescindível para materializar nas condições objetivas a *igualdade* de todos; 3. a percepção de que ser livre e ser igual não elimina o desejo de marcar identidades variadas e distintas especificidades humanas — o que solicita, como contrapartida, a integração da diferença no veio da cultura comum, o reconhecimento do outro pela aceitação, pelo respeito e pela *fraterna* inclusão.

Historicamente, parece-nos inequívoca a produção de um primeiro consenso que contemplou, não sem ambiguidades, o reconhecimento dos direitos da liberdade humana, no seu sentido negativo. Reconhece-se o homem como sujeito livre e que, portanto, não pode ser privado dessa liberdade matricial. A própria igualdade veio atada, na primeira *Declaração de Direitos do Homem e do Cidadão*, da França de 1789, à bandeira da igualdade jurídica. Mas a igualdade jurídica trazia consigo a urgência da reivindicação de condições justas de vida comum e compartilhada. Pode-se dizer que, até mesmo para garantir a liberdade da cidadania e da escolha dos representantes por sufrágio popular, havia de se pensar em sentidos outros da igualdade: criava-se o ideário regulador da igualdade das oportunidades sociais como condição e contrapartida da autorregulação econômica da sociedade liberal. Hoje, já avançando rumo à demarcação do aceite e do respeito a diferenças, percebe-se a preocupação com um leque mais ampliado, que contempla reivindicações específicas de camadas da sociedade: negros, índios, mulheres, jovens, crianças, idosos, homossexuais, portadores de deficiências, enfim, sujeitos que (sendo iguais) requerem da história do tempo presente a observação e o reconhecimento de suas particularidades.

Embora lidemos, em qualquer dos casos, com conceitos reguladores, categorias operatórias, ou mesmo tipos ideais, no sentido weberiano (Weber, 1979, p. 105), pode-se identificar alguma pertinência no uso de tais categorias para abarcar o que Bobbio compreende ser três gerações de direitos; que, uma após outra, criam consonâncias, ganham hegemonia e são traduzidas em práticas de políticas públicas. Sendo assim, julgamos não haver mal algum em pensar tais direitos sucessivamente.

Só cem anos depois do tácito reconhecimento do direito ao voto (ainda que este voto não fosse universal) é que a intervenção do Estado para assegurar condições materiais de vida às pessoas tornou-se efetiva nos países europeus democrático-liberais. Essa segunda geração de direitos exigia investimento público, o que, de algum modo, explicitaria, mais enfaticamente, a distinção entre democratas e liberais. Constituíam-se políticas públicas dirigidas a setores sociais, de modo a efetivar o direito pleno a se poder ter direitos (Dallari, 1998, p. 69). Recentemente, o tema da igualdade passou a tomar o contraponto das diferenças — seja pela questão das minorias, seja pela percepção das identidades múltiplas e, mesmo, de particularismos locais constitutivos. Essa terceira geração de direitos traz à tona o debate sobre ações afirmativas, sobre ações distributivas da ação estatal e sobre a focalização das políticas públicas para o privilégio de setores que historicamente estavam objetivamente excluídos, em maior ou em menor proporção, do usufruto de direitos que, por lei, já seriam seus. Muitas polêmicas da atualidade — à volta das cotas nas universidades, de temas relativos a questões ecológicas, à bioética, à ação afirmativa, aos direitos das minorias, aos direitos das crianças de não serem maltratadas pela própria família — situam-se, possivelmente, como prognósticos de que nossa contemporaneidade ocidental não concebe, ainda, sem alguma hesitação, a acepção do direito à diferença como contraponto da própria igualdade não cumprida.

De qualquer modo, seja em sentido histórico, seja como exigência lógica, a linguagem requer mobilizar estruturas de pensamento — traduzidas por tais julgamentos e expressões —, que são invariavelmente tendentes à generalização, para as quais se pretende obter critérios da totalidade, embora haja dificuldade de correspondência entre jogos de linguagem e sua tradução real. De qualquer forma, não poderíamos nos eximir de expressar a realidade com conceitos. Daí, a meu ver, a pertinência da referida construção teórica que distingue, confere clareza e classifica por gerações nossos direitos. Mesmo hoje, estamos mais próximos de uns do que de outros; uns mais, outros menos. Trata-se de opções e de valores políticos. Trata-se de modos distintos de situar a própria acepção de esfera pública. Definindo, com maior precisão, atributos constitutivos de cada geração, teremos maior segurança lógica e confiança reflexiva para mobilizar e operar a grade conceitual que "fala nossos direitos". Nem que seja apenas por tais razões, vale a pena pensar a história da "democratização de ensino" problematizando, sob enfoque similar, o movimento e as inflexões postos na mesma expressão. Direitos humanos em educação podem ser concebidos também em gerações. Esta é a hipótese que aqui supusemos defender.

Talvez haja, como já procuramos esboçar, diferentes e sucessivos degraus na edificação dos direitos públicos de educação. Para resumi-los, poder-se-ia dizer que o primeiro deles consistiria, antes de tudo, no reconhecimento da igualdade matricial dos sujeitos perante seu direito de serem todos educados. Em outras palavras, todos na escola; "nenhum a menos"! A seguir, poder-se-ia pensar em critérios norteadores de alguma plataforma no âmbito da qualidade do ensino ministrado, mediante possível flexibilização de conteúdos e de métodos com o fito de obter maior êxito consoante as distintas populações de alunos com que se trabalha. Finalmente, caberia ponderar as necessidades de equidade e de justiça para traduzir, no universo da escolarização, algum nível de justiça distributiva, com o propósito de construir o que John Rawls (2001) chamaria de "sociedades razoáveis". Trata-se, aqui, de pensar na diversidade, sem abdicar, de maneira alguma, do ainda necessário código de universalidade. Seriam essas o que aqui compreendemos como três gerações de direitos educativos.

Quando projetamos a ideia de democracia na escola, a primeira coisa que nos vem à mente é a da democratização do acesso: a oportunidade concreta de todos frequentarem a mesma escola. Essa era a acepção política, a de primeira geração, que vem à tona nos debates de emancipação do final do século XVIII. Quando, no último quartel do século XIX, o debate pedagógico se amplia e passa a abarcar questões relativas a métodos de ensino e à construção progressiva do sítio democrático no interior da unidade escolar e da sala de aula, engendra-se, possivelmente, o que aqui compreendemos por segunda geração de direitos educativos: a democracia como um conjunto de procedimentos a serem incorporados no âmbito do aprendizado contínuo das regras de um adequado jogo social. Tal orientação, bastante tributária do movimento da Educação Nova, tem sua marca muito acentuada já em finais do século XIX. Porém, desde meados do século XX adquire novas colorações, por autores de filiação marxista, com a apropriação feita, pela esquerda, de debate crítico a propósito da organização escolar. Finalmente, pensar na terceira geração da ideia de democracia na escola supõe, certamente, averiguar projetos pedagógicos que estão na base do firmamento de cada cultura educativa em sua especificidade. Desse âmbito — de terceira geração — desdobrar-se-iam reflexões sobre hierarquias, interdições e relações de autoridade externas à sala de aula, mas que dizem respeito ao conjunto da comunidade de cada escola em seus particularismos. Nesse nível, um aspecto que se revela, desde logo, fundamental, contempla questões éticas que envolvem a temática da vida escolar pensada sob o signo da democracia. Esse direito expresso pela reivindicação do reconhecimento da diversidade, da pluralidade cultural — o proclamado direito à diferença — expressa-se, no mundo contemporâneo, especialmente a partir do final do século XX, quando o debate do pós-modernismo toma conta da reflexão pedagógica, em sua explícita recusa ao que considera ser as modernas e, por suposto, já obsoletas "metanarrativas" de explicação de mundo...

Poder-se-ia emprestar a reflexão de John Rawls (2000), que atualiza princípios coletivos da justiça, mobilizando o recurso de um dado contratualismo ético. Atentar para as diferenças não supõe necessariamente a fragmentação de qualquer sentido para captar, reconhecer e conceituar o mundo. Atentar para a diferença pode significar hoje o primeiro passo para reparar desigualdades estruturais da sociedade. Para tanto, é preciso que se reconheça a necessidade de alguma isenção. A análise parte do princípio de uma suposta posição original de todos os sujeitos, sob um imaginário "véu de ignorância" (2000), sem que ninguém saiba ao certo, na teia social, o lugar que virá a ocupar. Só assim a escolha poderia acontecer mediante algum crivo de isenção no julgamento.

Como contribuir para favorecer um sistema equitativo de cooperação, dirigido ao bem comum? A ideia intuitiva primeira, segundo Rawls, nos dirá que se deverá agir de maneira igual em relação a todos; a segunda intuição pode nos conduzir a movimentos que privilegiem, no jogo, aqueles indivíduos provenientes de uma anterior posição desvantajosa. Tais grupos sociais historicamente menos privilegiados poderão, sob tal órbita, mediante ação afirmativa que inverte a lógica de algumas políticas públicas, ter compensado o descompasso. Para Rawls, atualizar a noção de contrato social tendo por propósito uma sociedade mais equânime requer demarcar, como cláusula inamovível, a dignidade da pessoa humana, com o fito, inclusive, de contribuir para a edificação de uma sociedade progressivamente mais justa e equilibrada. Em outras palavras, diríamos o seguinte: para que haja igualdade, a distribuição dos bens deverá contemplar a todos. Todavia, com o objetivo de corrigir possíveis disparidades da anterior distribuição desigual de oportunidades, talvez coubesse recorrer à diferença como recurso provisório de favorecimento dos que até então teriam sido desfavorecidos. A justiça seria distributiva, mediante a prioridade daqueles que tiveram, antes disso, menores oportunidades.[9] Nos termos de Rawls:

> "O senso da justiça é a capacidade de compreender, aplicar e respeitar nos seus atos a concepção pública da justiça que caracteriza os termos de uma cooperação equitativa. E ser capaz de uma concepção de bem é poder formar, revisar e buscar racionalmente uma concepção de nossa vantagem ou bem. No caso da cooperação social, é preciso não tomar esse bem no sentido estreito, mas concebê-lo como tudo o que tem valor na vida humana. É por isso que, em geral, uma concepção do bem consiste num sistema mais ou menos determinado de

---

9. Estabelecendo diálogo crítico com o pensamento de Rawls, Remo Bodei observará o seguinte: "Os 'talentos' de cada um não apenas são considerados como uma riqueza coletiva a ser redistribuída no interior da comunidade, mas a sua própria promoção não resulta absolutamente prioritária para a coletividade. Assim, por exemplo, no campo da educação escolar é de justiça que não sejam ajudados os mais inteligentes ou os mais espertos, e sim os menos inteligentes e os mais lentos, que sejam retificadas, consequentemente, no que for possível, tanto as desigualdades naturais quanto as provenientes do *background* familiar. Há provavelmente, em Rawls, além do fundamento jusnaturalista do pensamento, um sensível patos religioso: o conceito de 'sociedade bem ordenada' é, com efeito, explicitamente declarado uma extensão do conceito de tolerância religiosa e uma interpretação do kantiano 'reinos dos fins'" (Bodei, 2000, p. 253).

fins últimos, isto é, de fins que queremos concretizar por eles mesmos, assim como laços com outras pessoas e compromissos em relação a diversos grupos e associações. Esses laços e esses compromissos dão origem à afeição e ao devotamento. É por isso que o desenvolvimento das pessoas e das associações que são objeto desses sentimentos também faz parte da nossa concepção de bem." (2000, p. 216-7)

Compreender que há um sentido progressivo na construção daqueles já expressos três degraus de direitos públicos de educação não significa requerer a exclusão de um em nome da primazia de outro. É possível — e em alguma medida desejável — que possamos pensar a contemporaneidade pedagógica à luz da interface entre os três níveis anteriormente referidos, com que se apresentam as gerações de nossos direitos... Contudo, em um período em que o discurso da autonomia escolar é progressivamente substituído pela defesa do que tem sido qualificado por desterritorialização das políticas educativas, em um tempo no qual as insuficiências da ação nacional reforçam o discurso que fortalece o binômio entre o irredutivelmente local e o irrestritamente global, cabe indagar: enfraquecidas, no limite, as políticas do Estado-nação, quem será alçado como árbitro de conflitos culturais? A Europa Unificada ou os Estados Unidos que despovoam povos e devastam territórios, tendo por escudo a alegada defesa do Ocidente? Alain Finkielkraut oportunamente nos recorda de que quando a ideia de nação nos falta, pode vir a perigosamente regressar algum apelo ao recurso da raça, como fronteira de substituição; sendo que, segundo o mesmo autor, "a política em função da nação *participava* da história humana. A política em função da raça *constrói* a história da humanidade. A história não é mais o teatro de aventuras múltiplas e entrecruzadas, mas um único processo de fabricação. A ação é pensada como arquitetura: não se trata mais de fazer com, mas de operar, e essa radicalização do poder de fazer implica todo um idealismo da crueldade, todo um puritanismo do mal" (1998, p. 55).

A despeito das encruzilhadas para as quais este diálogo entre educação e direitos humanos nos possa conduzir, cabe recordar que, antes de tudo, uma escola de boa qualidade ainda é, pela lei e pelo direito consuetudinário, dever de Estado e direito subjetivo do cidadão. Que escola é essa? Se possível, a mesma para todos; e, como bem sublinhou Azanha (1987), isso se deve, antes, a uma inegociável exigência política do que a argumentos provenientes do âmbito pedagógico. Mais do que isso, a escola que projetamos, como algures observou Snyders, será aquela que nos possibilite "desfrutar, em nosso foro íntimo, de tudo o que deveria pertencer à humanidade inteira"... Tudo o que seja, enfim, mais radicalmente humano porque mais abrangente, mais generoso, mais fraterno; tudo o que incorpore, então, mais gente; tudo o que esclareça melhor pela ação da racionalidade; tudo isso tende, sim, a ser mais universal.

A escola traz, em sua dinâmica interna, a alegria da descoberta de uma outra cultura, que não é mesmo, nem deveria ser, a do dia a dia. O domínio desse repertório clássico, supomos ser valoroso para que o estudante decifre melhor enigmas e obstáculos de seu cotidiano. A escola deve ser — ela mesma, por seus ritos, práticas e gestos — esclarecedora, dado que, mesmo que o deseje, não foge da eleição de valores e de postulados de vida. A escola que socializa, ensina também. Ensinar o quê? A alegria da descoberta daquilo que, sendo valioso, nem por isso deixa de ser difícil; daquilo que, sendo difícil, nos convida à alegria cultural do encontro...

Referências bibliográficas

A INTOLERÂNCIA. Foro internacional sobre a intolerância. (Unesco/1997.) Rio de Janeiro: Bertrand Brasil, 2000.

ALAIN, Émile Chartier. *Reflexões sobre a educação*. São Paulo: Saraiva, 1978.

ALTHUSSER, Louis. *Ideologia e aparelhos ideológicos do estado*. Lisboa: Presença, 1980.

ARCHAMBAULT, Reginald D. *Educação e análise filosófica*. São Paulo: Saraiva, 1979.

ARENDT, Hanna. *Entre o passado e o futuro*. 2. ed. São Paulo: Perspectiva, 1979.

AZANHA, José Mário Pires. *Educação*: alguns escritos. São Paulo: Editora Nacional, 1987.

_____. *Educação*: temas polêmicos. São Paulo: Martins Fontes, 1995.

_____. *Experimentação educacional*: uma contribuição para sua análise. São Paulo: Edart, 1975.

_____. *Uma ideia de pesquisa educacional*. São Paulo: Edusp/Fapesp, 1992.

BAUDELOT, Christian; ESTABLET, Roger. *La escuela capitalista*. México: Siglo Veintiuno Editores, 1986.

BEISIEGEL, Celso de Rui. Educação e sociedade no Brasil após 1930. In: FAUSTO, Boris. *História geral da civilização brasileira*, n. 11, 4 v. (Economia e cultura — 1930-1964). t. III. *O Brasil republicano*. São Paulo: Difel, 1984.

BENEVIDES, Maria Victória de Mesquita. *A cidadania ativa*. São Paulo: Ática, 1996.

BOBBIO, Norberto. *A era dos direitos*. 6. reimpr. Rio de Janeiro: Campus, 1992.

_____. *Elogio da serenidade*: e outros escritos morais. São Paulo: Unesp, 2002a.

_____. *O futuro da democracia*. 8. ed. São Paulo: Paz e Terra, 2002b.

BODEI, Remo. *A filosofia do século XX*. Bauru: Edusc, 2000.

BOURDIEU, Pierre. *A economia das trocas simbólicas*. 2. ed. São Paulo: Perspectiva, 1982.

CAMBI, Franco. *História da pedagogia*. São Paulo: Unesp, 1999.

CARDOSO, Clodoaldo Meneguello. *Tolerância e seus limites*: um olhar latino-americano sobre a diversidade e a desigualdade. São Paulo: Unesp, 2003.

CASSIRER, Ernst. *Indivíduo e cosmos na filosofia do Renascimento*. São Paulo: Martins Fontes, 2001.

CATROGA, Fernando. Ritualizações da história. In: TORGAL, Luís Reis et al. *História da história em Portugal*: séculos XIX-XX. Lisboa: Círculo de Leitores, 1996.

CERTEAU, Michel de. *A cultura no plural*. Campinas: Papirus, 1995.

CHANGEAUX, Jean-Pierre (Org.). *Uma ética para quantos?* Bauru: Edusc, 1999.

CHARLOT, Bernard. *Da relação com o saber*: elementos para uma teoria. Porto Alegre: Artmed, 2000.

CHERVEL, André. *La culture scolaire*: une approche historique. Paris: Belin, 1998.

CONDORCET. *Escritos pedagógicos*. Madri: Talleres Calpe, 1922.

CUCHE, Denys. *A noção de cultura nas ciências sociais*. Bauru: Edusc, 1999.

DALLARI, Dalmo de Abreu. *Direitos humanos e cidadania*. São Paulo: Moderna, 1998.

_____; KORCZAK, Janusz. *O direito da criança ao respeito*. São Paulo: Summus, 1986.

DUCH, Lluís. *La educación y la crisis de la modernidad*. Barcelona: Paidós, 1997.

DURKHEIM, E. *Education et sociologie*. 5. ed. Paris: PUF, 1985.

_____. *Sociologia, educação e moral*. Porto: Rés Editora, 1984.

EAGLETON, Terry. *As ilusões do pós-modernismo*. Rio de Janeiro: Zahar, 1998.

ELIAS, Norbert; SCOTSON, J. L. *Os estabelecidos e os outsiders*. Rio de Janeiro: Zahar, 2000.

ESCOLANO, Agustín. Arquitetura como programa: espaço-escola e currículo. In: VIÑAO FRAGO, A.; ESCOLANO, A. *Currículo, espaço e subjetividade*: a arquitetura como programa. Rio de Janeiro: DP&A, 1998.

ESPINOSA, Emílio Lano de (Ed.). *Culturas, estados, ciudadanos*: una aproximación al multiculturalismo en Europa. Madri: Alianza Editorial, 1995.

FINKIELKRAUT, Alain. *A humanidade perdida*: ensaio sobre o século XX. São Paulo: Ática, 1998.

FISCHMANN, Roseli; BIASOLI-ALVES, Zélia Maria. *Crianças e adolescentes*: construindo uma cultura da tolerância. São Paulo: Edusp, 2001.

FORQUIN, Jean-Claude. *Escola e cultura*: as bases sociais e epistemológicas do conhecimento escolar. Porto Alegre: Artes Médicas, 1993.

GIDDENS, Anthony. *Modernidade e identidade*. Rio de Janeiro: Zahar, 2002.

GREEN, Bill; BIGUM, Chris. Alienígenas na sala de aula. In: SILVA, Tomaz Tadeu (Org.). *Alienígenas na sala de aula*: uma introdução aos estudos culturais em educação. Petrópolis: Vozes, 1995.

GUSDORF, Georges. *Professores para quê?* São Paulo: Martins Fontes, 1995.

HANNOUN, Herbert. *Educação*: certezas e apostas. 1. reimpr. São Paulo: Unesp, 1998.

JULIA, Dominique. A cultura escolar como objeto histórico. *Revista Brasileira de História da Educação*, SBHE — Sociedade Brasileira de História da Educação. Campinas: Autores Associados, n. 1, 2001.

KANT, Immanuel. *Fundamentação da metafísica dos costumes*. Lisboa: Edições 70, 1988.

KNELLER, G. F. *A ciência como atividade humana*. Rio de Janeiro/São Paulo: Zahar/Edusp, 1980.

LASCH, Christopher. *Culture of narcisism*: american life in an age of diminishing expectations. Nova York/Londres: W. W. Norton/Company, 1991.

LATOUCHE, Serge. *A ocidentalização do mundo*: ensaio sobre a significação, o alcance e os limites da uniformização planetária. 2. ed. Petrópolis: Vozes, 1996.

LEMBO, Cláudio. Entre Portugal e o Brasil, o duplo pensar e o duplo agir: outros 500. In: VASCONCELOS, M. L. M. C. *Educação e história da cultura*: fronteiras. São Paulo: Mackenzie, 2002.

MACINTYRE, Alasdair. *Depois da virtude*. Bauru: Edusc, 2001.

MEIRIEU, Philippe. *A pedagogia entre o dizer e o fazer*: a coragem de começar. Porto Algre: Artmed, 2002.

MIALARET, G. *Introdução à pedagogia*. São Paulo: Atlas, 1977.

MILLNER, Jean-Claude. *De l'école*. Paris: Seuil, 1984.

MONTERO, Paula. Diversidade cultura: inclusão, exclusão e sincretismo. In: DAYRELL, Juarez (Org.). *Múltiplos olhares sobre educação e cultura*. Belo Horizonte: UFMG, 1996.

MORIN, Edgar. *Pensar a Europa*. Sintra: Europa América, 1988.

NAGLE, Jorge. *Educação e linguagem*: para um estudo do discurso pedagógico. São Paulo: Edart, 1976.

NÓVOA, António. Relação escola-sociedade: "novas respostas para um velho problema". In: RIBEIRO, Ricardo (Org.). *Formação de professores*. São Paulo: Unesp, 1998.

_____ (Org.). *Profissão professor*. Porto: Porto Editora, 1995.

PATTO, Maria Helena Souza. *A produção do fracasso escolar*: histórias de submissão e rebeldia. São Paulo: Casa do Psicólogo, 1999.

PERRENOUD, P. *10 novas competências para ensinar*. Porto Alegre: Artes Médicas, 2000.

PETERS, R. S. *The concept of education*. Londres: Routledge, 1968.

PICO DELLA MIRANDOLA, Gionanni. *A dignidade do homem*. 2. ed. Campo Grande: Solivros/Uniderp, 1999.

POSTMAN, Neil. *O desaparecimento da infância*. Rio de Janeiro: Graphia, 1999.

RAWLS, John. *O direito dos povos*. São Paulo: Martins Fontes, 2001.

_____. *Justiça e democracia*. São Paulo: Martins Fontes, 2000.

REGUILLO, Rossana. Las culturas juveniles: un campo de estúdio; breve agenda para la discusión. *Revista Brasileira de Educação*, n. 23, maio/jun./jul./ago. 2003.

SACRISTÁN, Gimeno. *Educar e conviver na cultura global*: as exigências da cidadania. Porto Alegre: Artmed, 2002.

_____. *Poderes instáveis em educação*. São Paulo: Artes Médicas, 1999.

SARTRE, Jean Paul. *O existencialismo é um humanismo*. 4. ed. Tradução e notas de Vergílio Ferreira. Lisboa: Editorial Presença, 1978.

SCHEFFLER, I. *A linguagem da educação*. São Paulo: Saraiva, 1974.

SEMPRINI, Andréa. *Multiculturalismo*. Bauru: Edusc, 1999.

SILVA, L. H. (Org.). *A escola cidadã no contexto da globalização*. Petrópolis: Vozes, 1998.

SILVA, Tomaz Tadeu. *Identidades terminais*: as transformações na política da pedagogia e na pedagogia da política. Petrópolis: Vozes, 1996.

SNYDERS, Georges. *Alunos felizes*: reflexão sobre a alegria na escola a partir de textos literários. São Paulo: Paz e Terra, 1996.

_____. *Feliz na universidade*: estudo a partir de algumas biografias. São Paulo: Paz e Terra, 1995.

_____. *La joie à l'école*. Paris: Presses Universitaires de France, 1986.

TEDESCO, J. C. *O novo pacto educativo*: educação, competitividade e cidadania na sociedade moderna. São Paulo: Ática, 1998.

TODOROV, Tzvetan. *Nós e os outros*: a reflexão francesa sobre a diversidade humana. Rio de Janeiro: Zahar, 1993. v. 1.

TORRES, Carlos Alberto. *Democracia, educação e multiculturalismo*: dilemas da cidadania em um mundo globalizado. Petrópolis: Vozes, 2001.

TOURAINE, Alain. O véu e a lei. *Folha de S.Paulo*, 11 jan. 2004. Cadernos Mais!

_____. *Poderemos viver juntos?*: iguais e diferentes. Petrópolis: Vozes, 1998.

VÁZQUEZ, Adolfo Sanchez. *Ética*. 22. ed. Rio de Janeiro: Civilização Brasileira, 2002.

VIÑAO FRAGO, Antonio. *Tiempos escolares, tiempos sociales*: la distribución del tiempo y del trabajo en la enseñanza primaria en España (1838-1936). Barcelona: Ariel, 1998.

WALZER, Michael. *Da tolerância*. São Paulo: Martins Fontes, 1999.

WARNIER, Jean-Pierre. *A mundialização da cultura*. Bauru: Edusc, 2000.

WEBER, Max. *A objetividade do conhecimento nas ciências sociais*. In: COHN, Gabriel (Org.). *Weber*. São Paulo: Ática, 1979.

ESCOLAS PARA OS DIREITOS HUMANOS E A DEMOCRACIA

Beatriz de Basto Teixeira

Educação em direitos humanos, da perspectiva aqui adotada, não é diferente de uma educação para a democracia, entendida a democracia como um modo de vida, mais que uma forma de governo. Pode ser traduzida por um conjunto de valores, que estão expressos na Declaração dos Direitos Humanos, e devem servir como guias não só do que queremos ser, mas de como pretendemos nos relacionar. Não é tarefa "para uma andorinha só", mas deveria ser o objetivo e o norte de todo o processo educacional desenvolvido pela sociedade que deseja ter uma vida democrática.

Se é tarefa para toda a sociedade, tarefa pública, há que haver escolas que sejam capazes de educar dessa maneira. Serão as escolas que construirmos com essa finalidade, construção que não é de alvenaria, mas do esforço cotidiano de todos os envolvidos no processo educativo em conviver segundo certas regras e certos valores. Pois passemos, então, a uma tentativa de formular, também aqui, uma ideia prático-regulativa do que seriam escolas para a educação em direitos humanos.

Primeiramente, vamos tratar de que educação é mesmo essa a que me refiro. Educação em direitos humanos, assim como a educação para a democracia, não é algo que se aprende hoje para fazer amanhã. É processo que forma, na vivência, um indivíduo que em momento algum perde a noção de que é um cidadão.

Benevides (1996, p. 226) define o que seria educação para a democracia: um processo que "comporta duas dimensões: a formação para os valores republicanos e democráticos e a formação para a tomada de decisões políticas em todos os níveis, pois numa sociedade verdadeiramente democrática ninguém nasce governante ou governado, mas pode vir a ser, alternativamente — e mais de uma vez no curso da vida — um ou outro". Com relação à primeira dessas dimensões, diz que "consiste na formação do cidadão para viver os grandes valores republicanos e democráticos — de certo modo identificados com a tríade da Revolução Francesa e com as gerações de direitos humanos (do século 18 ao século 20), que englobam as liberdades civis, os direitos sociais e os de solidariedade dita 'planetária'" (idem, p. 228). A segunda dimensão da "educação para a democracia" diz respeito "à cidadania ativa, ou seja, a formação para a participação na vida pública. Isto significa participar como cidadão comum ou como governante" (idem).

Além dessas duas dimensões, um melhor entendimento do que vem a ser a educação para a democracia pode ser dado por três elementos considerados *"indispensáveis e interdependentes"* para que ela se realize:

"1. *a formação intelectual e a informação* — [...] trata-se do desenvolvimento da capacidade de conhecer para melhor escolher, para melhor julgar. [...]
2. *a educação moral*, vinculada a uma didática dos valores republicanos e democráticos, que não se aprendem intelectualmente apenas, mas sobretudo pela consciência ética, *que é formada tanto de sentimentos quanto de razão*; [...].
3. *a educação do comportamento*, desde a escola primária, no sentido de enraizar hábitos de *tolerância* diante do diferente ou divergente, assim como o aprendizado da cooperação ativa e da subordinação do interesse pessoal ou de grupo ao interesse geral, *ao bem comum*." (Benevides, 1996, p. 226-7, itálicos da autora)

Ainda tentando tornar mais claro em que consiste a "educação para a democracia", convém relacionar o que são os valores republicanos e democráticos para os quais os indivíduos deverão ser formados. Entre os primeiros estariam: "a) *respeito às leis*, acima da vontade dos homens, e entendidas como 'educadoras', [...]; b) *respeito ao bem público*, acima do interesse privado e patriarcal [...]; c) *sentido de responsabilidade no exercício do poder*, inclusive o poder implícito na ação dos educadores, sejam eles professores, orientadores ou demais profissionais do ensino" (Benevides, 1996, p. 230-1, itálicos da autora).

Entre os valores democráticos estariam elencados:

"a) *a virtude do amor à igualdade*, [...] que se manifesta no sentimento político da igualdade de todos, com o consequente repúdio a qualquer forma de privilégio;
b) *o respeito integral aos direitos humanos*, cuja essência consiste na vocação de todos — independentemente de diferenças de raça, etnia, sexo, instrução, credo religioso, opção política ou posição socioeconômica — a viver com dignidade, o que traz implícito o valor da solidariedade;
c) *o acatamento da vontade da maioria, legitimamente formada, porém com constante respeito pelos direitos das minorias*, pressupondo-se, mais uma vez, a aceitação da diversidade e a prática da tolerância." (Benevides, 1996, p. 231, itálicos da autora)

Gimeno Sacristán (1999) usa como sinônimas as expressões educação democrática e educação para a democracia e apresenta um programa semelhante ao formulado por Benevides (1996).

Mas a adoção de uma educação desse tipo não pode ser fruto de imposição, mas resultado de nossa escolha pelos valores que a norteiam. Se escolhemos a educação para a democracia como aquela a ser dada em nossas escolas, deveríamos adequá-las à tarefa de que lhes incumbimos. Parece-me, nesse sentido, que a noção de escolas democráticas, defendida por Michael Apple e James Beane (1997), é a que melhor define como deveriam ser as escolas da educação para a democracia.

"As escolas democráticas, como a própria democracia, não surgem por acaso. Resultam de tentativas explícitas de educadores colocarem em prática os acordos e oportunidades que darão vida à democracia [...]. Esses acordos e oportunidades envolvem duas linhas de trabalho. Uma é criar estruturas e processos democráticos por meio dos quais a vida escolar se realize. A outra é criar um currículo que ofereça experiências democráticas aos jovens." (Apple e Beane, 1997, p. 20)

A primeira linha de trabalho para a construção de escolas democráticas envolve não só mecanismos de gestão escolar como seus procedimentos e aqueles adotados na vida cotidiana da escola.

"numa escola democrática, é verdade que todos aqueles diretamente envolvidos, inclusive os jovens, têm o direito de participar do processo de tomada de decisões. Por esse motivo, as escolas democráticas são marcadas pela participação geral nas questões administrativas e de elaboração de políticas. Comitês, conselhos e outros grupos que tomam decisões no âmbito da escola incluem não apenas os educadores profissionais, mas também os jovens, seus pais e outros membros da comunidade escolar. Nas salas de aula, os jovens e os professores envolvem-se no planejamento cooperativo, chegando a decisões que respondem às preocupações, aspirações e interesses de ambas as partes. Esse tipo de planejamento democrático, tanto no âmbito da escola quanto no da sala de aula, não é uma 'engenharia de unanimidade' para se chegar a decisões predeterminadas que muitas vezes têm criado a ilusão de democracia, mas uma tentativa genuína de respeitar o direito de as pessoas participarem na tomada de decisões que afetam sua vida." (Apple e Beane, 1997, p. 20-1)

Em outras palavras, escolas democráticas seriam espaços de exercício da autonomia.[1] Autonomia na tomada de decisões sobre todos os aspectos envolvidos no processo educacional, tendo sempre em mente que o objetivo maior é a "autonomia do próprio processo educativo" (Azanha, 1987, p. 143-4). A existência de estruturas democráticas de gestão deve visar a criar espaços de discussão e convivência em que possam ser tratadas questões substantivas da educação. A intervenção do Estado nessas escolas deve ser apenas seletiva, isto é, quando processos de tomada de decisões nas unidades de ensino e seu teor privarem de direitos legais ou oprimirem grupos específicos de pessoas (Apple e Beane, 1997, p. 21). Na relação com escolas democráticas, caberia à administração pública esclarecer, orientar ou impedir a adoção de concepções pedagógicas que possam representar prejuízo à personalidade do educando ou afrontar valores sociais predominantes, mas jamais fazer opções pedagógicas que sejam imputadas a todas as escolas (Azanha, 1995, p. 138-9). Uma boa divisão de tarefas entre as escolas democráticas e os órgãos centrais da educação seria as escolas elaborarem seus planos, as Delegacias de Ensino assistirem, apoiarem e acompanharem a escola nesse seu esforço e o resto da administração fornecer os recursos necessários para que os outros papéis fossem desempenhados (cf. Azanha, 1995, p. 30).

A participação na tomada de decisões nas escolas democráticas, pela sua própria finalidade, acaba tendo também uma função pedagógica, quando se

---

1. Essa é uma afirmação coerente com o papel atribuído às escolas democráticas de desenvolver um modo de vida democrático. A autonomia é considerada um elemento essencial da democracia, vista como regime político em que o povo participa diretamente da formulação da vontade geral — das leis a que todos se submeterão. "Num Estado verdadeiramente livre, os cidadãos fazem tudo com seus braços e nada com o dinheiro" (Rousseau, 1983, p. 107). Ainda sobre o conceito de autonomia, é interessante ver Chaui (1997, p. 302-9).

destacam entre os valores a serem desenvolvidos por uma educação para a democracia a tolerância, o respeito à diversidade e ao interesse público.

> "As pessoas envolvidas com as escolas democráticas vêm-se [sic] como participantes de comunidades de aprendizagem. Por sua própria natureza, essas comunidades são diversificadas, e essa diversidade é valorizada, não considerada um problema. Essas comunidades incluem pessoas que refletem diferenças de idade, cultura, etnia, sexo, classe socioeconômica, aspirações e capacidades. Essas diferenças enriquecem a comunidade e o leque de opiniões que deve considerar. Separar pessoas de qualquer idade com base nessas diferenças ou usar rótulos para estereotipá-las são procedimentos que só criam divisões e sistemas de *status* que diminuem a natureza democrática da comunidade e a dignidade dos indivíduos contra quem essas práticas são dirigidas com tanto rigor.
>
> Embora a comunidade valorize a diversidade, também sente que tem um propósito comum. [...]. A democracia não é apenas uma teoria de interesse pessoal que dá às pessoas permissão para tentar realizar suas próprias metas a expensas dos outros; o bem comum é uma característica central da democracia. Por esse motivo, as comunidades de alunos das escolas democráticas são marcadas pela ênfase na cooperação e na colaboração, e não na competição."
> (Apple e Beane, 1997, p. 22)

O aprendizado propiciado pela experiência das escolas democráticas será essencial para que se possa lidar com uma distinção fundamental a ser realizada em uma sociedade democrática: a existência de diferenças sociais *versus* as desigualdades sociais. As primeiras referem-se a diferenças que têm uma base natural ou são produto de construções culturais. As desigualdades sociais estão relacionadas a juízos de superioridade ou inferioridade que expressam, por sua vez, a valoração de indivíduos em função de sua posição social ou econômica, ou pertencimento a algum grupo social específico (Comparato, 1998, p. 47-8). As primeiras exigem respeito; as segundas, repúdio e recusa. E não há outro recurso para esse aprendizado que não seja pela própria convivência, em estruturas democráticas de decisão, orientadas por regras democráticas para seu funcionamento e valendo-se da informação socialmente disponível para dirimir as confusões que podem ser a base dos preconceitos.

Outro aspecto contido na ideia de participação na tomada de decisões em escolas democráticas é o reconhecimento de que todos são portadores de algum conhecimento válido, que deverá ser levado em conta na elaboração do projeto pedagógico da escola. A satisfação do direito à palavra implica a possibilidade de que todos os partícipes do processo educacional sejam interlocutores capazes de se manifestar sobre a escola que desejam ter, o que querem aprender e ensinar, bem como de que forma. Educação deixa de ser assunto de especialista e passa a ser tema sobre o qual todos podem discorrer, em função do interesse social sobre o que se faz na escola e da compreensão de que um projeto democrático é mais representativo do bem comum quanto mais envolver os indivíduos em sua formulação.

Os educadores das escolas democráticas, segundo Apple e Beane (1997, p. 23), entendem que as desigualdades encontradas na escola também serão vistas fora dela e vice-versa. Reconhecem os limites do papel de uma escola democrática; mas, como querem democracia em larga escala, consideram a instituição escolar um dos espaços em que pode se dar o aprendizado do respeito mútuo, da solidariedade, da tolerância. As estruturas democráticas de gestão escolar podem ensinar o valor de instituições democráticas na sociedade e a convivência interna a elas. Como se fossem oportunidades de se tomar gosto pela democracia. Não é tarefa fácil, mas pode valer a pena.

A segunda linha de trabalho sugerida por Apple e Beane (1997) para a construção de escolas democráticas diz respeito ao seu currículo.

"As estruturas e processos [...] em geral definem a qualidade da vida cotidiana das escolas. Como parte de tradições antigas e estruturas arraigadas da escola, também oferecem ensinamentos importantes sobre o que e quem a ela valoriza. Por esse motivo, constituem uma espécie de currículo 'oculto', por meio do qual as pessoas aprendem lições fundamentais sobre justiça, poder, dignidade e autoestima. Democratizar essas estruturas e processos é um aspecto crucial das escolas descritas aqui, mas uma versão mais completa também inclui trabalho criativo no sentido de trazer a democracia para o currículo planejado ou explícito." (Apple e Beane, 1997, p. 25-6)

Trazer a democracia para dentro do currículo significa conciliar o conhecimento transmitido — que pode ser chamado de oficial —, fazendo uma leitura crítica de fatos e acontecimentos, com um amplo leque de informações que podem ser trazidas pelos que participam do processo educacional. O currículo participativo de uma escola democrática deve prever o direito de opiniões diferentes se fazerem ouvir; admite o conhecimento como construção social — impregnado de valores, interesses e preconceitos —, passível de contestação e verificação. Encarando dessa forma o conhecimento, deve chamar os jovens estudantes a também se comportarem como elaboradores de significados. Pois um currículo democrático "reconhece que as pessoas adquirem conhecimento tanto pelo estudo de fontes externas quanto pela participação em atividades complexas que requerem a construção de seu próprio conhecimento". Isso não quer dizer, de forma alguma, que o conhecimento dominante seja desconsiderado. Na verdade, os educadores de escolas democráticas vivem sempre a tensão entre proporcionar conhecimento significativo para seus alunos e capacitá-los para enfrentar as exigências "requeridas pelos guardiões do acesso socioeconômico", já que passa também por aí sua possibilidade de inserção social. O processo de reconstrução do conhecimento dominante deve servir para ajudar todos os envolvidos com a educação, de maneira alguma para atrapalhar. E, finalmente, um grande mérito de um currículo democrático é o de, no final das contas, oferecer experiências democráticas a todos que estejam participando de sua elaboração e implementação (Apple e Beane, 1997, p. 25-34).

Nas duas linhas de trabalho propostas para a construção de escolas democráticas é recorrente a ideia de que a participação de todos os envolvidos no processo educacional, da *comunidade*, é condição essencial para o sucesso desse empreendimento. Entre os relatos de experiências de construção de escolas democráticas nos Estados Unidos, reunidos por Apple e Beane, um traço comum é o esforço "para vincular a vida da escola com a da comunidade" (Apple e Beane, 1997, p. 35).

> "As escolas democráticas precisam basear-se numa definição abrangente de 'nós', num compromisso de construir uma comunidade que é tanto da escola quanto da sociedade onde ela existe. Em conjunto, as histórias contadas neste livro dizem algo muito importante a respeito das realidades da reforma da escola democrática. Em todos os casos, o sucesso exigiu a construção consciente de coalizões dentro da escola e entre a escola e as clientelas fora dela. Em nenhum dos casos o impulso veio de 'cima'. Ao contrário: os movimentos de base — grupos de professores, a comunidade, ativistas sociais etc. — geraram a força propulsora da mudança. Finalmente, nenhuma das reformas foi guiada por uma visão técnica, de sucesso-a-todo-custo. Todas estavam, ao contrário, ligadas a um conjunto de valores definidos em termos amplos, postas em prática: aumentar a participação nos movimentos sociais e na escola, fortalecer indivíduos e grupos em geral silenciados, criar novas formas de articular o mundo real e os problemas sociais reais com a escola, de tal maneira que a es-

cola esteja integralmente vinculada com as experiências das pessoas em sua vida cotidiana." (Apple e Beane, 1997, p. 39-40)

A expressão "construir uma comunidade" é muito apropriada para descrever o que deve acontecer numa escola democrática; essa expressão fala do compromisso em torno de um projeto comum que vai sendo firmado no dia a dia da escola. Regras e normas comuns são estabelecidas em função de um relativo consenso sobre os valores que devem nortear o processo educacional.

Finalmente, gostaria de chamar a atenção para o fato de que não é por acaso que as experiências norte-americanas relatadas são de escolas públicas e os autores fazem veemente defesa de que escolas democráticas devem pertencer a essa rede de ensino (Apple e Beane, 1997, p. 11-4). A preferência pela construção de escolas democráticas na rede pública tem, naturalmente, como um primeiro aspecto a própria preservação e o investimento na melhoria do ensino ministrado nesse sistema. Mas também está relacionada a uma certa concepção do que é público. O que é público deve ser acessível a todos; e, nesse sentido, pode-se falar de democratização da escola enquanto atendimento da demanda por escolarização. Ou seja, a escola deve receber todos aqueles que buscam a satisfação de suas necessidades educacionais. Tratando-se neste caso da administração e satisfação do direito à educação, o ideal da construção de escolas democráticas dirige-se principalmente à rede pública de ensino. E acrescento, para tornar mais claro meu ponto de vista, que escolas democráticas devem ser públicas e estatais. Estas podem garantir acesso e permanência dos alunos, com respeito à diferença e satisfação do direito à formação integral enquanto ser humano.

Uma outra boa razão para que a reforma por escolas democráticas se aplique principalmente na rede pública de ensino é que sobre este sistema incide, pelo menos pode e deve incidir numa sociedade democrática, o que o povo deseja de suas escolas. Tendo escolhido o modo de vida democrático, e os valores que o norteiam, caberia à sociedade organizar suas escolas de maneira que a educação nelas oferecida estivesse de acordo com o que foi coletivamente definido para o desenvolvimento das habilidades de seus membros (Benjamin, 1960, p. 45-7). Escolas públicas estariam ainda submetidas a um tipo de avaliação em que necessidades formuladas e reconhecidas por um processo público, coletivo, social de discussão seriam consideradas para definição de seus pressupostos e aferição de seus resultados (Benjamin,

1960, p. 48-51). Isso não se aplica necessariamente a escolas privadas, particulares, organizadas e mantidas por grupos sociais determinados.[2] Nestas, o ensino se volta muitas razões para os interesses desses grupos, suas crenças, sua opção religiosa. Ainda que numa sociedade democrática não se pudesse fugir à regra de estimular o respeito mútuo, o respeito à diversidade, incluem-se entre seus ensinamentos valores reconhecidos por determinada confissão religiosa, que é de uma parte da sociedade — não de toda ela. É democrático que assim seja. Desde que respeitem a diversidade, pais podem escolher uma educação religiosa para seus filhos, qualquer que seja ela. Mas a sociedade deverá garantir, por meio do Estado (democrático), uma educação para todos que desenvolva o modo de vida democrático — se tiver sido essa a escolha. E para uma democracia há que ser.

Retomando os dois caminhos apontados por Apple e Beane para a construção de escolas democráticas, chamo a atenção para a proposição de que uma via ou outra depende de uma comunidade que se organiza em função desse objetivo. Mas que relação é essa? O que é uma comunidade? Este termo é usado com tal liberdade poética, como diria Wirth (1973, p. 82), em políticas públicas, educacionais inclusive, que vale a pena recorrer à Sociologia na tentativa de esclarecer o que ele pode significar. De acordo com Ianni (1989, p. 15), "comunidade e sociedade" é um problema recorrente na Sociologia. Vários autores, alguns dos quais mencionaremos adiante, dedicaram-se ao debate desse par conceitual. Antes disso convém recordar rapidamente como a noção de comunidade teria chegado à educação.

O pensamento escolanovista norte-americano e europeu teria sido o responsável pela chegada da noção de comunidade à educação, que a admite em seu ideário para definir tanto a escola como o meio social em que esta se insere, usando como sinônimos os termos comunidade e sociedade (Spósito, 1988, p. 374).

Uma visão crítica em relação ao emprego do conceito de comunidade é expressa por Cunha (1995, p. 378-388), não só por sua origem na Sociologia — relacionada a certo "saudosismo" da união real e orgânica entre os homens, perdida com a era moderna —, mas também pelo uso que dele se fez no

---

2. É extremamente positivo, como já vem se verificando em alguns casos, que escolas particulares criem mecanismos de participação de pais e alunos para as decisões referentes ao desenvolvimento do projeto pedagógico. No entanto, como menciono, infelizmente parece que isso ainda não é a regra.

Brasil a partir da década de 1970. A noção foi adaptada às nossas condições: localismo, que estaria ao lado da relação de clientela; a comunidade de culto, que favoreceria o controle da Igreja Católica; e o populismo, que encontra no "povo simples" seus protegidos.

No pensamento educacional, Cunha faz um diagnóstico muito semelhante ao de Spósito (1988, p. 375-6) sobre o emprego da noção de comunidade. Essa "ideologia" serviria para "evitar ações e pensamentos divergentes, visando a reforçar a identidade comum", criando certa "homogeneidade, não se levando em conta que as pessoas só podem crescer através de processos que propiciem seu encontro com pessoas, coisas e situações desconhecidas, diferentes do que lhes é familiar" (Cunha, 1995, p. 385).

Penso, entretanto, que o conceito de comunidade pode ser ressignificado ou diferentemente entendido. Segundo Boudon e Bourricaud (1993, p. 72-7), o conceito de comunidade foi incorporado ao conjunto dos termos técnicos da sociologia a partir de *Comunidade e sociedade*, de Ferdinand Tönnies, sem que isso tenha contribuído muito para esclarecer o tipo de relação que uma e outra representam. O sociólogo alemão construiu dois conceitos da seguinte maneira: o primeiro tipo é a *"comunidade (Gemeinschaft)*, estabelecida na identidade substancial de vontades, assinaladas umas às outras — nem sempre conscientes disso — pela mesma origem e destino"; e o segundo é a *"sociedade (Gesellschaft)*, fundada na estrita individualidade de interesses" (Boudon e Bourricaud, 1993, p. 73, itálicos dos autores). Esses mesmos autores afirmam que, a partir de então, os termos comunidade e sociedade estiveram associados às mais embaraçosas confusões, principalmente por fixarem apenas dois tipos de situações em que os homens pudessem viver suas relações.

Muito importante para esclarecer essa confusão é o artigo de Orlando Miranda, "A sociabilidade na teoria de Tönnies". Para ele, o sociólogo alemão teria produzido esses dois conceitos como recurso para a mente humana, que opera de modo-lógico formal, entender a realidade que opera de modo dialético (1996, p. 20). Daí que por mais que Tönnies e outros sociólogos tenham se esforçado em construir tipologias, as dificuldades de enquadrar as coletividades humanas num ou noutro tipo de sociabilidade decorre da própria realidade em que o homem está em contradição consigo mesmo e com a coletividade. Como se todos vivêssemos ao mesmo tempo na sociedade e em comunidade.

Mesmo tendo chamado a comunidade, portanto, de esfera da vontade comum, de uma soma de querer e poder enquanto obrigação e dever, Tönnies (1973, p. 101) admite que

> "existem e nascem desigualdades reais no interior da comunidade, tanto pelas obrigações e pelos direitos amplos e restritos, como pela própria vontade da comunidade. No entanto, elas podem estender-se somente até um determinado limite, pois além desse limite cessa a existência da comunidade enquanto unidade das diferenças: de um lado (para cima), porque a força do direito pessoal torna-se muito grande e, consequentemente, sua ligação com a força do direito geral torna-se indiferente e sem valor; de outro lado (para baixo), porque a força própria torna-se muito pequena e sua ligação, irreal e sem valor."

Comunidade e sociedade, quando se prestam a recursos analíticos, são formas de sociabilidade que dependem do tipo de relações vividas entre os homens. Isso marca um ou outro caso, ou ainda algum tipo misto de relações. E a assunção da possibilidade do surgimento de desigualdades no interior da comunidade, por Tönnies, permite a Boudon e Bourricaud (1973, p. 74) falarem dela como relação complexa e heterogênea.

> "A comunidade não constitui uma relação social simples e primitiva. Ela é ao mesmo tempo complexa, uma vez que associa, de maneira muito frágil, sentimentos e atitudes heterogêneos, e aprendida, uma vez que somente graças a um processo de socialização, que, a rigor, nunca termina, aprendemos a participar de comunidades solidárias. Ela jamais é pura, já que vínculos comunitários estão associados a situações de cálculo, conflito ou mesmo violência."

Essa visão autoriza o deslocamento da noção de comunidade de uma relação fundada em um *a priori* — laços de sangue, aproximação espacial, aproximação espiritual em Tönnies (1973, p. 104), para sua fundação através de um processo de comunicação formador de consenso. Isso, aliás, já estaria previsto pelo autor de *Comunidade e sociedade*, quando chama de compreensão (consenso) os "sentimentos recíprocos comuns e associados, enquanto vontade própria de uma comunidade" (Tönnies, 1973, p. 102). Consenso que se "desenvolve e forma sua existência" na "própria língua, em sua expressão comunicativa e receptiva de gestos e de sons que traduzem a dor e o prazer, o medo e o desejo e todos os outros sentimentos e emoções" (idem, p. 103).

Ao que Boudon e Bourricaud chamaram de confusões no emprego dos conceitos de comunidade e sociedade — a dificuldade de classificar relações reais a partir de tipos puros, outras formulações do conceito e o desenvolvimento da própria realidade foram acrescentando dificuldades.

Identificando as bases da comunidade como sendo a localidade e o sentimento de comunidade, Maciver e Page (1973, p. 122) acabam imputando a este a maior responsabilidade em definir a existência de uma comunidade. Isso porque no mundo moderno — como eles mesmo admitem (p. 123-4), o laço local estaria enfraquecido pela extensão dos meios de comunicação. Mas o outro lado dessa moeda é que a comunicação ampliada pode criar uma outra comunidade, ainda com base territorial — somente mais ampla; e, ainda, continuariam existindo "fronteiras" entre várias comunidades com bases territoriais menores. No final das contas, uma comunidade tem que ter uma base local, não importa o tamanho desta, e, como determinante da sua condição, um sentimento de coparticipação, de compartilhamento — uma identidade. E isso não se estabelece, necessariamente, entre vizinhos. Podemos ocupar uma posição territorial contígua, a casa ao lado, sem que tenhamos com isso constituído uma comunidade. Retorna-se, então, ao fundamento da comunidade na existência de uma base territorial delimitada onde ela se instala.

Mas já em 1956, ano da publicação original de seu artigo, Louis Wirth (1973) aponta a dificuldade da determinação de uma base territorial para a existência de uma comunidade.

"Um aspecto de toda comunidade é sua base territorial. Constitui, portanto, tarefa preliminar, em qualquer estudo, descobrir o centro e os limites de uma comunidade. No passado, antes de o interesse dos sociólogos ter sido tão claramente definido como é agora, a área de uma comunidade era ou demarcada arbitrariamente ou definida por limites políticos ou administrativos. A tendência atual, mesmo num procedimento oficial como o da definição das áreas metropolitanas pelos censos, procura demarcar o território na base de testes definidos de coesão interna da comunidade e da determinação das margens de influências das diferentes comunidades com referência umas às outras." (Wirth, 1973, p. 90)

E questionando os critérios para delimitação da base territorial de uma comunidade, Wirth coloca também em dúvida os fundamentos que tradicionalmente teriam sido da comunidade.

"Em certo tempo, as relações territoriais, de parentesco e de interesses eram, aparentemente, mais contérminas do que são atualmente. [...] À medida que a vida tradicional cede o lugar para a civilização tecnológica, novas bases para integração social deverão aparecer se os homens tiverem a capacidade de agir coletivamente em face de interesses divergentes e da crescente interdependência. A mudança de *status* para contrato, de que a passagem da família para o Estado, como forma predominante de organização social, é representativa, e a mudança de um grau relativamente alto de autossuficiência local para uma interdependência internacional delicada e instavelmente equilibrada, melhor representada pela mudança da troca em espécie dos mercados locais para o comércio, finanças e política internacionais, sugerem uma base territorial mais extensa para a vida da comunidade e o frágil caráter da opinião e ação da comunidade moderna. Não se podem traçar os limites territoriais de comunidades modernas baseando-se num único critério. Todo interesse importante na vida da comunidade poderá ter variada série de influências e pode, por sua vez, ficar sujeito a repercussões de fora, de natureza indireta e remota. A multiplicação de grupos formais nos tempos modernos, a extensa dispersão de seus membros e o crescente número de laços de identificação e ligação do indivíduo com diversas sociedades, muitas vezes, obscurecem o fato de que toda sociedade é também, em certo grau, uma comunidade." (Wirth, 1973, p. 86-7)

Max Weber também percebe comunidade e sociedade como formas de sociabilidade fortemente entrelaçadas. Define a comunidade como relação social em que "a atitude na ação social — no caso particular, e termo médio ou no tipo puro — inspira-se no *sentimento* subjetivo (afetivo ou tradicional) dos partícipes da *constituição de um todo*" (Weber, 1973, p. 140, itálicos do autor). Sociedade é a relação social em que "a atitude na ação social inspira-se numa *compensação* de interesses por motivos racionais (de fins ou de valores) ou também numa *união* de interesses com idêntica motivação. A sociedade, de um modo típico, pode basear-se especialmente (mas não unicamente) em um acordo ou *pacto* racional, por manifestação recíproca" (idem, itálicos do autor). Mas como essas definições dizem respeito a tipos puros, também Weber percebe-as imbricadas na realidade.

> "A *comunidade* pode apoiar-se sobre toda espécie de fundamentos, afetivos, emotivos e tradicionais: uma confraria *pneumática*, uma relação erótica, uma relação de piedade, uma comunidade 'nacional', uma tropa unida por sentimentos de camaradagem. Este tipo é expresso com maior adequação pela comunidade familiar. Entretanto, a imensa maioria das relações sociais participam *em parte* da 'comunidade' e *em parte* da 'sociedade'. Toda relação social, mesmo aquela mais estritamente originada na persecução racional de algum fim (a clientela, por exemplo), *pode* dar lugar a valores afetivos que transcendem os

simples fins almejados. Toda 'sociedade' que exceda os termos de uma mera união para um propósito determinado e que, não estando limitada previamente a certas tarefas, seja de longa duração e dê lugar a relações sociais entre as mesmas pessoas — como as 'sociedades' criadas dentro de um mesmo quadro militar, numa mesma classe da escola, num mesmo escritório, numa mesma oficina — tende, em maior ou menor grau, a promover os referidos afetos. <u>Ao contrário, uma relação que por seu sentido normal é uma comunidade, pode estar orientada por todos ou parte de seus participantes segundo certos fins racionalmente sustentados.</u>" (Weber, 1973, p. 141, itálicos do autor, grifos meus).

O hibridismo das relações sociais reais, quando comparadas aos tipos puros, pode ser uma consequência da própria complexidade que a sociedade adquiriu com o passar dos tempos e a instauração da ordem social moderna. A acepção que o termo comunidade assume no pensamento político pode dar uma luz nesse sentido. Para a manutenção da sociedade, em que a ação de todos e de cada um de seus participantes se dá frente a uma mesma circunstância, uma relação individualizada com um bem qualquer, seria necessário que, cada vez mais, se formassem espaços em que a ação fosse reciprocamente referida — para usar termos de Weber (1973, p. 142).

O desenvolvimento da cidadania contemporânea tenta combinar os direitos individuais, civis, com os deveres para com o Estado, responsável pelo bem público:

"[...] combinar a 'liberdade dos antigos' — participação política do homem público — com a 'liberdade dos modernos' — direitos individuais do homem privado, para usar a expressão de Benjamin Constant.

Mas para isso parece ser necessária a presença anterior de um elemento aglutinador: <u>o sentimento de comunidade,</u> de identidade coletiva, que seria, nos antigos, pertencer a uma cidade, e, nos modernos, pertencer a uma nação. A construção de uma cidadania plena exige um sábio equilíbrio entre os dois espaços — o público e o privado —, pois o predomínio excessivo de um polo pode inviabilizar o outro. Em outras palavras, tratar-se-ia de buscar a integração da solidariedade familiar, existente no espaço doméstico, com as regras impessoais, racionais, das instituições públicas; enfim, levar a casa para a rua." (Vieira, 1999, p. 216; grifos meus).

Se a cidadania é o pertencimento a um Estado, a posse pelo indivíduo de um *status* jurídico, ao qual estão relacionados deveres e direitos particulares (Canivez, 1991, p. 15), para que ela se realize em condições de democracia é preciso que se combinem direitos e pluralismo com "as ideias de espírito público e preocupação ético-política" (Vieira, 1999, p. 221).

"A prática da cidadania depende de fato da reativação da esfera pública, onde indivíduos possam agir coletivamente e se empenhar em deliberações comuns sobre todos os assuntos que afetem a <u>comunidade política</u>. Em segundo lugar, a prática da cidadania é essencial para a constituição da identidade política baseada em valores de solidariedade, autonomia e reconhecimento da diferença. Cidadania participativa é também essencial para a ação política efetiva, desde que habilite cada indivíduo a ter algum impacto nas decisões que afetem o bem-estar da <u>comunidade</u>. Finalmente, a prática da cidadania democrática é crucial para a expansão da opinião política e para testar nosso julgamento. Representa, nesse sentido, elemento essencial na constituição de uma vibrante e democrática cultura política." (Vieira, 1999, p. 221; grifos meus)

Robert Putnam (1996, p. 132) procurou demonstrar que "o principal fator que explica o bom desempenho de um governo é certamente até que ponto a vida social e política de uma região se aproxima do ideal de comunidade cívica"; este seria um "capital social".[3] Nesse caso "a cidadania se caracteriza primeiramente pela participação nos negócios públicos", guiada pela busca constante do "bem público à custa de todo interesse puramente individual e particular" (Putnam, 1996, p. 101). Cidadania nessa comunidade é também igualdade política, sujeitos que elegeram de valores de solidariedade, confiança mútua e tolerância, e praticantes da "arte da associação", como descreveu Tocqueville (1977) da experiência norte-americana que estudou.

A ideia de uma cidadania democrática está, de acordo com os autores acima citados, fortemente associada à formação de uma comunidade, que, se analisada pelos tipos puros da Sociologia, é uma relação em que as duas formas de sociabilidade, comunidade e sociedade, poderiam ser encontradas ao mesmo tempo, mas onde predominam vínculos de reciprocidade, principalmente porque a relação dos indivíduos com a comunidade política espera para si e para os outros o bem comum.

Dadas as condições de complexidade da sociedade moderna, não só o indivíduo se relaciona com a comunidade política, mas "vive sobre a existência, a multiplicidade e a vivacidade das sociedades intermediárias"

---

3. Para uma leitura crítica desse conceito, ver Reilly (1999, p. 407-9).

(Bobbio, 1987, p. 152). Estas poderiam "reproduzir", como a imagem de um objeto em espelho côncavo ou convexo, as ideias de espírito público e as preocupações ético-políticas da comunidade política. Como se a decisão racional hipotética de abandonar o estado de natureza e fundar o Estado (Bobbio, 1991, p. 30) se repetisse em várias esferas da sociedade para a construção de uma democracia social.

Voltando à Sociologia e à Educação, ainda na discussão do termo comunidade, Wirth (1973, p. 82) lembra que, "do mesmo modo que outros conceitos derivados do uso e sentido comuns, [este] tem sido empregado com a mesma liberdade que se dispensa à poesia". Essa diversidade de significados atribuíveis ao termo comunidade justifica, possivelmente, seu uso impreciso nos textos das políticas, da legislação educacional e em pesquisas na área. Sem desconsiderar o emprego "ideológico" da noção de comunidade, como identificaram Cunha (1995) e Spósito (1988), pode ser que a indefinição quanto ao que seja a comunidade, a comunidade escolar e quem deva dela participar esteja relacionada à liberdade quase poética, como comentou Wirth (1973, p. 82), permitida ao uso do conceito de comunidade.

Como falar de comunidade local em relação à escola, tendo como pressuposto o que alguns sociólogos convencionaram chamar por esse nome? Uma escola localizada no centro da cidade de Belo Horizonte, por exemplo, recebe alunos de 230 bairros diferentes em sua clientela (Costa, 1997, p. 66). Esses alunos muitas vezes moram em um bairro, trabalham em outro e estudam no centro — e passam o dia circulando pela cidade. Correto, mas essa não é a realidade de todas as escolas. Entretanto, mesmo aquelas que atendem a alunos residentes do próprio bairro onde está localizada a escola, essa população satisfaz muitas de suas necessidades em outros bairros da cidade. A ideia de que ali poderia existir uma comunidade que resolvesse a *vida toda* no bairro é muito pouco provável nos dias atuais. Ou, ainda, resta saber se as pessoas se identificam como moradoras do determinado bairro, se têm algum sentimento de pertencimento em relação à sua população. Porque um traço comum a todas as definições do conceito de comunidade é a existência de um sentimento de pertencimento, uma identidade entre os participantes dessa relação, que pode estar fundada em sentimentos ou em escolhas racionais, mas deve sempre existir e é fator de coesão do grupo.

Como falar de comunidade escolar, uma relação que se estabelece em função de *educar*, se coloco, por vezes, como setores externos à escola pais e alunos? Para que uma escola possa ser realmente uma comunidade não teria que incluir nessa relação todos aqueles que podem estar interessados ou necessitados do bem que ela produz? E para que esses se sentissem satisfeitos, não teriam que nutrir um sentimento de pertencimento em relação a essa comunidade, uma forma de sociabilidade que, como a educação, deve envolver "corações e mentes"? Isso, como disse Weber (1973, p. 141) sobre o fato de que, estando imbricadas — na realidade —, a sociedade e a comunidade mobilizam, ao mesmo tempo, valores afetivos e a persecução racional de um fim.

Que o termo comunidade já foi utilizado com um sentido "ideológico" e ainda pode estar sendo usado assim em muitos casos, tudo indica que seja verdade. Mas nada impede que ele seja ressignificado e passe a considerar que essa não é uma relação simples, homogênea, baseada em algum *a priori* — tradição, ocupação de uma mesma área, laços de consanguinidade —, porém complexa, heterogênea e passível de ser construída entre aqueles que estejam dispostos a dela participar.

Convém, por isso, lembrar a relação que Giddens (1991, p. 83-4) estabelece entre as noções de "desencaixes" e "reencaixes". A modernidade "desencaixou" as relações sociais, ou seja, deslocou-as no tempo e no espaço. Tão longe do vizinho, tão perto do amigo virtual, coisa do gênero.[4] Fazendo um paralelo entre essas duas noções e as de comunidade e sociedade, pode-se dizer que a sociedade seria uma relação mais propícia ao desenvolvimento de formas "desencaixadas" de sociabilidade, enquanto a comunidade seria um tipo de relação estimulador de "reencaixes". Se a relação entre "desencaixes" e "reencaixes" é uma manifestação da reflexividade da modernidade, o entrelaçamento entre comunidade e sociedade, não apenas como tipos puros, mas como formas concretas de relações entre os homens, também poderia ser assim considerado. Wirth (1973) já atentava para o fato de que as condições da vida no mundo moderno tendiam a afastar as relações comunitárias e societárias de sua expressão nos tipos puros e torná-las formas mais ou menos presentes em qualquer relação. No mesmo sentido alertava Weber (1973), sobre a presença parcial de cada um desses tipos em todas as relações sociais. Ou, ainda, uma leitura mais acurada de Tönnies, como em Miranda (1996), veria já no sociólogo alemão a indicação de que entre os conceitos e a realidade os fenômenos se manifestam de forma diferente.

---

4. Lembra-me o filme *Far away, so close* (*Tão longe, tão perto*), de Wim Wenders.

Também a democracia na sociedade moderna dependeria da defesa das regras do jogo não só na comunidade política, mas nas múltiplas sociedades intermediárias em que vive o indivíduo (Bobbio, 1987, p. 152). Relações preocupadas com a construção do bem coletivo teriam que se espalhar por todas as esferas da sociedade e ocupar os cidadãos em todas as suas atividades. Relações comunitárias deveriam estar presentes em todos os espaços que lidam com bens públicos enquanto parte da sua própria natureza.

Da oscilação entre rigidez e áreas de autonomia presente nas organizações modernas surgiriam as oportunidades para que relações "reencaixadas", "comunitárias" e mais democráticas se estabelecessem. Por essas "brechas" nossas relações poderiam ser "co-locadas" em algum lugar. Para a construção de uma escola democrática, por exemplo. Recordo, neste momento, que Giddens (1991, p. 141-2) refere-se aos "deslocamentos" produzidos pela modernidade como conjugação de proximidade e distância, que, por sua vez, criam novas oportunidades de "reencaixe", por exemplo, dentro daquilo que chama de "comunidades de experiência partilhada".[5]

Considero válida a associação entre as noções de comunidades de ensino, em Apple e Beane (1997), com a de "comunidade de experiência partilhada" de Giddens (1991). Retiro o termo "globalizada", usado pelo autor inglês, para evitar dúvidas. A palavra "globalizada" poderia causar a impressão de que essa comunidade de experiência partilhada seria também uma relação "deslocada", o que não é. O sentido de globalizada, na expressão de Giddens (1991), é de uma relação que está referida a um ambiente maior que aquele em que foi "co-locada". É sinal de que não se pode perder de vista os fatos que ocorrem no mundo, que nossas vidas estão constantemente influenciadas por fenômenos que acontecem muito distantes de nós. Mas nossas vidas têm um lugar.

Comunidades de ensino não são propriamente locais, mas estão "co-locadas" em determinada escola pelo compartilhamento de objetivos educacionais entre seus membros. Não são locais porque não são formadas por pessoas que necessariamente habitam um mesmo bairro ou localidade, ou resolvem a vida toda na região em que está instalada a escola. Repito que não importa onde morem, de onde vêm, sua etnia, credo religioso, decidiram

---

5. "Comunidades de experiência partilhada" também poderiam ser construídas por meio dos movimentos sociais, que criam relações "com rosto" e possibilidades de participação social daqueles que não estejam no poder. Voltarei a esse ponto de vista de Giddens (1991) mais adiante.

construir uma escola que possa educar para a democracia os que dela participam. Tampouco é uma relação homogênea, porque seus participantes são *diferentes*, reconhecem e respeitam isso, mas lutam contra as desigualdades. Desmascaram qualquer tentativa de mitologia de democracia, racial ou social. Agem pautados por valores de tolerância, solidariedade, respeito mútuo.

Reafirmo, em termos que já havia enunciado anteriormente, que essa é uma comunidade que entra na escola, discute o que ensinar, a quem e como, sem distinção entre peritos ou não. Questiona o mérito dos assuntos pedagógicos, como forma de democratizar a informação — tão importante para uma confiança como conhecimento recíproco. É uma comunidade que pode receber novos membros a todo momento, porque saberá incluí-los na discussão dos projetos da escola. Está sempre receptiva ao que acontece no mundo porque precisa avaliar frequentemente seu trabalho em termos da adequação da educação oferecida para a vida num mundo em constante mudança. Precisa sempre prezar pelas regras que estabeleceu para esta relação — já que é uma forma de sociabilidade, porque pretende oferecer oportunidades para o exercício de um modo de vida democrático. É uma comunidade que *partilha a experiência de construir uma escola democrática*. Constrói a escola e se constrói ao mesmo tempo. Essa seria a comunidade capaz de ocupar o colegiado (ou conselho) da escola e transformá-lo num espaço vivo de discussões de todos os aspectos da vida escolar. Um colegiado que tivesse autonomia para comportar representantes de todos aqueles segmentos interessados em construir uma escola com essa fisionomia. Essa seria a comunidade capaz de construir o projeto pedagógico mais adequado à escola, além de, com isso, contribuir para a formação de uma base nacional comum para o ensino fundamental.

Essa comunidade existe? Respondo com segurança que não, ou, pelo menos, ainda não. Podemos estar nos aproximando dela em muitas escolas, e esse é um grande mérito para quem está tendo a oportunidade de viver isso. Mas deveria ser um norte, uma ideia prático-regulativa, da comunidade que devemos construir para que nossas escolas sejam democráticas.

Referências bibliográficas

APPLE, Michael; BEANE, James (Orgs.). *Escolas democráticas*. São Paulo: Cortez, 1997.

AZANHA, José Mário P. *Educação*: alguns escritos. São Paulo: Nacional, 1987.

_____. *Educação*: temas polêmicos. São Paulo: Martins Fontes, 1995.

BENEVIDES, Maria Victoria de M. Educação para a democracia. *Lua Nova*, Revista de Cultura e Política, São Paulo, Cedec, n. 38, 1996.

BENJAMIN, Harold R. W. *A educação e o ideal democrático*. Rio de Janeiro: MEC, Inep, Centro Brasileiro de Pesquisas Educacionais, 1960.

BOBBIO, Norberto. *Estado, governo, sociedade*. 3. ed. Rio de Janeiro: Paz e Terra, 1987.

_____. *Três ensaios sobre a democracia*. São Paulo: Cardim-Alario, 1991.

BOUDON, R.; BOURRICAUD, F. *Dicionário crítico de sociologia*. São Paulo: Ática, 1993.

CANIVEZ, Patrice. *Educar o cidadão?* Campinas: Papirus, 1991.

CHAUI, Marilena. *Cultura e democracia*: o discurso competente e outras falas. 7. ed. São Paulo: Cortez, 1997.

COMPARATO, Fábio Konder. O princípio da igualdade e a escola. *Cadernos de Pesquisa*, São Paulo, Fundação Carlos Chagas, n. 104, jul. 1998.

COSTA, Vera Lúcia C. (Org.). *Gestão educacional e descentralização* — novos padrões. 2. ed. São Paulo: Cortez/Fundap, 1997.

CUNHA, Luiz Antônio. *Educação, estado e democracia no Brasil*. 2. ed. São Paulo/Niterói/Brasília: Cortez/Ed. da UFF/Flacso do Brasil, 1995.

GIDDENS, Anthony. *As consequências da modernidade*. São Paulo: Unesp, 1991.

IANNI, Octávio. A sociologia e o mundo moderno. *Tempo Social*, Revista de Sociologia da USP, São Paulo, v. 1, n. 1, maio 1989. Disponível em: <http://www.fflch.usp.br/ds/revistas/tempo-social>. Acesso em: 28 fev. 2000.

MACIVER, R. M.; PAGE, Charles H. Comunidade e sociedade como níveis de organização da vida social. In: FERNANDES, Florestan (Org.). *Comunidade e sociedade*: leituras sobre problemas conceituais, metodológicos e de aplicação. São Paulo: Nacional, Edusp, 1973.

MIRANDA Orlando. A sociabilidade na teoria de Tönnies. In: *Sociabilidades*, São Paulo: Laboratório de Análises da Sociabilidade Contemporânea — Lasc, out. 1996.

PUTNAM, Robert D. *Comunidade e democracia*: a experiência da Itália moderna. Rio de Janeiro: Fundação Getúlio Vargas, 1996.

REILLY, Charles A. Redistribuição de direitos e responsabilidades. In: PEREIRA, Luiz Carlos Bresser; GRAU, Nuria Cunill (Orgs.). *O público não estatal na reforma do Estado*. Rio de Janeiro: Editora FGV, 1999.

ROUSSEAU, J.-J. *Do contrato social*: Ensaio sobre a origem das línguas; Discurso sobre a origem e fundamento da desigualdade entre os homens; Discurso sobre as ciências e as artes. 3. ed. São Paulo: Abril Cultural, 1983. (Col. Os pensadores.)

SACRISTÁN, J. Gimeno. O que é uma escola para a democracia? *Pátio, Revista Pedagógica*, Porto Alegre: Artes Médicas Sul, ano 3, n. 10, ago./out. 1999.

SPÓSITO, Marília P. *A ilusão fecunda*. A luta por educação nos movimentos populares, 1988. Tese (Doutorado) — Feusp, São Paulo, 1988.

TEIXEIRA, Beatriz de Basto. *Por uma escola democrática*: colegiado, currículo e comunidade, 2000. Tese (Doutorado) — Feusp, São Paulo, 2000.

TOCQUEVILLE, Alexis de. *A democracia na América*. 2. ed. Belo Horizonte/São Paulo: Itatiaia/Edusp, 1977 (1. ed. 1835-1840).

TÖNNIES, Ferdinand. Comunidade e sociedade como entidades típico-ideais. In: FERNANDES, Florestan (Org.). *Comunidade e sociedade*: leituras sobre problemas conceituais, metodológicos e de aplicação. São Paulo: Nacional, Edusp, 1973.

VIEIRA, Lizst. Cidadania e controle social. In: PEREIRA, Luiz Carlos Bresser; GRAU, Nuria Cunill (Orgs.). *O público não estatal na reforma do Estado*. Rio de Janeiro: Editora FGV, 1999.

WEBER, Max. Comunidade e sociedade como estruturas de socialização. In: FERNANDES, Florestan (Org.). *Comunidade e sociedade*: leituras sobre problemas conceituais, metodológicos e de aplicação. São Paulo: Nacional, Edusp, 1973.

WIRTH, Louis. Delineamento e problemas da comunidade. In: FERNANDES, Florestan (Org.). *Comunidade e sociedade*: leituras sobre problemas conceituais, metodológicos e de aplicação. São Paulo: Nacional, Edusp, 1973.

EDUCAÇÃO EM DIREITOS HUMANOS SOB A ÓTICA DOS ENSINAMENTOS DE PAULO FREIRE*

Paulo Roberto Padilha

"Não junto a minha voz à dos que, falando em paz, pedem aos oprimidos, aos esfarrapados do mundo, a sua resignação.
Minha voz tem outra semântica, tem outra música.
Falo da resistência, da indignação, da 'justa ira' dos traídos e dos enganados.
Do seu direito e do seu dever de rebelar-se contra as transgressões éticas de que são vítimas cada vez mais sofridas."

(Paulo Freire, 1997, p. 113-4)

Ao aceitarmos o convite para participar da mesa-redonda "Educação em direitos humanos: conteúdo e metodologia", o fazemos com a esperança de quem acredita no encontro e na somatória de forças de pessoas e instituições que se aproximam, visando a valorização da pessoa e o respeito aos seus direitos, em todas as suas dimensões. Procuraremos inserir neste debate, como nos foi solicitado, algumas reflexões relacionadas à temática da educação em direitos humanos sob a ótica dos ensinamentos de Paulo Freire.

---

* Texto produzido originalmente para a mesa-redonda "Educação em direitos humanos: conteúdo e metodologia", realizada no dia 12/11/2001 e promovida pela Secretaria da Justiça e da Defesa da Cidadania do Estado de São Paulo, Assessoria de Defesa da Cidadania, com o apoio da Faculdade de Educação da Universidade de São Paulo e da Secretaria de Estado de Educação, revisado e atualizado em agosto de 2005.

Também na perspectiva da uma educação que tem por referência o universo de princípios político-pedagógicos desenvolvidos por Freire, apresentaremos alguns indicadores que podem contribuir com os objetivos do debate, no que se refere a quais seriam os eventuais conteúdos e metodologias condizentes e coerentes com a temática dos direitos humanos no cotidiano da educação escolar.

Não por acaso, o livro mais conhecido de Paulo Freire, *Pedagogia do oprimido*, que foi manuscrito em português no ano de 1968, é dedicado "aos esfarrapados do mundo e aos que neles se descobrem e, assim, descobrindo-se, com eles sofrem, mas, sobretudo, com eles lutam" (1987, p. 23).

Foi pensando nos oprimidos que Freire escreveu seu famoso ensaio, como uma forma de, por meio da educação, caminhar com eles rumo à construção de uma teoria que pudesse fundamentar e ajudar a refletir a sua própria ação libertadora. Libertação das injustiças históricas, econômicas, políticas e sociais, cuja superação passaria necessariamente pela educação entendida como "prática de liberdade" e considerada em sua radicalidade criadora. Criação significando ousadia coletiva, ação corajosa e transformadora, que se coloca contra qualquer obstáculo à emancipação dos homens ou, se preferirmos, contra qualquer aprisionamento dos direitos das pessoas.

A *Pedagogia do oprimido*, segundo palavras do próprio Freire, significa a pedagogia "que tem de ser forjada *com* ele e não *para* ele, enquanto homens ou povos, na luta incessante de *recuperação de sua humanidade*. Pedagogia que faça da opressão e de suas causas objeto da reflexão dos oprimidos, de que resultará o seu engajamento necessário na luta por sua libertação, em que esta pedagogia se fará e refará" (1987, p. 32, grifos nossos).

Ao lermos e relermos a obra de Freire, constatamos que após quase trinta anos ele mantêm a sua coerência histórica e a mesma radicalidade dialética e democrática de quem, na década de 1960, denunciava a opressão e chamava a atenção para a necessidade de nos compreendermos como seres inconclusos que permanentemente transformam e são transformados pelo mundo em que vivemos. Por isso, parodiando-o, afirmamos que enquanto vivente no mundo, a pessoa também não é: está sendo. E, como tal, cria e recria permanentemente a sua própria existência, tomando consciência dos seus direitos, de suas obrigações, a partir das relações que estabelece com o mundo. Daí o seu constante movimento de busca do "ser mais".

No último livro que publicou em vida, *Pedagogia da autonomia: saberes necessários à prática educativa* (São Paulo: Paz e Terra, 1997), Paulo Freire nos oferece uma espécie de síntese de suas reflexões ao longo de sua andarilhagem pelo mundo. Recordamo-nos que, em sua casa, ao recebermos o texto original desta obra, para que a mesma fosse organizada em capítulos pela equipe do Instituto Paulo Freire, ele nos falava de sua vontade de que aquele livro pudesse ser lido pelo maior número possível de pessoas, principalmente no Brasil. Daí o seu interesse para que fosse uma "edição de bolso", a preços bem populares. Ele pretendia que educadoras e educadores, alunas e alunos e todas as pessoas interessadas pudessem ter acesso às suas ideias e às reflexões que, durante anos, vinham sendo por ele e por outras pessoas semeadas, regadas, cultivadas, vivenciadas, apreendidas, transformadas e atualizadas.

O "pequeno grande livro" confirmou o anunciado caráter de síntese. Nele encontramos inúmeras categorias-chave do pensamento e da obra de Paulo Freire, das quais eles nos falava com muita humildade, desejoso de poder contribuir ainda mais com a educação dos excluídos e de todas as pessoas que, como ele, enxergam o "futuro como problema e não como inexorabilidade e o saber da História como possibilidade e não como *determinação*" (Freire, 1997, p. 85). Como Freire, acreditamos que "mudar é possível" e que a tradução dos direitos humanos em conquistas concretas e efetivas, de grande alcance social, é um desafio de toda a sociedade que, certamente, passa também pela educação em todos os seus níveis, modalidades e dimensões.

No livro *Pedagogia da esperança: um reencontro com a pedagogia do oprimido* confirma-se a preocupação do autor com a educação de toda a classe trabalhadora: "A formação da classe trabalhadora, na perspectiva progressistamente pós-moderna, democrática, em que me ponho, lhe reconhece o direito de saber como funciona sua sociedade, de conhecer seus direitos, seus deveres; de conhecer a história da classe operária; o papel dos movimentos populares na refeitura mais democrática da sociedade" (1994, p. 133).

A concepção de educação proposta por Paulo Freire, ou seja, uma educação libertadora e transformadora, experimentada e comprovada na sua práxis como educador e homem público, nos dá condições de pensar quais os tipos de conteúdos e metodologias que o autor propõe em suas *pedagogias* (do oprimido, da esperança, da autonomia, da indignação) e, por conseguinte, como ele entendia a educação em direitos humanos.

Queremos, por ora, esclarecer que ao falar, por exemplo, das exigências do ensinar e do aprender, Paulo Freire se preocupa não apenas com conteúdos, nem tampouco somente com a metodologia de ensino. Pare ele, "o diálogo pedagógico implica tanto o conteúdo ou objeto cognoscível em torno de que gira quanto a exposição sobre ele feita pelo educador ou educadora para os educandos" (1994, p. 118). Melhor explicando e utilizando como exemplo o próprio livro *Pedagogia da autonomia*, o autor nos mostra a necessidade de superação dessas dicotomias, falando-nos da rigorosidade metódica da prática educativa e da relação dialética e dialógica entre ensino e pesquisa, "que-fazeres (que) se encontram um no corpo do outro" (1997, p. 32).

Não poderíamos, no espaço deste trabalho, nos alongar na análise de cada um dos saberes necessários à prática educativa sugeridos por Freire. Contudo, não é demais destacar, mesmo no nível da pura lembrança, que alguns desses saberes têm relação direta com uma educação que trabalha e contempla, no seu cotidiano, os direitos humanos. Estes saberes, entre outros, são fundantes no pensamento freireano e têm sido referência na ação educadora daqueles e daquelas que pretendem continuar e reinventar Paulo Freire, responsabilidade de todos nós, por uma educação que antes de tudo exige que queiramos bem aos nossos educandos.

Querer bem ao educando significa que o educador, "permanecendo e amorosamente cumprindo o seu dever, não deixe de *lutar politicamente, por seus direitos* e pelo respeito à dignidade de sua tarefa, assim como pelo zelo devido ao espaço pedagógico em que atua com seus alunos" (Freire, 1997, p. 161, grifos nossos). Perguntaríamo-nos como alguém que não se respeita, que não respeita os seus próprios direitos, que às vezes nem os conhece e que não sabe defendê-los, poderia ensinar outro alguém sobre o exercício de algum direito ou sobre qualquer outro conteúdo de forma crítica e emancipadora? Ou como alguém desacostumado a ser ético e agir, socialmente, com justiça? Ou, ainda, como um professor que se deixa vencer pela rotina, por mais dura que possa ser, pode contribuir para a formação de sujeitos que exerçam plenamente a sua cidadania e saibam defender os seus direitos civis, sociais e políticos?

Outras categorias que precisam ser lembradas e que também nos servem como indicadores de uma educação que nos ensina a lutar pelos nossos direitos e a tornar o processo educativo mais plenamente humano — enquanto criação cultural — são, por exemplo, a criticidade, a estética, a ética, o respeito aos saberes dos educandos, a consciência do inacabamento de todas as pessoas, a alegria, o diálogo, a esperança, a dinâmica entre liberdade e autoridade, o significado da compreensão da educação enquanto intervenção humana, entre outras categorias e ideias-chave que por tantos anos estiveram presentes na práxis freireana, entendida como ação transformadora.

Observamos que Paulo Freire não faz referências específicas a nenhuma declaração ou tratado de direitos humanos, mas considera que "uma das primordiais tarefas da pedagogia crítica radical libertadora é trabalhar a legitimidade do sonho ético-político da superação da realidade injusta" (2000, p. 43).

Paulo Freire valoriza os direitos humanos quando, por exemplo, fala que a sua justa ira fundamenta-se na "negação do direito de 'ser mais' inscrito na natureza dos seres humanos" (2000, p. 79), como já enfatizamos na epígrafe deste trabalho. Também nos convida a denunciar a impunidade, a negar qualquer tipo de violência, e a nos colocarmos "contra a mentira e o desrespeito à coisa pública" (idem, p. 61), ou contra a falta de escola, de casa, de teto, de terra, de hospitais, de transporte, de segurança ou, ainda, contra a falta de esperança da ideologia neoliberal e da insensatez dos poderosos, que tentam a todo custo, todos os dias, em todos os espaços da sociedade, naturalizar a miséria, a pobreza, e, disfarçadamente, impedir "a briga em favor dos direitos humanos, onde quer que ela se trave. Do direito de ir e vir, do direito de comer, de vestir, de dizer a palavra, de amar, de escolher, de estudar, de trabalhar. Do direito de crer e de não crer, do direito à segurança e à paz" (Freire, 2000, p. 130).

O mundo está em guerra. As sociedades convivem muitas vezes com a insegurança, com a impunidade, com o medo e com uma verdadeira "cultura da violência" que se manifesta na atualidade de diferentes formas e nos diferentes espaços sociais, marcadamente nas nossas escolas. E não há respostas simples para problema de tamanha complexidade.

A busca pela paz, segundo Freire, pressupõe uma confrontação justa e crítica dos conflitos existentes, que provocam a intolerância e a falta de solidariedade. Mas para o educador da utopia o mundo não prescinde da guerra para ser mundo. O homem não é o ser da guerra, mas do amor, da afetividade, da esperança e da utopia. Falta-lhe a abertura para aprender com a diversidade e buscar uma sociedade que consiga alcançar uma ética fundada no respeito às diferenças, isso significando conviver com elas, e não se isolar nos guetos multiculturais que não enfrentam os desafios de uma radicalidade democrática para a convivência plena de direitos e de deveres.

Este primeiro olhar sobre alguns dos ensinamentos de Freire, que, na nossa análise, relacionam-se diretamente ao debate sobre direitos humanos, não pode prescindir do reconhecimento na sociedade e nos espaços onde a educação acontece, da presença da *multiculturalidade*, a qual

> "não se constitui na justaposição de culturas, muito menos no poder exacerbado de uma sobre as outras, mas na liberdade *conquistada*, no direito *assegurado* de mover-se cada cultura no respeito uma da outra, correndo risco livremente de ser diferente, sem medo de ser diferente, de ser cada uma 'para si', somente como se faz possível crescerem juntas e não na experiência da tensão permanente, provocada pelo todo-poderosismo de uma sobre as demais, proibidas de ser". (Freire, 1994, p. 156)

A multiculturalidade é criação histórica e, como tal, exige de todos nós o estabelecimento democrático e coletivo de fins comuns para uma convivência ética. Nesse sentido, a educação é instância propícia e espaço privilegiado para a realização da convivência e das trocas entre as diferentes culturas, o que se torna possível com a criação de espaços interculturais onde a multiculturalidade se fará presente e, por conseguinte, estabelecerá, num primeiro momento, o que Freire chama de "unidade na diversidade" (1994, p. 157) e, num segundo instante, a luta pela construção de uma sociedade que fala de paz, mas que, para tanto, antes dela e mesmo como seu pressuposto, faz justiça.

Escola Cidadã e Direitos Humanos

Se pensarmos especificamente no âmbito da educação e considerarmos algumas experiências concretas que têm por referencial teórico a práxis de Paulo Freire, voltamos à pergunta inicial sobre qual seria a melhor forma de se educar em direitos humanos e, em especial, qual seria a contribuição concreta de Freire. Para responder a esta questão, contamos com a análise do professor Moacir Gadotti em seu livro *Um legado de esperança* (2001, p. 78-81), onde o mesmo fala da "validade universal de teoria e da práxis de Paulo Freire, que estaria ligada sobretudo a *quatro intuições originais*":

1ª) Ênfase nas *condições gnosiológicas da prática educativa* — em que educar é conhecer, ler o mundo para poder transformá-lo.

2ª) Defesa da *educação como ato dialógico* — em que se defende uma educação ao mesmo tempo rigorosa, intuitiva, imaginativa, afetiva e, portanto, comunicativa.

3ª) A noção de *ciência aberta às necessidades populares* — e por conseguinte uma educação voltada para as questões sociais e muito concretas, tais como trabalho, emprego, pobreza, fome, doença etc.

4ª) O *planejamento comunitário, participativo, a gestão democrática* e a pesquisa participante — que se traduz nas experiências educacionais atuais, que têm tido grande impacto em diferentes localidades e comunidades brasileiras, tais como, por exemplo, o Movimento pela Escola Cidadã.

Estas quatro "intuições originais" de Paulo Freire, tão bem captadas pelo professor Gadotti, que com ele conviveu muito de perto por mais de 25 anos, dão-nos a exata medida de alguns indicadores que queremos oferecer ao nosso leitor e à nossa leitora em relação às possibilidades que vemos, a partir do legado de Paulo Freire, de construirmos ou reconstruirmos experiências educacionais que respeitem os direitos humanos e que considerem que o ser humano é naturalmente "um ser da intervenção no mundo [...] e por isso mesmo deve deixar suas marcas de sujeito e não pegadas de puro objeto" (Freire, 2000, p. 119).

Queremos, para exemplificar e tornar bem concreto o que anunciamos acima, falar da experiência do Movimento da Escola Cidadã, que nasceu no final da década de 1980, na educação municipal de São Paulo, para fazer frente ao projeto pedagógico neoliberal, e que se traduziu na continuidade do movimento de educação popular comunitária que, durante a década de 1980, ficou conhecido pela expressão "escola pública popular".

Como afirma Moacir Gadotti (2001, p. 97), "são inúmeras e profundas as *consequências* dessa concepção de educação em termos não apenas de gestão, mas em termos de atitudes e métodos e que formam o novo professor, o novo aluno, o novo sistema, o novo currículo, a nova *pedagogia da educação cidadã*".

Chamamos de a "construção do projeto eco-político-pedagógico na perspectiva da Escola Cidadã", fortemente enraizada no universo de princípios político-pedagógicos e filosóficos desenvolvidos por Paulo Freire, a experiência de criação de uma escola que, segundo as palavras do próprio Freire, "se assume como centro de direitos, como um centro de deveres. A Escola Cidadã, então, é a escola que viabiliza a cidadania de quem está nela e de quem vem a ela. Ela não pode ser uma escola cidadã em si e para si. Ela é cidadã na medida em que se exercita na construção da cidadania de quem usa o seu espaço. A Escola Cidadã é uma escola coerente com a liberdade que, brigando para ser ela mesma, luta para que os educandos-educadores também sejam eles mesmos. E como ninguém pode ser só, a Escola Cidadã é uma escola de comunidade, de companheirismo. É uma escola que não pode ser jamais licenciosa nem jamais autoritária. É uma escola que vive a experiência tensa da democracia". (Freire, março de 1997. In: Padilha, 2001, p. 61; segunda orelha).

Alguns princípios fundamentais da Escola Cidadã contribuem para que consigamos construir a escola que Paulo Freire sonhou e pela qual tanto trabalhou, principalmente nos últimos anos de sua vida, cuja semente lançou desde *Pedagogia do oprimido*: uma escola que fosse estatal quanto ao financiamento, comunitária e democrática quanto à gestão, pública e popular quanto à destinação.

Uma escola que, ao pensar o seu projeto e o seu currículo, trabalha antes de tudo as relações pessoais e interpessoais entre os sujeitos que direta ou indiretamente se encontram no espaço escolar e comunitário, organizando por intermédio dos seus diversos colegiados escolares os seus *princípios de convivência* e o seu *regimento*, construídos por meio do esforço coletivo que aprende a participar participando e que, desta maneira, constrói e reconstrói, processualmente, a sua própria autonomia, jamais doada.

A Escola Cidadã é uma instituição de ensino e de aprendizagem que valoriza o diálogo, a amorosidade, a afetividade, estimulados com base nas experiências acumuladas pela humanidade no que se refere às contribuições das diferentes culturas, das diferentes ciências e formas de expressão e manifestações simbólicas. A participação ativa, portanto a democracia participativa, traduz-se numa organização democrática que inclui nos processos decisórios de sua gestão administrativa, pedagógica/curricular e financeira todos os segmentos escolares, sem exceção e sem admitir nenhuma forma de discriminação ou preconceito, seja na hora de planejar ou de projetar as suas atividades, seja nos momentos de avaliar o processo de ensino e de aprendizagem com alunos/as ou de construir os instrumentos da sua própria autoavaliação. Trata-se, por exemplo, de abrir espaços de relação humana e de participação para que as crianças possam verdadeiramente apreender e exercer o protagonismo infantojuvenil na plenitude do termo.

É esta a escola que temos buscado e construído a cada dia: que por meio de um "planejamento dialógico" (Padilha, 2001) e de um processo de "avaliação dialógica continuada" (Romão, 1998; Padilha, 2000), possa, de forma *socializada* e *ascendente*, influenciar as políticas públicas educacionais. E que ao definir o seu currículo intertranscultural e, portanto, inter e transdisciplinar, tenha por referência um processo rico e participativo de "leitura do mundo", que resulte na definição do conhecimento científico significativo para o aluno, porque trabalhado com base nas suas experiências e no contexto sociocultural em que ele vive, respeitando o seu ritmo pessoal, histórico e socialmente construído, sem perder de vista a dimensão de totalidade do conhecimento e das experiências acumuladas pela humanidade (ou seja, o conhecimento é considerado ao mesmo tempo numa dimensão local e global, isto é, numa dimensão *"glocal"*).

Como temos já acompanhado e comprovado, esta escola acaba criando, na sua mais ampla dimensão, um currículo que estimula a curiosidade, o prazer de aprender e de ensinar, a ação integrada de professores, de alunos, das comunidades escolares e das diferentes áreas do conhecimento, com o que cria um movimento de valorização da pessoa em sua plenitude. Trabalha, por exemplo, com o conceito de *"círculos de cultura"* em vez de simplesmente com as atividades na sala de aula, que contribuem para que um novo tipo de relação pedagógica se estabeleça entre professores e alunos, relação esta mais amorosa (sem ser piegas), respeitosa (sem ser licenciosa), cuidadosa (sem ser sufocante), ética (sem se contentar com o que está posto), estética (sem simplificações e dicotomias) e mais humana (respeitando o direito de todos e de todas as pessoas) (Padilha, 2000a).

Este Movimento da Escola Cidadã está sendo ampliado e aperfeiçoado, e já apresenta resultados altamente exitosos, que têm por referência a experiência da escola pública e popular do município de São Paulo (1989-92), devidamente adequadas e contextualizadas conforme os novos espaços e tempos em que estão acontecendo, como foi o caso, por exemplo, das experiências educacionais que pudemos registrar durante o Fórum Mundial de Educação citadas em Padilha, Paulo Roberto. *Currículo intertranscultural*: novos itinerários para a educação. São Paulo: Cortez/Instituto Paulo Freire, 2004. p. 95-116.

Nesse sentido, realizamos, em outubro de 2001, dentro do Fórum Mundial de Educação, na cidade de Porto Alegre-RS, de 24 a 27/10/2001, o I

Encontro Nacional das Escolas Cidadãs (I Enec). O objetivo do encontro foi altamente positivo e conseguiu mobilizar experiências e articular uma rede de pessoas e instituições que já preparam para janeiro de 2002 o I Encontro Internacional das Escolas Cidadãs (I Einec), como forma de garantir e de ampliar a troca de experiências de projetos educacionais que, além de se serem alternativas ao projeto neoliberal de educação, transformam-se em ações fortemente propositivas de valorização dos direitos humanos em educação e em toda a sociedade.

A pedagogia de Paulo Freire, que hoje se multiplica em inúmeras outras pedagogias, tem sido permanentemente lembrada nesse processo, não apenas como grande inspiradora de novas ações e projetos, mas como um corpo de conhecimentos, como uma filosofia e uma práxis que nos convidam permanentemente a reinventá-las e a nos reinventarmos. Nesse sentido, continuamos sonhando e, hoje, pensando todo planeta como uma única comunidade, como Paulo Freire escreveu em suas últimas obras.

De acordo com o professor Moacir Gadotti, "a Escola Cidadã e a ecopedagogia — uma pedagogia ética, estética, voltada para a construção de uma *sociedade sustentável* — sustentam-se no princípio de que todos, desde crianças, temos um *direito fundamental de sonhar, de fazer projetos, de inventar*, como pensavam Marx e Freire" (Gadotti, 2001, p. 100; grifos nossos). É este o nosso projeto: dar continuidade ao legado de Paulo Freire, reinventá-lo e contribuir para que as atuais e futuras gerações possam ver respeitados, cada vez mais, os direitos que são seus, os direitos humanos. E que elas possam contribuir para preservá-los e, sobretudo, ampliá-los e reinventá-los para o bem de toda humanidade e de todas as formas e manifestações de vida. Este é outro ensinamento de Paulo Freire. Esta é a nossa "esperança sem espera".

Referências bibliográficas

FREIRE, Paulo. *Pedagogia do oprimido*. 17. ed. São Paulo: Paz e Terra, 1987.

_____. *Pedagogia da esperança*: um reencontro com a Pedagogia do oprimido. 3. ed. São Paulo: Paz e Terra, 1994.

_____. *Pedagogia da autonomia*: Saberes necessários à prática educativa. São Paulo: Paz e Terra, 1997.

FREIRE, Paulo. *Pedagogia da indignação*: cartas pedagógicas e outros escritos. São Paulo: Editora Unesp, 2000.

GADOTTI, Moacir. *Um legado de esperança*. São Paulo: Cortez, 2001.

PADILHA, Paulo R. Ciclos e avaliação dialógica continuada na Escola Cidadã. *Cadernos da Escola Cidadã*. São Paulo: IPF, n. 9, 2000.

_____. Relação pedagógica na sala de aula. In: SEMINÁRIO DE EDUCAÇÃO "TRANSVERSALIDADE NO ESPAÇO ESCOLAR", 6. *Anais...* Criciúma, 2000a.

_____. *Planejamento dialógico*: como construir o projeto político-pedagógico da escola. São Paulo: Cortez/IPF, 2001.

_____. *Currículo intertranscultural*: novos itinerário para a educação. São Paulo: Cortez/Instituto Paulo Freire, 2004.

ROMÃO, José Eustáquio. *Avaliação dialógica*: desafios e perspectivas. São Paulo: Cortez/IPF, 1998.

DIREITOS HUMANOS NA ESCOLA:
a escola democrática

Helena Singer

Normalmente, quando se trata de "direitos humanos e educação", o tema que aparece é o da violência criminal que envolve os jovens e a forma como esta violência afeta o ambiente escolar.

Um dos mais importantes fatores da violência, especialmente nas grandes cidades do país, é a segregação entre as classes sociais, concretizada nos muros altos, nas grades e cercas em volta dos condomínios, das escolas, das praças. É a segregação armada das empresas de segurança privada nos bairros nobres ou dos vigilantes e patrulheiros nas periferias. Esta segregação cria muros imaginários: o temor, o ódio, a desconfiança sempre têm lugar quando estão ausentes o convívio e o diálogo.

Este é o contexto em que estão se formando as novas gerações. Se no passado a escola pública congregava estudantes de diferentes níveis sociais, nas últimas três décadas ela deixou definitivamente de cumprir este papel, ficando destinada apenas aos jovens de baixa renda. As crianças de classe média e alta crescem assim sem contato com crianças mais pobres e passam toda a sua infância "protegidas" pelos muros altos e pelos seguranças armados. De ambos os lados, criam-se medos e preconceitos, que geram a incapacidade de ver no outro um semelhante e facilitam as manifestações de violência.

Quando se fala em violência na escola, especificamente, logo começam as referências a casos de ameaças e agressões de alunos contra professores ou entre alunos, depredações dos prédios, roubos, tráfico de drogas. Pesquisa da Organização das Nações Unidas para a Educação, a Ciência e a Cultura (Unesco) feita com alunos, professores e pais em catorze capitais do Brasil tratou deste tema.[1] A pesquisa constatou que o sentimento de insegurança é generalizado entre os alunos, tanto de escolas públicas, das quais 65% afirmaram se sentir assim, quanto das escolas privadas, das quais mais da metade dos alunos também confirmaram este sentimento. No entanto, um dos resultados mais interessantes da pesquisa foi que, para além dos casos de violência mais enfatizados pela mídia, o maior problema apontado por 80% dos professores e 85% dos próprios estudantes é a indisciplina. Ou seja: buscando enfocar o tema da violência em sua versão mais difundida pelos meios de comunicação de massa — a da criminalidade violenta —, os pesquisadores depararam com uma outra violência, quase sempre esquecida: a violência da instituição escola à qual se contrapõe, como resistência, a indisciplina.

Uma outra pesquisa, feita pelos jovens de Heliópolis, em São Paulo, para a Rede de Observatórios de Direitos Humanos,[2] traz vários relatos que mostram como isto acontece e como a resistência, por vezes, também assume formas violentas.

Os jovens contam como a ameaça contra o professor é, muitas vezes, resistência à imposição, pela agressão verbal, de uma autoridade que discrimina e humilha, usando o seu poder em sala de aula para desqualificar interlocutores, tratando-os por "favelados", "marginais", "negros" ou "ignorantes".

A famosa bagunça, forma característica da indisciplina, é resistência a dois importantes mecanismos do poder disciplinar: a *classificação*, que organiza os indivíduos em séries e salas de aula, e a *vigilância*, realizada por professores, bedéis e, em alguns casos, até mesmo pela polícia. A permanência desta relação de discriminação-vigilância-controle-resistência, que evidencia a proximidade entre escola e polícia, chega ao extremo da expulsão, que é, muitas vezes, retaliada pela depredação.

---

1. Pesquisa nacional "Violência, Aids e drogas nas escolas". Os resultados estão publicados em Abramovay e Rua, 2002.

2. Relatório de cidadania: os jovens e os direitos humanos. São Paulo, Sou da Paz/USP/PNUD/MJ.

São constantes também as denúncias de roubo de materiais. São casos de resistência a espaços fechados, controlados. Apenas os professores e diretores têm acesso às chaves da biblioteca, da quadra, do laboratório, da sala de computadores. Como resultado, os estudantes não sentem que aqueles recursos lhes pertencem e, consequentemente, não se sentem responsáveis por sua manutenção.

O que diz a Declaração Universal dos Direitos Humanos

"Art. 19 — Todo ser humano tem direito à liberdade de opinião e expressão; este direito inclui a liberdade de, sem interferências, ter opiniões e de procurar, receber e transmitir informações e ideias por quaisquer meios, independentemente de fronteiras.

Art. 20

I) Todo o ser humano tem direito à liberdade de reunião e associações pacíficas.

II) Ninguém pode ser obrigado a fazer parte de uma associação.

Art. 26

I) Todo o ser humano tem direito à instrução. [...]

II) A instrução será orientada no sentido do pleno desenvolvimento da personalidade humana e do fortalecimento do respeito pelos direitos do ser humano e pelas liberdades fundamentais. A instrução promoverá a compreensão, a tolerância e a amizade entre todas as nações e grupos raciais ou religiosos, e coadjuvará as atividades das Nações Unidas em prol da manutenção da paz.

III) Os pais têm prioridade de direito na escolha do gênero de instrução que será ministrada a seus filhos."

Inspirada pela Declaração Universal dos Direitos Humanos, a Lei de Diretrizes e Bases da Educação (LDB) diz:

"Título II — Dos Princípios e Fins da Educação Nacional.

Art. 2º A educação, dever da família e do Estado, inspirada nos princípios de liberdade e nos ideais de solidariedade humana, tem por finalidade o pleno desenvolvimento do educando, seu preparo para o exercício da cidadania e sua qualificação para o trabalho.

Art. 3º O ensino será ministrado com base nos seguintes princípios:

II — liberdade de aprender, ensinar, pesquisar e divulgar a cultura, o pensamento, a arte e o saber;

III — pluralismo de ideias e de concepções pedagógicas;
IV — respeito à liberdade e apreço à tolerância;
X — valorização da experiência extraescolar."

Atentando para a Declaração Universal dos Direitos Humanos, concluímos que os princípios de uma proposta educativa que lhes seja tributária devem ser a igualdade, a democracia e a liberdade. Desses princípios nascem uma administração e uma pedagogia específicas, que transformam a escola de uma instituição disciplinar, de controle, em uma associação voluntária de pessoas com objetivos comuns — o do aprendizado — que aceitam assumir de forma igualitária as responsabilidades por sua gestão.

Em uma escola assim, todos os debates devem ser, como diz um jovem de Heliópolis, "de igual para igual" e com respeito mútuo. É assim que se constrói o conhecimento, e não pela assimetria de alguém que supostamente conhece um assunto em relação a outro supostamente ignorante.

Ali também devem ser extintas todas as formas de classificação, elemento fundador da discriminação. Os estudantes não podem ser separados em salas de aula nem em séries por critérios etários ou de meritocracia. Os estudos precisam ser organizados e dirigidos conforme os interesses dos estudantes. Se eles estão interessados em entender a Segunda Guerra Mundial, o tráfico de drogas, o cálculo da inflação ou qualquer outro tema, organizam grupos para estudá-lo. O professor os orienta neste trajeto. Sendo os estudos dirigidos pelos interesses dos estudantes, então as notas e as listas de chamada se tornam absolutamente desnecessárias. E se não há séries, não existe nem mesmo a possibilidade da repetência. Simplesmente deixa de fazer sentido.

Quando os jovens se interessam por um tema, eles se aprofundam nos estudos por conta própria, buscam informações, conversam com quem conhece o assunto. Se o conhecimento é buscado com prazer, ele não se converte em instrumento de poder (que é uma violência) e então os jovens de fato aprendem. O importante é que eles possam organizar seu tempo e assim libertar o conhecimento da grade curricular e da grade horária.

Em uma educação orientada pelos direitos humanos, a forma de lidar com os conflitos — os casos de bagunça, briga ou prejuízos ao bem comum — também deve ser coerente com seus princípios. Em uma estrutura hierárquica, a intervenção da autoridade reforça a discriminação e é mais um elemento de violência, com suspeitas, acusações, revistas, inspeções e humilhações. Na educação para os direitos humanos, os conflitos devem ser mediados pela comunidade. Todos — professores e estudantes — participam da elaboração das regras e se responsabilizam por elas. E as regras podem ser sempre transformadas, se isto for da vontade da maioria.

Estudantes e professores escolhidos por todos, em sistema de rodízio, se encarregam de encontrar as melhores formas de compensar prejuízos e conciliar desafetos, sem atentar contra os direitos individuais: delimitam espaços de circulação para evitar encontros em épocas de desavenças, estabelecem compensações monetárias ou de serviços por danos causados à escola ou a colegas ou optam ainda pela tolerância que, muitas vezes, é o caminho mais educativo.

Em relação aos roubos, estes só acontecem nas escolas disciplinares porque os bens não pertencem a todos. Eles são tratados como propriedade privada dos professores ou dos diretores. Em uma escola guiada pelos direitos humanos, não há espaços fechados. Assim como o tempo, os espaços também são libertos das grades. Todos — estudantes e professores — têm livre acesso à biblioteca, à quadra, aos computadores. É assim que todos se sentem responsáveis pela boa manutenção dos recursos.

Finalmente, é preciso garantir a pluralidade da comunidade escolar, de forma que a união de diversas faixas etárias e a convivência entre pessoas de diferentes grupos socioeconômicos e culturais seja seu pressuposto.

Experiências concretas

Mas, é possível organizar uma escola inteira da forma como dissemos acima: sem diretoria, salas de aula, grade curricular, seriação? Sim, elas existem às centenas pelo mundo todo e há muito tempo.

As escolas democráticas mais significativas pelo lugar e pela época em que foram criadas e pela repercussão que obtiveram foram: Yásnaia-Poliana, dirigida pelo famoso escritor Leon Tolstoi, entre 1857 e 1860, na Rússia; o Lar das Crianças, fundado por Janusz Korczak e que funcionou de 1914 a 1942, na Polônia; Summerhill, fundada por Alexander Sutherland Neill, na Inglaterra em 1921 e, ao contrário do que imagina a maioria, em funcionamento até hoje; Sudbury Valley School, fundada em 1968, pelo casal Greenberg, nos Estados Unidos, e também em funcionamento até os dias de hoje; a Escola da Ponte, dirigida por José Pacheco em Portugal desde 1976.

Em torno destas e de outras, criaram-se redes de escolas semelhantes no mundo todo e nos mais diferentes formatos: há cooperativas de pais em países da Europa, escolas particulares nos Estados Unidos e Japão, cooperativas de crianças trabalhadoras na Índia, escolas públicas em Israel, escolas filantrópicas na África. Estas redes de escolas democráticas conectam mais de quinhentos estabelecimentos, mas é provável que haja um número muito maior.

No Brasil, a primeira escola democrática iniciou suas atividades em 2003 em São Paulo. É a Escola Internacional Lumiar, atualmente funcionando com crianças de dois a doze anos, mas que irá oferecer todo o ensino fundamental e médio nos próximos anos. A gestão da escola é democrática, nucleada por assembleias de educadores, educandos e funcionários que decidem sobre todas as questões administrativas e pedagógicas. Com bolsas oferecidas pela Fundação Semco, a democracia é garantida também pela convivência de jovens de distintas origens sociais.

Na Lumiar, a estrutura curricular chamada "Mosaico" é organizada em torno de projetos realizados por grupos de interesse, independente de idade, pré-requisitos ou seriações. Os projetos são organizados em módulos temáticos que, partindo dos objetivos dos educandos, buscam oferecer-lhes a oportunidade de contato com diferentes realidades bem como com diferentes formas de expressão científica, artística e filosófica. O educador exerce o papel de orientador, acompanhando o desenvolvimento dos talentos e habilidades dos estudantes, orientando-os em suas pesquisas e descobertas. Os coordenadores dos projetos são os "mestres", especialistas das mais diferentes áreas — escultores, instrumentistas, bailarinos, historiadores, ambientalistas — que vão à Lumiar compartilhar com as crianças sua paixão. Extrapolando a sala de aula, os espaços de aprendizado são os ambientes de produção do conhecimento existentes na escola e fora dela: laboratórios, oficinas, ateliês, teatros, cinemas, bibliotecas, universidades, museus, associações comunitárias, empresas etc.

A Lumiar é ligada ao Instituto Lumiar, centro de pesquisa cuja missão é criar as ferramentas que transformem a escola de um ambiente de reprodução em um espaço de produção de novos conhecimentos e tornem o professor um orientador, alguém que saiba guiar o estudante na descoberta de seus talentos. O Instituto Lumiar é responsável também pela disseminação do modelo. Em 2004, o Instituto Lumiar adotou a Escola Municipal de Ensino Infantil e Fundamental Rural Sebastião Félix da Silva, no bairro dos Mellos, em Campos do Jordão (SP). O objetivo é transformar esta escola em um local de gestão democrática do conhecimento e um centro catalisador dos projetos da comunidade, tendo crianças e jovens como protagonistas. Nesta escola estudam 45 crianças de três a dez anos e já foi enviada proposta à Câmara Municipal para que ela também ofereça todo o ensino fundamental.

As escolas ligadas ao Instituto Lumiar são muito novas, mas sobre Summerhill e Sudbury Valley School há alguns dados a respeito dos resultados das experiências: pesquisas quantitativas e entrevistas qualitativas com ex-alunos (Singer, 1997). Em geral, os resultados são os mesmos para ambas as escolas. Em primeiro lugar, muitos dos estudantes chegaram a estas instituições diagnosticados como crianças-problema (76% no caso da escola americana): rebeldes, com dificuldades no aprendizado ou com problemas emocionais. Invariavelmente, no novo ambiente, elas deixaram de ser consideradas problemáticas, mas o seu comportamento é substancialmente diferente de acordo com a sua experiência escolar anterior:

- 29% dos que entraram em Sudbury até a sexta série não seguiram nenhum curso regular; entre os que entraram depois da sexta série a proporção salta para 56%;
- a maior parte dos ex-alunos (75% da Sudbury) continuou os estudos depois de deixar a escola;
- boa parte dos ex-alunos tornou-se profissional liberal ou trabalhador autônomo;
- também distintivo destes ex-alunos é o seu maior interesse por educação;
- maior engajamento nas questões político-sociais de seus países;
- a maioria absoluta dos entrevistados aprova o tipo de educação que recebeu, fazendo apenas ressalvas, no caso de Summerhill, ao formato internato.

A criança dignatária dos Direitos Humanos

Um dos maiores pensadores da educação democrática foi Janusz Korczak, fundador do Lar das Crianças na Polônia do começo do século passado, inspirador da Declaração dos Direitos da Criança da ONU, de 1959. Médico de formação, o doutor Korczak tinha dificuldades em separar as funções de educador da alma e educador do corpo. Propunha-se a aliviar os sofrimentos físicos e psicológicos das crianças, conhecendo-as profundamente. Considerava a infância uma chave para a compreensão da humanidade, não um período de transição, mas um momento absoluto, com sua beleza própria.

> "Vocês dizem: 'Cansa-nos ter de privar com crianças'. Têm razão. Vocês dizem ainda: 'Cansa-nos, porque precisamos descer ao seu nível de compreensão.' Descer, rebaixar-se, inclinar-se, ficar curvado. Estão equivocados. Não é isto o que nos cansa, e sim, o fato de termos de elevar-nos até alcançar o nível de sentimentos das crianças. Elevar-nos, subir, ficar na ponta dos pés, estender a mão. Para não machucá-las." (Korczak, 1926, p. 11)

Seu princípio fundamental era de que o educador não deveria se sobressair em relação ao educando, deveria sempre levar a sério sua opinião, seu ponto de vista, porque desfazê-lo seria doloroso para a criança, oprimiria sua personalidade e seu amor próprio. Em vez de mandar na criança, é preciso dar-lhe a oportunidade de se convencer, com base em suas próprias experiências, numa atmosfera de confiança.

A criança cede às exigências do adulto, mas, ao mesmo tempo, forja uma reação e fica à espera de uma oportunidade para se libertar desse sofrimento. "Os mais velhos não querem compreender que as crianças respondem a uma amabilidade com outra e que a raiva desperta de imediato como um desejo de revanche, de vingança" (Korczak, 1983). Informado pela psicologia, Korczak reconhecia os maus instintos da criança. A seu ver, não há como exigir a perfeição dos seres humanos. A educação pode somente acalmar e abrandar esses instintos, sem jamais conseguir eliminá-los. Mas se o adulto oprime a criança, desrespeita sua individualidade com castigos e insultos, incentiva então esses maus instintos.

Esta é a concepção básica dos educadores envolvidos com as escolas democráticas: respeito à criança como um ser humano já completo e, portanto, dignitário de todos os seus direitos.

Referências bibliográficas

ABRAMOVAY, Miriam; RUA, Maria das Graças. *Violência nas escolas*. Brasília: Unesco, 2002.

KORCZAK, Janusz. *Quando eu voltar a ser criança*. São Paulo: Summus Ed., 1981.

_____. *Como amar uma criança*. Rio de Janeiro: Paz e Terra, 1983.

RELATÓRIO de Cidadania: os jovens e os direitos humanos. São Paulo: Sou da Paz/USP/PNUD/MJ.

SINGER, Helena. *República de crianças*: sobre experiências escolares de resistência. São Paulo: Fapesp/Hucitec, 1997.

EDUCAÇÃO E DIREITOS HUMANOS:
experiências em formação de professores e em práticas escolares

José Sérgio F. de Carvalho (coordenador)
Adriana Sesti; Júlia Pinheiro Andrade;
Luciano Silva Santos; Wellington Tibério

O objetivo deste artigo é apresentar de forma sintética os princípios, as atividades e reflexões resultantes das experiências mais significativas dos três primeiros anos do Projeto Direitos Humanos nas Escolas. Trata-se de uma iniciativa conjunta, ainda em curso e cujo início remonta a janeiro de 2001, entre a Faculdade de Educação da Universidade de São Paulo e a Cátedra USP/Unesco de Educação para a Paz, Tolerância, Direitos Humanos e Democracia (IEA/USP), contando com a parceria de órgãos públicos, como as Coordenadorias de Educação das subprefeituras de São Miguel e do Butantã. As experiências realizadas não permitem, dada a natureza da proposta, generalizações teóricas, mas autorizam a apresentação de algumas "conclusões" acerca da viabilidade — e da pertinência — de determinados princípios para a organização de políticas públicas em formação continuada de professores.

Entre os princípios que nortearam as ações da equipe ao longo deste período há pelo menos dois que podemos considerar como bases invariantes do trabalho: a convicção de que a ampliação do caráter democrático de uma sociedade depende de uma cultura de respeito e de promoção de condutas inspiradas nos valores e objetivos positivados nos direitos humanos e a ideia de que a melhoria da ação educativa escolar na consecução desse objetivo depende da promoção de *ações coletivas e institucionais* guiadas por valores.

Tais convicções, embora singelas em sua formulação, são polêmicas em seus fundamentos e exigem rupturas culturais significativas, seja para a adesão aos valores em pauta, seja para a operacionalização de práticas neles inspiradas. A rejeição sumária à noção da existência de direitos extensivos a qualquer ser humano é notória na sociedade brasileira. A identificação imediata deste rol de direitos com a noção simplista de "proteção aos bandidos" (que por sua "falha moral" não deveriam ser portadores de direitos) é tão corrente que seria ocioso determo-nos em sua apresentação e nas possíveis causas desse fenômeno. Vale a pena, contudo, nos debruçarmos sobre algumas de suas consequências no plano da educação escolar.

Um dos resultados mais nefastos da disseminação dessa forma de se conceber e representar a luta pelos direitos humanos é o obscurecimento de seu papel na constituição das democracias modernas. Isto porque estas — em contraste com as antigas — nascem de forma solidária e mesmo como decorrência da afirmação de direitos (civis, políticos e sociais) capazes de impor, por um lado, limites e controle à ação do Estado e, por outro, levá-lo a promover políticas públicas de efetivação de direitos sociais. Ora, não é raro que se estime o grau de democracia de uma sociedade a partir da observância desses direitos de liberdade e de acesso igualitário a bens sociais e não simplesmente pela presença de mecanismos de representação política (daí porque se estime, mesmo sem a clara noção dos critérios aos quais se recorre, que uma sociedade como a holandesa, por exemplo, seja mais democrática que a brasileira).

Assim, uma concepção de democracia que a abstraia da luta pelos direitos humanos acaba por reduzir esse complexo fenômeno social à mera existência de mecanismos procedimentais de representação política ou mesmo a uma vaga ideia de escolha da maioria. No âmbito escolar, uma das decorrências desta visão simplista de democracia é a difusão, corrente na literatura educacional e exaltada em algumas práticas escolares, da noção de que o principal compromisso de uma educação que vise à preparação para a vida democrática deve ser o fomento à participação de seus alunos em exercícios escolares que, de algum modo, simulam os procedimentos e debates eleitorais do mundo público.

É evidente que essa participação pode ser interessante do ponto de vista da formação dos alunos e até mesmo da gestão de alguns aspectos da vida escolar. Contudo, convém que sua prática não obscureça o fato fundamental que a vida democrática moderna exige, mas não se resume a esse conjunto de procedimentos. Ao contrário, como ressalta Bobbio,[1] tais procedimentos são antes a operacionalização de certos valores fundamentais do que a essência da vida democrática nos Estados modernos. Assim, uma educação que vise a constituição, a manutenção ou a ampliação do caráter democrático de uma sociedade não pode se eximir do esforço sistemático na formação em valores públicos ligados aos direitos humanos. Nesse sentido, uma educação comprometida com a democracia, mais do que uma simulação de práticas eleitorais, deverá necessariamente buscar cultivar em seus alunos, por meio de suas práticas e de seus conteúdos pedagógicos, um modo de vida cujos fundamentos se encontram nesses princípios e valores públicos que caracterizam a ampliação e a efetivação dos direitos humanos. Sem essa consciência, os "exercícios didáticos" do debate e da deliberação podem nunca ultrapassar o que Azanha (1987) classifica, com razão, como "um faz de conta pedagógico", já que a instituição escolar não é um microcosmo análogo ao mundo público, nem suas tensões reproduzem mecanicamente os conflitos da vida política.

A essa dificuldade no plano conceitual acresce-se outra de natureza prática e dele decorrente: o ideal de ação docente que veiculamos não se reduz simplesmente à transmissão de um conjunto de preceitos teóricos (como dar conhecimento da Declaração dos Direitos Humanos), mas almeja ainda — e sobretudo — um compromisso a ser traduzido em *ações educativas*. Nessa perspectiva, trata-se de procurar fomentar *práticas* que induzam a um *modo de vida* tido como valoroso, ou seja, de se buscar formas de viabilização de práticas educativas que ultrapassem o ensino, informações ou conceitos sobre esses direitos para concentrar-se no cultivo cotidiano de *condutas* guiadas por ideais de uma ética pública e democrática. Isso porque ensinar alguém a *ser democrático*, por exemplo, não se confunde com ensinar *o que é a democracia*, dado que a conduta não decorre simplesmente da posse ou ausência de uma informação. Assim, as concepções de educação, sociedade, democracia e

---

1. "Seja qual for o fundamento filosófico desses direitos, eles são o pressuposto necessário para o correto funcionamento dos próprios mecanismos predominantemente procedimentais que caracterizam um regime democrático". (1989, p. 20)

direitos humanos com as quais trabalhamos têm, simultaneamente, um papel teórico — de natureza filosófica, histórica e até descritiva — e um conteúdo programático,[2] uma vez que aspiram veicular um programa de ação que com ele se identifique.

Surge, daí, uma terceira fonte de problemas, já que o necessário caráter programático desse esforço formativo que empreendemos gera expectativas irrealizáveis de apresentação de métodos ou técnicas educacionais que — em maior ou menor grau — garantam o êxito da ação educativa. Não raramente as aflições e expectativas dos professores se concentram na urgência da solução de problemas bastante concretos e complexos, por vezes sequer solucionáveis no âmbito da ação escolar, mas cujos efeitos, seguramente, repercutem de forma profunda no seu trabalho cotidiano.

A outra convicção norteadora — que vincula a melhoria do ensino a uma ação institucional e não a uma simples "reciclagem" individual de concepções ou técnicas de ensino — tem hoje uma aceitação relativamente ampla no plano retórico, mas ainda carece de experiências que possam orientar os esforços de formação continuada de professores. Ela parte do pressuposto que o maior ou menor êxito educativo de uma instituição não depende simplesmente de qualidades individuais de seus membros, mas de características da cultura institucional. Daí porque, desde seu início, o Projeto Direitos Humanos nas Escolas procurou maneiras de intervenção na organização escolar, e não simplesmente a difusão de conceitos e valores a professores isoladamente considerados.

A primeira forma pela qual buscamos intervir na formação de professores a partir desses ideais foi por meio da participação em reuniões semanais de professores em duas escolas públicas estaduais de Osasco, cujos perfis eram considerados diametralmente opostos pela Diretoria Regional de Ensino. A presença semanal de monitores do Projeto nessas escolas foi fundamental para traçarmos um quadro das necessidades formativas e dos limites da atuação nesse contexto. Bastaram alguns meses de trabalho contínuo para ficar patente a sensação de que entre o discurso de uma educação inclusiva e democrática, repetido como uma lição bem decorada, e as práticas escolares

---

2. Israel Scheffler destaca, em sua obra *A linguagem da educação* (capítulo 1), o papel das definições programáticas, cujo propósito não é simplesmente elucidar o uso corrente, mas propor significações com impacto nas práticas sociais.

e concepções acerca dos objetivos públicos da educação havia um fosso cuja magnitude chegava a nos desanimar. Por outro lado, não éramos coordenadores pedagógicos nem membros da Secretaria da Educação. Criavam-se, assim, situações bastante ambíguas: esperava-se do Projeto soluções práticas imediatas, mas se lhe negava autoridade para ação; percebíamos os limites de ações pontuais (como as Oficinas em Direitos Humanos[3]), que agradavam, mas não passavam da incorporação mecânica de técnicas destituídas dos valores que as animavam.

Foi a partir desses impasses que passamos a idealizar e realizar os cursos de formação de professores voltados para a reflexão e a troca de experiências em educação, democracia e direitos humanos. Dessa forma, pensávamos, poderíamos aliar uma formação teórica e conceitual à discussão de possíveis formas de intervenção prática concebidas pelos professores, e não pelos membros do Projeto. A ideia central foi a de construirmos um relativo consenso teórico e valorativo, incentivando, contudo, a proposição de medidas concretas que se coadunassem com os problemas específicos e que resultassem no respeito à autonomia didática das escolas. Dessa forma, a unidade não residiria numa metodologia de trabalho — ou seja, no âmbito técnico —, mas nos valores que deveriam nortear as diferentes soluções práticas, ou seja, no âmbito ético.

De início foram organizadas palestras isoladas sobre temas considerados relevantes:[4] Família e Escola, Mídia e Educação, Violência Social e a Instituição Escolar, sempre seguidas de debates nas reuniões pedagógicas. Dessa primeira experiência surgiu a necessidade de um trabalho mais sistemático, que juntasse vários professores de uma mesma escola e que lhes oferecesse a oportunidade de um curso integrado, com módulos teóricos, textos para leitura e ocasiões em que se agrupassem escolas para a discussão de encaminhamentos práticos.

Essa experiência, patrocinada e certificada pela Comissão de Cultura e Extensão da Feusp, trouxe pelo menos duas importantes inovações: a

---

3. As Oficinas em Direitos Humanos foram organizadas pelo projeto e levavam aos alunos das escolas públicas propostas de trabalhos pontuais sobre os mais variados temas: exclusão social, saúde, moradia etc. Foram concebidas e realizadas por alunos dos cursos de licenciatura da USP e supervisionadas pela equipe do projeto.

4. Os temas da palestras foram escolhidos a partir dos resultados de pesquisas nessas escolas que procuraram detectar os principais obstáculos e dificuldades para a eficácia da ação educativa escolar.

vinculação institucional mais marcante do programa de formação de professores (já que se tratava de uma iniciativa que congregava a universidade com um grupo de escolas) e a abertura para um trabalho conjunto não mais com escolas isoladas, mas com um órgão administrativo regional: os Núcleos de Ação Educativa (NAEs — hoje Coordenadorias de Educação das Subprefeituras) da Secretaria Municipal de Educação. Trouxe ainda uma ampliação organizada do programa: em 2003 atendemos a 400 professores de 37 escolas das coordenadorias de São Miguel e do Itaim Paulista.

Passamos a organizar os cursos (o primeiro em 2002, o segundo em 2003 e o terceiro em andamento desde março de 2004) em parceria com os NAEs. Juntos definimos a programação de palestras, a forma de organização (as inscrição são feitas pelas escolas que encaminham em média dez professores por unidade, de forma a constituir uma equipe; palestras gerais; grupos de estudo; mecanismos de difusão do curso na unidade e participação em reuniões pedagógicas), a duração (oito meses, uma atividade por semana), os efeitos para que a progressão na carreira e a avaliação tornassem-se objeto de deliberação comum. É evidente que uma parceria dessa natureza não se faz sem conflitos. Em que pese uma ampla gama de interesses comuns, a perspectiva da universidade nem sempre coincide — nem deveria — com a da administração.

Foi lenta, embora profícua, a progressiva consciência de que o esforço comum entre a administração e a universidade pública não precisa submeter-se a uma relação de "prestação de serviços" encomendados nem tampouco a um campo de aplicação de ideias isoladamente concebidas. Ao contrário, na medida em que certas divergências afloravam, ficava mais claro que a independência dessas duas instâncias era, mais do que possível, desejável. A identificação imediata entre o Projeto Direitos Humanos nas Escolas e a administração levou alguns professores e escolas, inicialmente, a uma atitude de receio, por vezes até de suspeita, o que prejudica sobremaneira um trabalho que se propõe a debater concepções e práticas educativas relacionando-as a temas controversos, como liberdade assistida, arranjos familiares ou progressão continuada e democratização do acesso e permanência na escola.

Assim, conjugar a liberdade crítica que deve caracterizar a perspectiva da universidade com os propósitos programáticos (legítimos, é evidente) de uma administração não foi uma tarefa simples. Esse difícil — e precário —

equilíbrio ocupou, por vezes, um lugar de destaque nas reuniões periódicas do Projeto com a coordenação do NAE. Mas seu exercício contínuo parece-nos um dos pontos fundamentais para o êxito de políticas públicas que visem integrar a universidade a setores da administração. No caso da educação em particular, a integração entre escolas e universidade tem sido dificultada sobremaneira pela ausência de clareza sobre as possibilidades de enriquecimento mútuo advindo da diversidade de propósitos e mesmo dos conflitos entre essas diferentes instituições.

Por um lado, as demandas imediatas de solução de problemas urgentes, por parte da rede de escolas públicas, têm incentivado pesquisas e ações cujos resultados, paradoxalmente, são de escassa relevância prática.[5] Por outro lado, poucas vezes os esforços teóricos mais abrangentes de pesquisadores universitários parecem ter relevância para os professores. Um dos resultados mais promissores deste contato sistemático entre setores da rede pública e pesquisadores universitários foi, a nosso ver, a possibilidade de um confronto direto destes com as questões que mobilizam os professores. É evidente que esse contato não garante a relevância de resultados teóricos ou práticos, mas pode abrir espaço para uma política pública que o promova e aumenta a oportunidade de uma fecundação mútua entre essas duas pontas do processo educativo.

Nesse sentido, um dos mais relevantes resultados deste trabalho é a publicação do conjunto de palestras e de alguns debates ocorridos ao longo dos processos de formação. O livro *Educação, cidadania e direitos humanos* (Petrópolis: Editora Vozes, 2004) teve como preocupação levar, de forma acessível, o ponto de vista de intelectuais renomados sobre questões candentes da relação entre democracia, direitos humanos e educação. A ele acresce-se um conjunto de cinco vídeos, também em fase de edição, abordando temas que foram objetos de discussão nos cursos de formação. Nossa expectativa é que, na continuidade dos trabalhos — já em curso junto à Coordenadoria de Educação do Butantã —, esses materiais possam ser distribuídos como apoio às escolas participantes, de forma que mesmo os professores que não

---

5. A esse respeito, destaca Azanha: "A ênfase da pesquisa educacional na direção daquilo que se supõe sejam 'problemas práticos' acabou por ser a rarefação de significativos esforços teóricos que efetivamente possam tornar interessante a investigação educacional empírica. Paradoxalmente, parece que o efeito do 'praticismo' é a penúria de resultados práticos" (Uma ideia de pesquisa educacional, p. 21).

tomam parte direta no curso possam se envolver com a temática apresentada a seus colegas.

Por último, a avaliação dos trabalhos de 2003 acabou por determinar certas inovações para sua continuidade. Ficou patente, ao longo das discussões, que a apreensão da perspectiva de uma educação vinculada à democracia e aos direitos humanos pode e deve advir não só da exposição direta dos professores aos conceitos e teorias diretamente ligados às problemáticas debatidas. A formação cultural em seu sentido mais amplo deve ser igualmente objeto de preocupação. Daí a iniciativa já em curso nesta última versão do curso, de debates conceituais a partir de filmes, peças teatrais e excertos literários (vide proposta anexa). Assim, antes da abordagem teórica de qualquer assunto (como a história do conceito de direitos humanos) apresenta-se aos professores alguma atividade cultural correlata (como a peça *Antígona*, de Sófocles).

O trabalho nos cursos de formação, embora crescentemente prioritário, não foi o único campo de atuação do Projeto. Uma outra atividade na qual concentramos nossos esforços foi a de levar obras cinematográficas nacionais a alunos e pais e, a partir da projeção, organizar trabalhos e discussões temáticas sobre assuntos ligados às preocupações do projeto.

Nossa primeira experiência nessa área nasceu de uma preocupação generalizada dos professores em relação ao consumo de drogas por parte de seus alunos. A sugestão inicial de parte do corpo docente das escolas ligadas ao projeto era a de organizarmos palestras sobre o assunto a fim de elucidar os jovens acerca dos problemas relacionados ao uso e ao comércio de drogas ilícitas, ambos tidos como alarmantes. Ponderamos, contudo, que a simples exposição verbal a certas informações tem se mostrado insuficiente ou mesmo inócua no que diz respeito à compreensão desses problemas ou à prevenção de seu uso eventual ou contínuo. Sugerimos, então, a sua abordagem por meio da apresentação, para alunos do segundo ano do ensino médio, do filme *Bicho de sete cabeças*, uma produção nacional que aborda os conflitos entre pai e filho a partir da internação deste, motivada pelo uso de drogas.

Não queríamos, no entanto, que a projeção do filme fosse simplesmente um evento isolado, sem gerar debates e reflexões. O trabalho se iniciou com uma atividade motivadora, que foi diferente em cada uma das turmas. Houve grupos que analisaram o clipe *Fora de si*, canção de Arnaldo Antunes que é parte da trilha sonora, enquanto outras leram os dois primeiros capítulos do livro *O canto dos malditos*, que inspirou o filme. A ideia comum a essas e diversas outras atividades era a de preparar a discussão sobre o filme e integrá-lo a atividades escolares regulares. A primeira discussão aconteceu no local da projeção — o auditório da Feusp — e contou com a participação de atores, da diretora do filme e de professores e alunos das escolas.

O êxito dessa atividade levou os professores a solicitarem que ela fosse levada a cabo com as outras séries e na própria escola, o que aconteceu no semestre seguinte. Iniciamos essa nova etapa com a projeção e a discussão do filme entre os professores. A partir dessa atividade, sugerimos a preparação de materiais didáticos que abordavam as temáticas e os conflitos apresentados no filme: o uso de drogas ilegais, as relações entre pais e filhos, a loucura e a privação da liberdade. Nossa ideia era a de abordar esses temas por meio de textos literários, canções ou textos das diversas disciplinas. O objetivo era fazer emergir uma reflexão capaz de enriquecer a interpretação do filme a partir da análise de diferentes fontes, integrando uma atividade extracurricular no cotidiano da escola. Alunos da Licenciatura da USP, sob a supervisão dos coordenadores do Projeto, prepararam sugestões de material didático.

Nossa motivação para a sugestão desse tipo de procedimento apoia-se no fato de que raramente as escolhas curriculares rompem com a artificialidade do livro didático, o que acarreta um distanciamento entre as preocupações e a cultura dos jovens e aquilo que se tornou o conteúdo canonizado das atividades escolares. A pretensão foi, portanto, a de aproximar os objetivos e conteúdos escolares da cultura jovem e urbana. Daí o recurso a produções culturais brasileiras que permitam uma identificação do aluno com os dramas vividos nessas obras e sua posterior reelaboração a partir das mediações conceituais próprias às disciplinas escolares.

A partir da projeção, discutimos com os professores os temas presentes, os conflitos da narrativa e seus possíveis usos pedagógicos. Passamos, então, a organizar um horário escolar alternativo, no qual duas salas de aula assistiam e debatiam o filme com um ou dois monitores do Projeto e com dois professores. A ideia era motivar os professores para que, após algumas atividades conjuntas, estes pudessem realizar as atividades autonomamente, sem nosso auxílio. Isso, na verdade, só acabou ocorrendo em alguns casos, com professores que tinham maior identidade com os objetivos do projeto.

Ao longo de 2003 o Projeto incorporou este tipo de trabalho numa escola municipal. Além dos resultados diretos das projeções e debates, propiciou a continuidade de contato do Projeto com as reuniões semanais de uma escola e um conjunto significativo de experiências que, esperamos, deverão prosseguir no Programa de Formação proposto à coordenadoria do Butantã (à qual a escola em que trabalhamos pertence).

Dos dois objetivos fundamentais que animaram nossos esforços, somente em um logramos um êxito importante: hoje a escola já conta com um equipamento de projeção, e o recurso a filmes parece ter se incorporado às suas práticas pedagógicas. O segundo dos objetivos — a ligação das temáticas abordadas com os conteúdos disciplinares — acabou se concretizando só parcialmente, mais em função do entusiasmo de professores isolados do que como fruto do trabalho coletivo nas JEIs (reuniões semanais) das quais participamos.

Há uma série de fatores que concorreram para esse êxito parcial. Em primeiro lugar, as demandas, igualmente fortes, mas incompatíveis, de "rapidez" e eficiência (por exemplo, no que diz respeito a "cobrir o programa") e a necessidade de discussões que possam representar um acordo coletivo sobre as atividades e os objetivos. No primeiro semestre, ocasião em que as atividades foram extensamente debatidas, os professores reclamavam da morosidade dos procedimentos. No segundo, ocasião em que se optou por uma programação mais pronta, com uma participação menos intensa dos professores (por demanda explícita destes), o trabalho foi bem mais superficial e pontual. Parece, pois, que os dilemas da democracia em nossa sociedade se refletem na expectativa dos professores. O valor do processo deliberativo — seja na sociedade ou na escola — é vital não só para a legitimação dos resultados, mas para o próprio aperfeiçoamento do debate democrático. Por outro lado, as pressões do cotidiano exigem uma rapidez incompatível com esse mesmo processo.

Por outro lado, os professores com os quais trabalhamos nunca tiveram a oportunidade de discutir a fundo a perspectiva teórica que animava as ações, já que não participavam das primeiras versões do curso (que ocorreu numa região distante) e poucas foram as ocasiões em que predominou a discussão mais ampla acerca da perspectiva do Projeto. Os esforços desses dois programas deveriam conjugar-se, o que buscamos fazer em 2004.

Mesmo sem a pretensão, como anunciamos, de apresentar "conclusões", gostaríamos de tecer algumas considerações gerais a que chegamos ao longo destes anos de execução do projeto. Em primeiro lugar, se nos parece hoje, tal como quando iniciamos o projeto, que uma ação efetiva no sentido de transformar práticas exige a presença regular na própria instituição escolar, não é menos verdadeiro que essa presença só é capaz de romper com a mecanização das práticas (mesmo as que inicialmente são tidas como inovadoras) na medida em que se propicie aos professores uma ampla formação teórica capaz de trazer um significado ético às ações, o que nem sempre é possível nos espaços de discussão interna da escola.

Estes, por força das pressões cotidianas e da cultura institucional, são bem mais marcados por preocupações urgentes de dilemas práticos e de tal sorte variados que dificilmente podem ser equacionados a partir de aportes teóricos imediatamente a eles relacionados. Nesse sentido, parece-nos que apenas a conjugação de ambas as perspectivas poderá oferecer resultados mais duradouros e, simultaneamente, preservar a autonomia das escolas na elaboração de suas propostas pedagógicas. Trata-se, pois, de, no pano teórico, promover um esforço elucidativo e persuasivo de uma perspectiva educacional comprometida com os valores públicos de uma sociedade. No plano prático, mais do que a disseminação de técnicas padronizadas, trata-se de um esforço conjunto de criar formas particulares de enfrentamento dos problemas a partir das diretrizes valorativas comuns.

Uma possibilidade — a ser testada neste ano — é a criação de cursos de longa duração, como o que temos feito, mas com uma presença ainda mais frequente na instituição escolar, de forma a criar uma cultura de intervenção específica a cada escola a partir de uma concepção comum veiculada nas discussões teóricas. Para a otimização dessas ações a vinculação dos coordenadores pedagógicos e da equipe de dirigentes ao curso parece-nos absolutamente essencial. Essa foi, sem dúvida, uma das variáveis mais determinantes para que o impacto do curso ultrapassasse o plano das concepções e tivesse repercussões significativas nas ações escolares.

Por outro lado, fica cada vez mais patente a necessidade de que a formação de professores integre de forma crescente os aporte teóricos gerais (por exemplo, a partir de discussões da filosofia, sociologia, do direito etc.), reflexões mais estritamente educacionais e escolares (como os efeitos da violência ou da mídia nas escolas) e a apresentação e discussão de obras clássicas da cultura (como filmes, peças, poemas etc.) nas quais os temas em pautas sejam focalizados não em sua dimensão abstrata ou conceitual, mas em representações de vivências pessoais. A leitura analógica que estas obras permitem — por oposição à analítica exigida pelas primeiras — parece ter uma capacidade muito maior de promover a identificação com valores. Ademais, sua prática na formação de professores parece repercutir positivamente na sua incorporação didática na prática dos professores em suas aulas, o que sem dúvida é bastante desejável.

No que diz respeito ao acompanhamento direto das ações escolares, ainda carecemos de formas inovadoras da mensuração do impacto efetivo do trabalho nas práticas pedagógicas. Os questionários avaliativos aplicados ainda não foram tabulados, mas se concentram nos relatos de professores e coordenadores, sem recorrer a mecanismos de coleta e comparação de dados empíricos. É óbvio que eles devem nos apresentar um quadro em alguma medida confiável, mas insuficiente. Contudo, a estimativa que temos — colhida nas inúmeras visitas às escolas participantes — é que as discussões têm tido um impacto desigual se considerarmos os planos das ações individuais e das coletivas. Nas primeiras ele parece ser bem mais sólido, levando professores a rever suas concepções, objetivos e formas de atuação (notadamente na resolução de conflitos). Mas, não obstante esse perceptível impacto nos professores individualmente considerados, o número de propostas de trabalho coletivo ainda está aquém do que esperávamos. Apenas a continuidade do acompanhamento junto às escolas, já prevista pelo menos no caso da coordenadoria de São Miguel, poderá fornecer dados sobre as transformações nesse plano, claramente mais lento.

Por último, acreditamos que um dos principais objetivos da proposta, inicialmente apresentada e apoiada pela linha de pesquisas em políticas públicas da Fapesp, que era a possibilidade de continuidade das ações, tem sido satisfatoriamente cumprida. Não só as coordenadorias com as quais trabalhamos devem continuar os esforços de formação de professores em direitos humanos, como passamos a atuar numa nova coordenadoria, reiniciando o processo de formação, ainda que em novas bases e incorporando num só trabalho as duas frentes que abrimos em 2003: o curso de formação com acompanhamento nas escolas e a disseminação do cinema e das artes como um campo privilegiado de acesso a bens culturais e de formação escolar comprometida com os valores da democracia e dos direitos humanos.

Apresentamos, nos anexos, um quadro geral da proposta do curso em andamento e das atividades realizadas ao longo dos anos de 2001 a 2003.

Síntese da proposta do Curso Educação, Democracia e Direitos Humanos

Realização de curso de formação continuada para 400 educadores(as) da Rede Municipal de Ensino em parceria com a Secretaria Municipal de Educação.

Responsáveis

Equipe do Projeto Direitos Humanos nas Escolas, sob coordenação do prof. dr. José Sérgio Fonseca Carvalho da Faculdade de Educação da Universidade de São Paulo, em parceria com o Centro de Direitos Humanos e com a cátedra USP/Unesco de Educação para a Paz, Direitos Humanos, Democracia e Tolerância (IEA/USP).

Cronograma

Os trabalhos da equipe serão realizados de fevereiro a dezembro de 2004 (apresentação, planejamento, execução e avaliação). O curso aos educadores será organizado em oito ciclos mensais, totalizando uma carga horária de 120 horas.

Objetivos do curso

- compreender os dilemas escolares da atualidade no contexto da democratização do acesso à formação escolar e a relevância dessa formação na sociedade atual;
- identificar o papel histórico da instituição escolar e a sua importância na promoção dos valores públicos;
- sensibilizar os agentes institucionais escolares para a temática dos direitos humanos e da cidadania como um possível núcleo de valores

capazes de nortear os princípios, as condutas, as práticas escolares e os conteúdos didáticos da escola pública.

Princípios norteadores

1. Congregar professores de uma mesma unidade de ensino, por meio de inscrições por equipe, a fim de aumentar a possibilidade de mudanças institucionais, raras quando o objeto da ação é um professor isolado de seus pares.
2. Transformar a prática corrente de palestras isoladas em um Curso de Extensão Cultural, certificado pela USP, de forma a articular e aprofundar as temáticas e colaborar na progressão da carreira dos docentes inscritos.
3. Criar grupos de discussão para debate, com uma média de vinte participantes, a fim de promover aprofundamento das concepções veiculadas nas palestras.
4. Criar mecanismos de atuação direta nas escolas, por intermédio da participação nas JEIs (reuniões pedagógicas semanais), a fim de fomentar a reflexão sobre as práticas correntes e a proposição de inovações vinculadas aos ideais propostos.
5. Ampliar o repertório cultural dos professores, por meio da apresentação e discussão de obras literárias, cinematográficas, musicais e acadêmicas.
6. Fomentar a presença de eventos e obras culturais no currículo escolar, ligando a temática da democracia e dos direitos humanos ao cotidiano escolar.
7. Criar mecanismos que garantam a presença dos coordenadores pedagógicos no acompanhamento das atividades do curso, aproximando os ideais nele veiculados do Projeto Político Pedagógico das unidades participantes.
8. Propiciar o envolvimento e a formação das equipes pedagógicas das Coordenadorias de Ensino participantes, a fim de criarmos uma parceria entre a universidade pública e a rede municipal de ensino.

Características e estrutura do curso

QUADRO 1
Curso: Educação, Democracia e Direitos Humanos

Modalidade	Curso de Difusão Cultural registrado e certificado pela Comissão de Cultura e Extensão da Faculdade de Educação da USP
Período	De março a novembro de 2004
Carga horária	Total de 120 horas
Local(is)	O curso poderá ser realizado no Centro de Educação Unificado da Prefeitura do Município de São Paulo e/ou na Faculdade de Educação da USP
Público-alvo	Quatrocentos educadores, compreendendo professores e coordenadores pedagógicos da rede pública municipal
Características gerais	a) oito atividades culturais geradoras. Palestras e discussões sobre as atividades culturais. Para isso contaremos com a presença de, pelo menos, um palestrante em cada atividade. Duração: quatro horas (realizadas na primeira semana de cada mês); b) oito palestras temáticas, cujos temas, a partir de sua relevância, possam ser relacionados ao ambiente escolar. Duração: quatro horas (realizadas na segunda semana de cada mês); c) oito encontros para grupos de estudo. Encontros que visam debater e aprofundar as temáticas das palestras. Estas atividades serão coordenadas pelos monitores do curso. Duração: quatro horas, com grupos de até vinte professores (realizados na terceira semana de cada mês); d) dezesseis encontros nas escolas, realizados em horários de trabalho coletivo pedagógico (JEIs). Estas atividades serão coordenadas pelos monitores do curso em parceria com os coordenadores pedagógicos de cada unidade escolar. Duração: duas horas (realizados na quarta semana de cada mês)

QUADRO 2
Atividades culturais e temas: descrição geral[6]

Março: DEMOCRACIA E EDUCAÇÃO	• Atividade cultural — filme *Eles não usam black-tie*. • Temas: 1ª semana: "O conceito de democracia" Expositora: profa. dra. Maria Victoria M. Benevides Soares 2ª semana: "A democratização da escola" Expositor: prof. dr. José Sérgio Carvalho
Abril: A VIOLÊNCIA E A INSTITUIÇÃO ESCOLAR	• Atividade cultural — filme *Tiros em Columbine* • Temas: 1ª semana: "A violência social" Expositor: profa. dra. Flávia Schilling 2ª semana: "A violência e o conflito nas relações escolares" Expositores: dr. Paulo Endo e profa. dra. Maria Izabel Galvão
Maio: DIREITOS HUMANOS E EDU- CAÇÃO	• Atividade cultural — Leitura dramática da peça *Antígona*, de Sófocles. • Temas: 1ª semana: "Antígona e os direitos humanos" Expositora: profa. dra. Gilda N. M. de Barros 2ª semana: "Educação e direitos humanos" Expositor: prof. dr. Dalmo de Abreu Dallari
Junho:[7] FAMÍLIA E ESCOLA	• Atividade cultural — filme: *As cinzas de Ângela* • Temas: 1ª semana: "Arranjos familiares contemporâneos" Expositora: profa. dra. Heloísa Buarque 2ª semana: "Família e escola" Expositora: profa. dra. Lisandre Castello Branco

---

6. Quadro 2: os temas e palestrantes são sugestões iniciais que podem sofrer alterações, tanto na ordem de realização quanto em eventuais substituições que sejam relevantes e/ou necessárias.

7. Há um período de recesso escolar de quinze dias no mês de julho, motivo pelo qual este não consta como mês de trabalho com as escolas. Nossa experiência na última versão do curso mostrou que utilizar a quinzena restante acaba criando dificuldades posteriores para o andamento dos trabalhos.

Agosto: Mídia e Educação	• Atividade cultural — filme *Cidadão Kane*, de Orson Welles • Temas: 1ª semana: "Mídia e educação" Expositor: prof. dr. Eugênio Bucci 2ª semana: vídeo *Muito além do Cidadão Kane* *A mídia e a intervenção pedagógica* Expositor: prof. dr. Amaury César Moraes
Setembro: Valores Públicos e Educação	• Atividade cultural — filme *O Sol nasceu para todos* • Temas: 1ª semana: "A constituição e os valores públicos" "Expositor: prof. dr. Oscar Vilhena Vieira" 2ª semana: "Ética e práticas escolares "Expositora: profa. dra. Terezinha Azerêdo Rios
Outubro: Juventude, Transgressão e Inclusão	• Atividade cultural — filme *Os incompreendidos*, de François Truffaut • Temas: 1ª semana: "Medidas socioeducativas e liberdade assistida" Expositoras: dra. Luíza Cristina Friescheisen Conceição Paganele (AMAR) 2ª semana: A escola e os jovens em conflito com a lei Expositora: profa. dra. Marília P. Sposito
Novembro: Discriminação, Igualdade e Educação	• Atividade cultural — filme: *Uma onda no ar* 1ª semana: "Discriminação, racismo e educação" "Expositora: Maria Aparecida Santos (Geledés) 2ª semana: "A escola e o princípio da igualdade" Expositor: prof. dr. Fábio Konder Comparatto

Resumo das atividades desenvolvidas pelo Projeto Direitos Humanos nas Escolas
Atividades desenvolvidas — Biênio 2001-2002 — TABELA I

Atividades desenvolvidas	Estrutura				
	Descrição	Local	Ano	Duração	Público participante
Formação de Professores	Seminário Educação e Direitos Humanos	Secretaria de Estado da Justiça	2001	1 semana	120 Profissionais da educação
	Ciclo de Palestras Sociedade e Escola	FEUSP	2001	2 meses	Escolas parceiras e Licenciandos da FEUSP
					500 Educadores
	Curso de Extensão Universitária em Educação, Direitos Humanos e Cidadania	FEUSP	2002	3 meses	28 escolas públicas
					150 Professores
	Curso de Difusão Cultural em Educação, Direitos Humanos e Cidadania	NAE 10	2002	3 meses	68 Escolas Municipais
					120 Diretores e Supervisores

TABELA II

Atividades desenvolvidas	Estrutura				
	Descrição	Local	Ano	Duração	Público participante
A arte e a cultura e o currículo escolar	Escola no Cinema	FEUSP	2001	1 dia (três períodos)	Escolas parceiras 500 Alunos
	Cinema nas Escolas (Vídeo)	Escola Estadual Armando Gaban	2002	2 semanas	10 Professores
					600 Alunos
		Escola Estadual José Liberatti	2002	2 semanas	06 Professores
					240 alunos

Atividades desenvolvidas	Estrutura				
	Descrição	Local	Ano	Duração	Público participante
	Cinema nas Escolas Projeção para a Comunidade	Escola Estadual Armando Gaban	2002	1 noite	200 pessoas
	Oficinas em Direitos Humanos (arte, ciência, línguas, temas transversais e problemáticas contemporâneas)	Escola Estadual Armando Gaban	2001	2 noites	200 Alunos
					10 Oficineiros
		E.E. Armando Gaban e E.E. José Liberatti	2002	Dois períodos escoolares	300 Alunos/escola
					15 Oficineiros

ATIVIDADES DESENVOLVIDAS — ANO 2003

Atividades desenvolvidas	Estrutura				
	Descrição	Local	Ano	Duração	Público participante
Curso de formação de professores	Curso de Difusão Cultural em Educação, Direitos Humanos e Cidadania	NAE 10	2003	8 meses	400 professores
Cinema na escola Projeção para a comunidade	Cinema na Escola Projeção para a Comunidade	EMEFE da Terezinha Chica Medeiros	2003	1 noite	200 pessoas
Cinema na escola	Projeção de filmes e debates Filmes: 1º semestre: *Central do Brasil* 2º semestre: *Uma onda no ar*	EMEFE da Terezinha Chica Medeiros	2003	10 meses	Período da tarde: 280 alunos
					Período da noite: 150 alunos

ATIVIDADE EM CURSO — ANO 2004

Atividades futuras	Estrutura				
	Descrição	Local	Ano	Duração	Público participante
Material de difusão	Publicação do livro *Educação, cidadania e direitos humanos*		2004		Profissionais da educação e demais interessados
Cursos de formação de professores	Curso de Difusão Cultural em Educação, Direitos Humanos e Cidadania	CEU Butantã	2004	8 meses	400 profissionais da rede pública de educação (professores e coordenadores pedagógicos)

Referências bibliográficas

AZANHA, José Mário P. Democratização do ensino: vicissitudes da ideia no ensino paulista. In: _____. *Educação alguns escritos*. São Paulo: Editora Nacional, 1987.

_____. *Ideia de pesquisa educacional*. São Paulo: Edusp/Fapesp, 1992.

BOBBIO, Norberto. *O futuro da democracia*. Rio de Janeiro: Paz e Terra, 1989.

SCHEFFLER, Israel. *A linguagem da educação*. São Paulo: Saraiva/Edusp, 1978.

Direitos humanos na comunidade

O PROJETO DA REDE DE OBSERVATÓRIOS DE DIREITOS HUMANOS*

Marcelo Daher

Observação e narrativa

Em um debate com um grupo de educadores, lançamos a pergunta aberta sobre por que achavam relevante desenvolver atividades pedagógicas sobre os direitos humanos. A maioria dizia que nas comunidades com as quais trabalhariam (bairros com altos índices de violência e pobreza), a população não teria nenhum direito respeitado, sem contar que, segundo eles, quase nenhum dos educandos conheceria os direitos humanos. Em seguida, foi perguntado como procederiam nesse cenário. As respostas variaram mais: alguns propunham expor historicamente o processo de luta pelos direitos humanos, outros propunham abordagens que visavam mobilizar a turma em torno de ideais como paz, fraternidade, justiça etc. Mas, de modo geral, o que mais chamou a nossa atenção foi que, de uma maneira ou de outra, apesar de quase todas as propostas partirem do reconhecimento de um

---

* Este texto, assim como a experiência do trabalho na Rede de Observatórios de Direitos Humanos, relatada pelo autor, deve muito de sua elaboração à colaboração constante de Renato Antonio Alves.

cotidiano de privações, havia uma tendência a evitar o trabalho direto com esse contexto e com as visões que os próprios educandos já tinham sobre ele.

Agregando uma proposta de formação e pesquisa envolvendo jovens moradores como observadores da situação local dos direitos humanos, o projeto da Rede de Observatórios de Direitos Humanos vem tentando trilhar um caminho totalmente oposto a esse distanciamento do cotidiano mais imediato dos educandos em sua formação em direitos humanos. Os observatórios são formados por pequenos grupos de jovens com cerca de cinco integrantes, que, acompanhados por monitores e coordenadores, levantam e registram informações sobre a situação dos direitos humanos em suas próprias comunidades. Por cerca de sete meses, diversos grupos trabalharam em rede, levantando, trocando e registrando informações sobre suas localidades e suas vidas. Todo esse material foi, depois, reunido nos Relatórios de Cidadania e nas revistas *Lupa*, distribuída para outros moradores dentro e fora das áreas observadas.

Concebido e coordenado a partir da parceria entre um centro de pesquisas, organizações não governamentais e associações comunitárias, o projeto teve por objetivo, ao mesmo tempo, promover o envolvimento de jovens com os temas dos direitos humanos e com atividades comunitárias e gerar informações diferenciadas sobre a situação dessas áreas, trazendo o jovem como sujeito desse processo. Apesar da proximidade entre os grupos envolvidos e dos temas em questão, o encaminhamento da proposta não ocorreu de maneira linear e direta.

Desde o princípio dos trabalhos, vivenciamos desafios tanto no aprimoramento do processo de observação e pesquisa quanto na melhoria do processo de formação e fortalecimento do engajamento dos grupos de jovens. Algumas das principais dificuldades vividas nesse início parecem ter sido consequências diretas da cisão inicialmente feita, que separou as atividades voltadas à formação em direitos humanos, por um lado, e aquelas destinadas ao desenvolvimento de técnicas de pesquisa das atividades de observação propriamente dita, por outro. A ligação entre os dois processos residiria no fato de a formação funcionar como uma preparação para a pesquisa.

De acordo com esse ponto de vista, por serem ainda inexperientes no tema, os jovens deveriam conhecer os instrumentos básicos para o trabalho de observação e se familiarizar com as discussões dos direitos humanos para que, na sequência, munidos com novas informações, estivessem aptos para sair a campo e relatar suas observações. Foram então propostas algumas séries de debates em grupo com a participação de especialistas e ativistas, explorando a história dos direitos humanos, suas conexões com movimentos sociais, com a academia e até com o cenário internacional.

De certa forma, um pouco à maneira dos educadores citados no exemplo do primeiro parágrafo, iniciamos o processo a partir de uma abordagem rica em exemplos, mas distanciada das percepções mais imediatas dos jovens. Contudo, infelizmente, os resultados dessa abordagem não foram muito positivos: a separação fez com que, apesar dos esforços em fazer das discussões um debate, o conteúdo ficasse relativamente abstrato e, por isso, nelas predominaram os ditos "especialistas", e, quando saíamos a campo, os jovens estabeleceiam poucas e muito esquemáticas relações com os temas debatidos. Os diversos envolvidos no projeto (pesquisadores, jovens moradores e ativistas) sentiam, assim, os objetivos negligenciados por diferentes motivos.

Tanto as atividades de pesquisa como as pedagógicas se desdobraram com muita dificuldade. A tensão chegou ao ponto de se discutir qual seria o objetivo mais importante do projeto: formar e mobilizar os grupos de jovens ou pesquisar e divulgar informações? Aos poucos, entre idas e vindas, o próprio processo de trabalho foi se consolidando exatamente a partir da fusão de ambos os objetivos, de forma que, em cada atividade, a formação se desdobrasse a partir da atividade de observação e vice-versa.

Nosso ponto de partida

Depois de quase dois anos trabalhando com quatro comunidades em São Paulo, foi possível consolidar um roteiro de atividades mais bem-sucedidas no estabelecimento dos observatórios. Nessa abordagem metodológica, a vivência dos educandos e as noções que eles já carregavam tornaram-se os pontos de partida determinantes para as atividades pedagógicas sobre direitos humanos. Em vez de iniciarmos com a exposição de conceitos e princípios, a base para o processo de trabalho passou a ser a discussão e a descrição das experiências vividas ou conhecidas pelos próprios jovens no seu cotidiano, aprimorando os conhecimentos do grupo sobre os temas relacionados aos direitos humanos a partir das situações presentes nessas descrições, e, por meio da sua transcrição em registros escritos, desenvolver também suas capacidades de registrar e compartilhar informações que seriam relevantes para a elaboração do Relatório de Cidadania.

Isto não quer dizer que eliminamos discussões que saiam da órbita desse cotidiano específico, descartando contextualizações históricas ou discussões mais teóricas, por exemplo. Mas significa que procuramos atingi-las a partir da detalhada reconstrução das experiências cotidianas e de sua discussão em grupo. De fato, ao longo de todo o processo, destacamos a importância do exercício da descrição detalhada das situações específicas observadas na comunidade, evitando análises ou debates que fugissem muito desse espaço escolhido. Essa restrição era estratégica, pois visava, em primeiro lugar, que os próprios jovens explorassem mais suas próprias capacidades narrativas e descritivas (algo bastante limitado nas várias formas de comunicação a que somos expostos e incalculavelmente prejudicado pela total falta de familiaridade dos jovens com a escrita) e, em segundo lugar, uma apropriação mais concreta dos temas dos direitos humanos, na medida em que se aproximavam diretamente da vivência de cada um. Nesse percurso, trabalhamos com a redação de depoimentos pessoais, mas também com entrevistas abertas, semiabertas, descrição de espaços comunitários e instituições, fotografias, filmagens, entre outras formas de registro. Gradativamente, os próprios jovens foram tramando as teias de relações entre os temas dos direitos e a vivência que descrevem a partir de diálogos em grupo, nos quais compartilhavam essas experiências por escrito e oralmente.

Vale destacar que a observação partia das próprias experiências e dos olhares de cada um, mas não se desdobrava de maneira totalmente aberta ou espontânea — atividades e encaminhamentos foram propostos pelos monitores visando trazer mais conteúdos para a discussão e buscando ampliar as capacidades de expressão e escrita. Limitações de tempo, de risco (principalmente quando o tema é violência), de maturidade, entre outros fatores, também exigiram do educador flexibilidade nessa atuação, alternando momentos de grande abertura com outros de restrição em enfoques mais específicos. Se por um lado não estávamos apenas transferindo um conhecimento sobre os direitos, mas sim buscando a noção que já existia entre os jovens, por outro não estávamos também meramente registrando sua vivência e seu olhar tal como ele sempre se apresentava. A equipe de monitores e coordenadores era responsável pela orientação do grupo de observadores para que, juntos, construíssemos um relatório que seguisse alguns padrões predefinidos.

Nessa proposta de pesquisa-formação, buscávamos ampliar a visão dos educandos-observadores sobre os acontecimentos descritos, desnaturalizar situações banalizadas e, principalmente, aprimorar sua capacidade em descrever esses momentos, reconhecendo os diferentes pontos de vista existentes sobre ele. A aposta fundamental era a de que a curiosidade investigativa e a experiência da pesquisa são instrumentos fundamentais no processo de formação individual e de grupos.

Em outro contexto, no início da década de 1970, as chamadas experiências de "pesquisa participante" propiciaram abordagens semelhantes sobre o processo de formação e pesquisa. Em palestra a um grupo de educadores populares na Tanzânia, Paulo Freire aponta o papel fundamentalmente pedagógico da atividade de descrição do cotidiano, assim como o caráter investigativo da pedagogia. Para ele, "quanto mais, em uma forma de conceber e praticar a pesquisa, os grupos populares vão aprofundando, como sujeitos, o ato de conhecimento de si em suas relações com a sua realidade, tanto mais vão podendo superar ou vão superando o conhecimento anterior em seus aspectos mais ingênuos. Deste modo, fazendo pesquisa, educo e estou me educando".

Certamente, esse caminho não é linear. Descrever e pesquisar sua própria realidade — geralmente um cotidiano atravessado por uma sobreposição de graves violações —, detalhar as experiências de desrespeito à dignidade no contexto que nos cerca, por mais fortalecedor que seja do ponto de vista do interesse coletivo, está longe de ser um trabalho confortável no plano individual. Muito pelo contrário, o redimensionamento do olhar que foi proposto implicava construir o enfrentamento de situações penosas e conflitantes, passando pelo questionamento de valores, pelo reconhecimento de sofrimentos silenciados, de ambiguidades, de antagonismos no grupo, entre outros difíceis movimentos. Assim, o processo de pesquisa-formação não é direto ou unilateral, mas depende fundamentalmente da conformação de um espaço de diálogo e respeito no grupo para florescer com mais vigor. Nesse sentido, a metodologia que procuramos desenvolver no projeto, além de se desdobrar a partir da ideia de que a vivência de cada um é a base para se conhecer os direitos humanos, reconhece também que para que a exploração do tema ocorra de modo mais efetivo, é fundamental que seja estabelecido um espaço amplo e permanente de diálogo, onde cada um se sinta confortável e respeitado para expor suas experiências e seu ponto de vista. Daí também a importância do trabalho em rede, que permite o contato e a troca de experiências e de pontos de vista entre todos os integrantes do trabalho.

Trocando histórias, tecendo a rede

Essa postura metodológica tornou-se mais clara a partir da experiência desafiadora que tivemos com a expansão dos observatórios pelo país. No ano de 2002, a Rede de Observatórios foi implementada simultaneamente em sete localidades diferentes do Brasil: Belém, Recife, Rio de Janeiro, Salvador, São Paulo, Vitória, além de três cidades no interior de Pernambuco. Com exceção do Rio de Janeiro e de São Paulo, que formaram grupos de observadores em seis comunidades, os outros cinco locais trabalharam com grupos em três comunidades cada. Dessa maneira, tínhamos sete coordenações locais, trabalhando com 27 grupos de observadores, cada um deles com cinco jovens e um monitor. Divididos por longas distâncias e sem terem se conhecido, quase 180 pessoas se defrontaram pela primeira vez com a proposta de observar e descrever a situação dos direitos humanos em suas comunidades.

Para nós, na coordenação do conjunto da rede de grupos, o desafio seria sistematizar um roteiro mínimo para que cada grupo constituísse independentemente seus núcleos de observadores e encaminhasse suas atividades sem perder de vista todos os outros grupos. Assim, a metodologia foi organizada de modo a permitir que cada local pudesse construir seu processo de trabalho a partir de suas especificidades, mas sem perder de vista o fato de que todos integravam uma rede maior, que tinha limites de tempo definidos e que resultaria em um mesmo Relatório de Cidadania.

Uma das primeiras etapas de atividades que incluímos nesse roteiro é bastante emblemática para que se compreenda concretamente como se desdobrou o trabalho conjugado de pesquisa e de formação em rede. Trata-se da redação da história de vida de cada observador. Essa etapa, a primeira após o processo de consolidação dos grupos de observadores e da discussão coletiva sobre os objetivos, as estratégias e as diretrizes do trabalho, foi fundamental para tornar a proposta do observatório mais clara e instigante.

Em linhas gerais, a atividade consistia na redação de uma carta por cada jovem observador, na qual ele se apresentasse para um outro leitor anônimo.

Aproveitando o fato de estarmos trabalhando em rede e com pessoas que não se conheciam, essas cartas eram digitadas e trocadas entre os jovens das diferentes cidades envolvidas. Assim, cada um, após escrever sua carta, recebia outra, de um morador de outra cidade. A carta recebida era lida e comentada pelo observador, que apontava aquilo que mais lhe chamava a atenção, levantava dúvidas e indicava semelhanças ou diferenças com sua própria história. Esses comentários eram então enviados aos autores, que por sua vez podiam transformar, ou não, suas cartas originais, além de responder aos comentários com mais uma mensagem. Dessa forma, todos comentaram histórias alheias e também tiveram suas próprias cartas analisadas por uma outra pessoa distante de si. Além disso, alguns observadores chegaram a expor internamente histórias por meio de imagens, dramatizações e músicas apresentadas nos encontros que reuniam grupos de uma mesma cidade.

Essa série de atividades, apesar de aparentemente simples, abriu inúmeros pontos que foram fundamentais no desenvolvimento de todo o trabalho. As histórias de vida já compunham uma primeira parte do relatório que se escrevia. Afinal, as informações apresentadas por cada um já ofereciam um quadro muito rico sobre a situação vivida em cada local. Assim como o processo de elaboração e de troca das cartas foi também a base para a formação nos direitos humanos e nas técnicas de redação e pesquisa.

Os registros da história pessoal, potencialmente, traziam incontáveis conteúdos para serem trabalhados, e essa diversidade era explorada, mas sempre se reconhecendo que desde o momento que sugerimos o relato em formato da carta, já se estava interferindo naquilo que cada um descreveria. Cada observador preparava seu texto sabendo que alguém que não o conhecia iria lê-lo e discuti-lo. E todos sabiam também que, com a carta, estariam começando a descrever a situação de suas comunidades e que isso seria parte de um relatório. Portanto, sugerimos que os conteúdos que estariam presentes na carta fossem antes debatidos em grupo, para que todos discutissem o que seria ou não interessante descrever no texto, elaborando um roteiro mínimo de pontos que poderiam ser explorados. Com isso, aos poucos, um tema como a história pessoal, que é claramente individual, subjetivo, começa a ser explorado coletivamente e de maneira mais objetiva.

Evidentemente, as interpretações e a disponibilidade para escrever variavam muito: alguns jovens achavam que bastavam informações gerais, como onde estudou, com quem vivia, quantos irmãos tinha; outros achavam necessário pontuar características físicas, como altura, cor de cabelos; outros propunham ainda expor mais detalhes sobre as dificuldades vividas na família etc. Mesmo com a definição das pautas mínimas (em geral bastante amplas), naturalmente divergências permaneceram e foram respeitadas pelos grupos. Essa explícita tensão entre a subjetividade e a objetividade, entre aquilo que o jovem achava necessário expor e aquilo sobre o qual estava disposto a falar, entre o que queria ou não dizer, exigiu uma abordagem cuidadosa e delicada por parte de toda a equipe, pois representava a referência mais importante, propiciada pela atividade, para a apreensão dos dilemas metodológicos do trabalho no observatório. Ao se ter como personagem da própria descrição e trocar sua história com outras pessoas, cada jovem vivenciava concretamente a função delicada e ambígua de ser o "observador" e, ao mesmo tempo, o "observado". Algo que foi fundamental para o restante do projeto, pois em níveis diferentes, em todas as outras etapas, o foco da observação foi sempre a realidade na qual todos estavam inseridos. Nesse sentido ainda, a preparação da história de vida significou também uma fonte de referência para as futuras elaborações e execuções de entrevistas. Primeiro porque trabalhamos com a dificuldade que temos para organizar os muitos conteúdos que surgem quando vamos abordar a experiência de vida de uma pessoa, tornando mais clara a necessidade da definição de objetivos, roteiros e estratégias para cada entrevista, por exemplo. Depois, porque o observador pôde perceber os limites que cada um tem para falar sobre suas vivências, principalmente quando estamos tocando em temas pessoais ou que envolvem o sofrimento e o desrespeito à dignidade de cada um.

Ao fomentarmos as trocas de cartas entre os jovens, buscávamos, a partir dos seus próprios comentários, motivá-los a que aprofundassem tanto as noções sobre o que relatar (e futuramente observar), como sobre como relatar, aprimorando a escrita. A troca estimulou a superação de diversas dificuldades e inibições sempre muito presentes entre os jovens de todo país. Com a intensificação da relação entre os grupos, evitava-se o fortalecimento da ideia de que a redação da história era uma "tarefa" que deveriam "acertar" para agradar ao monitor. Não que essa relação não existisse. É natural que o jovem buscasse a aprovação do monitor também, mas com o fortalecimento de um debate mais amplo, o monitor não seria o único interlocutor relevante para quem se escreve.

A partir daí, a curiosidade pelo trabalho aumentou muito. Em todos os grupos, antes de escrever seus comentários, os jovens partilhavam entre si as cartas que tinham recebido das outras cidades. Ficava notório para todos que, mesmo dentro dos padrões definidos, existia uma diversidade de estilos, conteúdos e enfoques. Da mesma forma, reagia-se de diferentes formas às cartas alheias: alguns se encantavam com os detalhes que eram descritos, outros reclamavam dizendo que a carta era muito extensa. Nas suas primeiras reações, alguns grupos chegaram a reprovar bastante o trabalho de outros e faziam duras críticas à redação ou aos enfoques apresentados. Geralmente, a referência dessa crítica era o modelo de carta que tinha sido usado pelo próprio grupo na feitura de suas cartas. As equipes que acompanhavam os trabalhos em cada uma das cidade e a coordenação da rede buscavam, então, discutir e relativizar as razões desses estranhamentos.

Essa diversidade de reações e interesses foi importante para que fosse modificada a noção de que existia um modelo correto e outro errado de redação, e, ao mesmo tempo, serviu para apontar lacunas e dificuldades de expressão que confundiam os leitores. A partir da percepção de semelhanças e diferenças nas cartas, os observadores percebiam como fatos que antes lhes pareciam muito banais, que dispensavam explicação, para outros leitores eram pouco compreensíveis ou até inusitados. Essas questões eram significativas tanto para o aprimoramento da carta que era questionada como para que os próprios autores das perguntas repensassem seus trabalhos.

Um grupo em Recife, por exemplo, dizia que não compreendia a carta de um carioca que afirmava morar na metade do "morrão" ao lado do Engenho da Rainha. Mas, ao mesmo tempo, na discussão interna, percebiasse que também não havia sido detalhada claramente como era a divisão do espaço na sua própria comunidade. Como estávamos trabalhando em cidades e regiões distintas, as expressões idiomáticas e as atividades culturais variavam bastante também. Nomes de brincadeiras, jogos, festas, manifestações religiosas ou até de alimentos eram motivo de discussão entre muitos grupos: em Belém, por exemplo, o "brega" é um tipo de música muito popular e de surgimento mais recente, estilo que nada têm a ver com a noção de "brega" presente no Sudeste; brincadeiras de infância tem nomes diferentes, apesar de serem, por vezes, idênticas. Todos esses "mal-entendidos" contribuíram muito para que a riqueza da diversidade cultural fosse percebida e que, portanto, era preciso muito detalhe na descrição para o preparo de relatos mais interessantes e acessíveis ao leitor. Percepção que seria inatingível apenas com a leitura e os comentários isolados do educador ou de um especialista.

Logicamente, não foram todas as trocas que resultaram em experiências positivas. Foi preciso cuidado entre as equipes para que o processo não se tornasse competitivo ou para que críticas mais agressivas não interferissem negativamente na comunicação. Como dissemos, a opção de trabalhar com um conteúdo íntimo podia ser dolorosa para alguns e até arriscada se não se mantivesse um bom clima no diálogo tanto interno, nas cidades, como nas correspondências entre locais diferentes. A postura do monitor e do coordenador era fundamental nesse aspecto: eram eles que melhor poderiam avaliar se os comentários estavam sendo desrespeitosos, quais as lacunas e dificuldades poderiam ser mais exploradas e até que ponto uma divergência poderia ser discutida para contribuir com o crescimento do grupo. Em alguns casos, a identificação excessiva entre o monitor e seu grupo atrapalhava muito o trabalho, pois ele acabava assumindo frequentemente a "defesa" dos "seus" educandos em relação às críticas e aos comentários vindos de fora, corroborando a sensação de rivalidade e limitando uma maior autocrítica do próprio grupo.

Direitos humanos no cotidiano

A visualização mais concreta dos temas pertinentes aos direitos humanos foi também um outro resultado muito rico de todo esse processo. Ao descrever e compartilhar as experiências que consideravam relevantes em suas trajetórias de vida, os jovens, espontaneamente, delinearam qual tipo de educação lhes foi oferecida, recordaram-se de episódios relevantes de insegurança ou de discriminação, descreveram as condições de renda e trabalho vividas pela família ao longo do tempo, entre outros assuntos. Isso tudo, sem termos que apontar previamente quais direitos específicos iríamos observar, ou que conceitos queríamos explorar. Afinal, a própria trajetória de cada um, de certa forma, já era uma trajetória de busca e resgate de condições dignas de vida, de felicidade e de integração social. Nesse aspecto, o passo fundamental que o diálogo da troca de cartas propiciou de forma muito concreta (e que, na nossa perspectiva, representa, talvez, um dos elementos mais relevantes a serem visados em uma formação em direitos humanos) é perceber que essa trajetória de busca pelo exercício da dignidade, apesar de ter seus inúmeros caminhos individuais, pode e deve ser entendida como uma questão coletiva e compartilhada. Aos poucos, com os diálogos nos grupos e entre as cidades, foi sendo percebido um contexto comum, permeado por situações difíceis, reivindicações, desejos e realizações. Fatos que aparentemente poderiam ter uma conotação exclusivamente pessoal ou isolada apareceram, dessa forma, mais articulados com o contexto geral.

Uma situação vivida em uma das discussões com um grupo de observadores do interior de Pernambuco é bastante ilustrativa a esse respeito: ao apresentarem suas histórias, algumas meninas comentavam, um pouco envergonhadas, o fato de seu pai ter desenvolvido o alcoolismo (algo que marcava a trajetória de toda a vida familiar). No início, poucas se manifestaram e, em certo sentido, ligavam o alcoolismo a um traço negativo do caráter do pai. Aos poucos, cada vez mais jovens se sentiram seguras para relatar que tinham vivido o mesmo problema em suas casas, chegando a ponto de, dentro da própria discussão, uma observadora interromper o debate dizendo que discordava da ideia de que o alcoolismo seria um problema específico, ou ligado ao caráter do pai, mas sim que seria um problema, em certa medida, coletivo — afinal, em quase todas famílias havia situações semelhantes (mais tarde isso ainda seria reforçado pela leitura de cartas de outros estados). Esse movimento foi bastante fortalecedor e retirou o peso da vergonha que turvava o debate e afligia alguns dos jovens, alterando também as expectativas de resolução do problema que, sendo coletivo, exigia também medidas pensadas para a coletividade. Em todo o trabalho, nossa expectativa era que essa "coletivização" atravessasse a reflexão sobre diferentes assuntos.

Dessa forma, temas muito presentes nas histórias pessoais, como a total falta de expectativas de se obter um primeiro emprego gratificante, o desejo frustrado de ingressar no curso superior, a discriminação devido à condição social ou as atividades de lazer prediletas ganhavam novas dimensões com a troca de informações. Eram motivos de polêmicas e abriam espaço para uma observação mais detalhada e aprofundada. Ao mesmo tempo, se por um lado, alguns sofrimentos silenciados e tratados como distinções individuais passavam a ser notados como mais comuns e, portanto, perdia-se um pouco do medo ou do preconceito em comentá-los, por outro lado, muitas coisas que antes pareciam banais para alguns podiam ser vistas, agora, como bons exemplos de conquistas de direitos para outros. A escola construída em mutirão, uma creche comunitária ou um serviço especial de atendimento para adolescentes gestantes que, para alguns jovens, já era algo dado como natural no contexto vivido, para outras comunidades eram grandes exemplos de iniciativas a serem seguidas. Com todo esse processo, a maioria das histórias de vida acabou aumentando muito de tamanho.

Quanto mais amplo o diálogo interno no grupo, maior era também a abertura e a propensão dos jovens para aprofundar seu processo de observação. E tal como ocorreu no que se refere ao incremento da qualidade da escrita, nesse processo se relativizavam valores e atitudes que, no início, apareciam de forma muito absoluta nos textos, sem que, para tanto, fosse imprescindível que um olhar "especializado", do monitor ou do coordenador, apresentasse sua análise ou uma versão mais "aprofundada" ou mais "crítica" dos fatos descritos.

Nas etapas voltadas para a leitura da Declaração dos Direitos Humanos e para uma discussão mais conceitual, as cartas forneciam também elementos concretos para o debate. A indivisibilidade dos direitos, por exemplo, já aparecia de forma inescapável na história de cada um, os (des)respeitos aos direitos surgiam articulados ao cotidiano, como no caso da percepção da insegurança que limita o uso de parques, diminuindo a circulação de pessoas e afetando os estabelecimentos comerciais no lugar. Outro aspecto muito trabalhado a partir do diálogo realizado através da rede foi também a compreensão da universalidade dos direitos em consonância com o respeito à diversidade: jovens com formações religiosas muito distintas percebiam paralelismos nas suas trajetórias, apesar da absoluta diferenciação de crenças, por exemplo.

A atividade de redação e troca de cartas relatando experiências e situações locais ainda foi retomada em duas outras etapas do trabalho. Após descreverem as histórias de suas vidas, os grupos prepararam cartas coletivas com a história e a descrição de suas comunidades (baseados na sua visão e em mais cinco relatos com moradores de faixas etárias diferentes). E, finalmente, depois da discussão mais aprofundada sobre a Declaração dos Direitos Humanos, cada grupo seria ainda estimulado a registrar pelo menos uma situação que considerasse relevante para a compreensão dos seis eixos de direitos que propúnhamos observar: saúde; trabalho e renda; segurança; cultura e lazer; igualdade; e educação.

Construindo narrativas

Como bem coloca Maria Victoria Benevides, a educação para os direitos humanos no contexto brasileiro, para ser efetiva, deve buscar transformar nossa cultura política, com sua marcada herança de desrespeito aos direitos humanos e aos seus princípios fundamentais. É preciso então compreender como essa herança cultural de desrespeito e violações se articula e se presentifica na conduta e na percepção cotidiana de todos nós (educandos e educadores) para melhor educarmos para os direitos humanos. Nesse sentido, o processo pedagógico parece estar muito ligado à abertura de canais de diálogo que permitam a educadores e educandos desvendar juntos esse processo, reconhecendo, em seu próprio cotidiano, algumas das amarras e das avenidas abertas na direção de um convívio mais democrático.

Por mais bem-intencionado que sejamos, não basta simplesmente expor princípios, instrumentos práticos ou ideais de ação para encaminhar uma transformação de um contexto tão profundamente enraizado. Assim como de nada vale dizer que esta atitude ou percepção do educando é correta ou incorreta com base na leitura dessa ou daquela norma, estatuto ou declaração; ou ainda apontar que seu raciocínio é estereotipado ou superficial. O senso comum (no qual se assenta grande parte dessa herança cultural), gostemos dele ou não, é construído a partir de um discurso que explica e justifica vivências diárias de (des)respeito aos direitos que nos são atribuídos. Podem ser explicações ingênuas ou até justificativas preconceituosas, mas em todos os casos essas noções aparecem como muito plausíveis dentro das experiências de vida daqueles que nelas creem. Se não fosse assim, provavelmente não seriam tão verticalmente assumidas. As violações aos direitos humanos e sua perpetuação são em parte garantidas graças ao silêncio e à invisibilidade que se instaura sobre elas nos mais diferentes locais. Permitir que o educando redimensione seu olhar e amplie a sua fala sobre o seu próprio contexto são instrumentos poderosos para reverter esse processo. Se desejamos que nossos educandos superem esses limites e que se apropriem mais integralmente de seus direitos de uma maneira que lhes seja frutífera na sua realidade, um dos caminhos para isso está no fortalecimento das suas capacidades de construir *narrativas* sobre suas próprias experiências cotidianas.

Ao reforçarmos nossas habilidades para narrar, estamos fazendo e refazendo o percurso que assenta e sedimenta esse senso limitador assumido por cada um de nós no dia a dia. Na narrativa sobre a experiência vivida, os exercícios (por vezes, difíceis e dolorosos) da busca das palavras, da construção das frases e parágrafos, da caracterização dos personagens, da contextualização do cenário ou da explicitação das perspectivas dos vários atores presentes abrem inúmeros caminhos para o aprofundamento e questionamento desse ideário sedimentado, tanto para os educandos como para os educadores. Essa foi a opção que fizemos nos observatórios. Nossa tentativa se concentrou, sobretudo, no desenvolvimento, entre os jovens, das suas capacidades de observar e narrar seu próprio cotidiano como recurso para uma formação em direitos humanos. Narração[1] que, apesar de ser bastante descritiva, não se limitou à mera reprodução neutra de informações, abrindo uma possibilidade de leitura mais crítica e aprofundada das experiências vividas, tanto para os interlocutores diretos ou leitores dos relatórios, como também para os próprios narradores-observadores. Nossas experiências apontam que esse desafio só se torna viável quando é criado um espaço de respeito e de diálogo dentro do grupo de trabalho como um todo. Espaço onde todos se sintam propensos e seguros para falar, comunicar livremente suas ideias, experiências e sentimentos. Abertura que se gesta nas dinâmicas do grupo, mas que depende muito do próprio respeito e interesse que o educador apresenta em relação às falas dos educandos desde o princípio de cada atividade.

Para além de um resgate mais aprofundado das experiências e noções do cotidiano de cada pessoa isoladamente, como fatos excepcionais, a narração que foi por nós buscada passava pelo reconhecimento do caráter coletivo dessas vivências. Entendemos que a narração (nas suas várias expressões) seria uma das formas mais importantes de coletivização da experiência, por propiciar um reconhecimento mais crítico e articulado das várias situações de um cotidiano que nos surge todo fragmentado, quando não é inclusive silenciado.

Movidos pela curiosidade investigativa da pesquisa e pela busca da compreensão e da defesa dos direitos humanos, os jovens observadores foram incentivados a montar mosaicos de textos sobre as situações que presenciavam em suas comunidades. Esse processo não apenas reforçou suas formas de expressão e apreensão da realidade, como também lhes permitiu construir

---

1. A noção de narrativa é aqui, em parte, emprestada de Walter Benjamim, quando descreve o desaparecimento da capacidade narrativa concomitante ao processo de surgimento do romance na modernidade. A narrativa, nessa abordagem, seria a capacidade do intercâmbio de experiências dentro de uma perspectiva coletiva, presente em relatos orais, em oposição ao foco nas trajetórias individuais existentes nos romances.

um referencial mais concreto sobre seus direitos e suas responsabilidades. Deste modo, considerando que o propósito da Declaração dos Direitos Humanos é efetivamente a defesa do respeito à dignidade humana, por mais que reconheçamos que o contexto vivido seja marcado por uma intensa violação de direitos e que, normalmente, os instrumentos de defesa desses direitos sejam amplamente desconhecidos por essas comunidades,, todos (vitimizados ou não) já carregam noções sobre o que seria essa dignidade e sobre como ela tem sido respeitada e desrespeitada ao longo de sua trajetória de vida. Essas noções podem ser parciais, superficiais ou até antagônicas com os valores que sustentam os direitos humanos, mas na trajetória de cada um ganharam e aprofundaram sentidos que, gostemos deles ou não, devem ser reconhecidos para que possamos questioná-los.

Assim, na nossa perspectiva, se queremos transformar essa cultura que ignora e desrespeita os direitos humanos, não basta apenas contrapormos novas noções ou apresentarmos práticas mais corretas ou funcionais de conduta. Isso pode, inclusive, reforçar certos preconceitos ou distâncias que já existem em relação ao tema. Antes de tudo, é preciso estar atento e trabalhar com as noções, com o olhar e as falas que sustentam essa cultura de desrespeito e violação, trazendo novos conteúdos articulados a partir da repetida observação e da narração dessas experiências concretas, recuperando os espaços de diálogo e superando os limites que nos são impostos a cada dia.

Referências bibliográficas

BENEVIDES, Maria Victoria. Educação para a cidadania e em direitos humanos. In: ENCONTRO NACIONAL DE DIDÁTICA E PRÁTICA DE ENSINO, 9., 1998. *Anais II*: olhando a qualidade do ensino a partir da sala de aula. Águas de Lindoia: Feusp, 1998. v. 1.

BENJAMIN, Walter. O narrador — considerações sobre a obra de Nikolai Leskov. In: _____. *Obras escolhidas*: magia, técnica, arte e política. São Paulo: Brasiliense, 1985.

FREIRE, Paulo. In: BRANDÃO, Carlos Rodrigues. *Pesquisa participante*. 5. ed. São Paulo: Brasiliense, 1981.

GEERTZ, Clifford. *O saber local*: novos ensaios em antropologia interpretativa. Petrópolis: Vozes, 1997.

REDE DE OBSERVATÓRIOS DE DIREITOS HUMANOS. *Relatório de Cidadania III*: Os jovens e os direitos humanos em Belém, Recife, interior de Pernambuco. Rio de Janeiro, Salvador, São Paulo e Vitória. São Paulo: NEV/USP, 2002.

_____. *Relatório de Cidadania II*: Os jovens, a escola e os direitos humanos. São Paulo: NEV/USP, 2001.

_____. *Relatório de Cidadania I*: Os jovens e os direitos humanos. São Paulo: NEV/USP, 2000.

_____. *Cadernos de apoio*. São Paulo: NEV/USP, 2002.

Internet

Página virtual da Rede de Observatórios de Direitos Humanos: <www.nev.prp.usp.br/observatorio>

DESAFIOS PARA A ATUAÇÃO DE UM CENTRO DE DIREITOS HUMANOS E EDUCAÇÃO POPULAR

Petronella Maria Boonen

"Direitos humanos, pra mim, é uma coisa boa
Que deveria ser levada a sério."
Morador do Capão Redondo

O lugar de minha reflexão

Este artigo procura abordar a questão dos direitos humanos na comunidade, a partir de dentro. Como educadora do Centro de Direitos Humanos e Educação Popular de Campo Limpo e moradora da mesma região, tenho proximidade com estes dois eixos. Quero dialogar com certo enredo em que estou envolvida, pessoal e profissionalmente, e que pode parecer estranho à comunidade acadêmica.

Assim, ouso apresentar, de início, um desafio para a universidade: pensar um sistema educativo que propicie um *continuum educativo*,[1] integrando graduandos, pós-graduandos e os centros de pesquisa com as comunidades populares, grupos da periferia, grupos de mulheres que educam as futuras

---

1. GOROSTIAGA, Xabier. Desenvolvimento por uma perspectiva intercultural. In: Abong, 2002. p. 102.

gerações, crianças, adolescentes e jovens e com organizações não governamentais. Educar para o espaço público: coração, valores, sentimentos, talento, desejo e possibilidades. Educar para os direitos humanos numa perspectiva universal, superando o individualismo, o consumismo e o hedonismo dos tempos pós-modernos.

A comunidade da qual falo é o Capão Redondo, situado na região sul do município de São Paulo, a aproximadamente trinta quilômetros do centro. Caracteriza-se como uma das mais carentes e críticas regiões da cidade de São Paulo, principalmente em decorrência de uma ocupação desordenada com moradias precárias, loteamentos clandestinos e favelas em áreas inadequadas para morar. A região é densamente povoada com migrantes que vieram de outros estados há aproximadamente trinta anos.

No Mapa da Exclusão/Inclusão,[2] o distrito do Capão Redondo está na 11ª posição da exclusão, num total de 96 distritos da cidade de São Paulo. Quanto à questão habitacional, 22% moram em domicílios precários e 15% dos chefes de família não têm rendimento. A região ainda é conhecida pelo seu alto número de homicídios.[3]

O desenraizamento

Aproximando-nos dos moradores desta região, proponho uma abordagem talvez pouco comum sobre o tema. Quero olhar as pessoas dos bairros em questão por intermédio do eixo do "enraizamento" e "desenraizamento", projetado pela filósofa francesa Simone Weil (1909-43).

Para Weil (2001, p. 43), o

> "enraizamento é, talvez, a necessidade mais importante e mais desconhecida da alma humana. É uma das mais difíceis de definir. Um ser humano tem raiz por sua participação real, ativa e natural na existência de uma coletividade que conserva vivos certos tesouros do passado e certos pressentimentos de futuro.

---

2. Mapa da Exclusão/Inclusão 2002, PUC-SP. A pontuação vai de mais 100 a menos 100. Nos extremos estão o Jardim Ângela com — 100,00, e Moema, com + 100.

3. A taxa de homicídios é de 132,65 por 100 mil habitantes. Em Moema, bairro paulistano de classe média, esta taxa é 8,79 (comparando, em La Paz a taxa é 31, Londres, 2; Tóquio 1). *Fonte*: <www.conjunturacriminal.com.br>. Acesso em: 30 jul. 2002.

Participação natural, ou seja, ocasionada automaticamente pelo lugar, nascimento, profissão, meio. Cada ser humano precisa ter múltiplas raízes. Precisa receber a quase totalidade de sua vida moral, intelectual, espiritual, por intermédio dos meios dos quais faz parte naturalmente".

O enraizamento, quando não bem-sucedido, dá lugar ao desenraizamento que Weil considera a doença mais perigosa das sociedades humanas, pois multiplica a si mesmo. O remédio para o desenraizamento é o próprio enraizamento: "Quem é desenraizado desenraiza. Quem é enraizado não desenraiza" (Weil, 2001, p. 47).

Com este conceito de Weil me aproximo das questões colocadas: direitos humanos na comunidade de excluídos na periferia. Por que não pensar que uma das causas da exclusão social é o *desenraizamento*? Ou se a consequência da exclusão social vier a provocar o desenraizamento — a doença mais perigosa das sociedades humanas —, uma vez que a sociedade não é capaz de oferecer a estes moradores os meios que deveriam constituir sua vida moral, intelectual e espiritual?

Assim, a reflexão sobre direitos humanos na comunidade coloca-nos diante de uma tarefa que parece pedir novos fundamentos, também para a educação e as políticas públicas.

Representações sobre direitos humanos

As representações que estes moradores têm sobre direitos humanos são marcadas pela experiência de morar no Capão Redondo, cenário já descrito. São pessoas violentadas seja socialmente, seja criminalmente, e suas representações sobre direitos humanos são influenciadas por estas experiências cotidianas.

Nas falas sobre este assunto, a predominância é referente à magnitude dos direitos humanos. Entendem que são uma coisa boa, que deveria existir para todos. Dizem respeito à possibilidade de se ter uma profissão, emprego, salário que possibilite uma moradia digna ou o pagamento de um aluguel. Também o lazer é citado como um direito humano. Mas direitos humanos são também o combate à seca do Nordeste, e a crítica aos governantes por desviarem dinheiro para o próprio bolso.

A extensão destes direitos aparece de forma magnífica no seguinte depoimento: "É direito. É todos direitos que a humanidade tem, né? Os direito!" Esta fala aponta para a etimologia da palavra direito, de Lévy-Bruhl, citado por Buoro (1998, p. 155): *"droit, right, Recht, diritto* e direito, nas diversas línguas, provém de uma metáfora, em que a figura geométrica adquiriu sentido moral e, em seguida, jurídico: o direito é a linha reta, que se opõe à curva ou à oblíqua, e que se liga à noção de retidão, de franqueza e de lealdade nas relações humanas".

Outra vertente de falas é sobre a proteção de entidades ligadas aos direitos humanos. Os moradores sabem que uma das funções destas entidades é proteger a população contra eventuais abusos, por parte de quem quer que seja. Acham certo e necessário, pois sabem que um dia podem precisar recorrer a eles.

Uma terceira percepção — a ausência dos direitos humanos — pode ser resumida no seguinte depoimento: "Direitos humanos, eu não tou vendo nada. Eu não tou vendo direito nenhum." As falas mostram a consciência de uma ausência que poderia dignificar suas vidas.

Por fim existe também a noção amplamente difundida por certo tipo de mídia que os direitos humanos seriam para defender os privilégios dos bandidos. Mas não é a primeira associação que moradores de Capão Redondo fazem, quando indagados sobre o significado de direitos humanos.

Retomando o texto clássico de Marshall (1967, p. 63), que sugere dividir o desenvolvimento da cidadania em três partes — a civil, a política e a social —, podemos afirmar que as falas se concentram na reivindicação dos direitos sociais. Conforme Marshall, "o elemento social se refere a tudo o que vai, desde o direito a um mínimo de bem-estar econômico e segurança, ao direito de participar, por completo, na herança social, e levar a vida de um ser civilizado, de acordo com os padrões que prevalecem na sociedade. As instituições mais intimamente ligadas a ele são o sistema educacional e os serviços sociais".

O entendimento da população pesquisada no Capão Redondo apresenta um quadro que liga os direitos humanos quase que exclusivamente aos direitos sociais. Reivindica uma vida com dignidade. Questiona os mecanismos de exclusão que estão vinculados à negação do acesso a direitos, principalmente por serem pobres. Várias pessoas são vítimas indiretas da violência (pessoas próximas foram mortas). Estes, especialmente, sentem que lhes falta o direito à vida, à liberdade e à segurança pessoal e têm consciência que isso seria um dos primeiros entre os direitos humanos.

Os moradores em questão geralmente são familiarizados com ações judiciais extralegais, paralelas ao sistema estatal, como: ação de justiceiros, justiçamentos privados, linchamentos, violência policial e imposições de bandidos.

Suas falas referentes à polícia, justiça e lei mobilizam e cruzam lógicas diferentes, cada uma com sua própria organização de poder: ora uma que pertence ao espaço da cidadania, ora outra, própria do espaço da comunidade ou do espaço doméstico. Quando há alguma situação de conflito, por vezes recorrem às instituições públicas, e, por vezes, negociam com elas no interior da lógica familiar ou comunitária. Em algumas ocasiões tentam corresponder aos apelos do quotidiano, apoiando-se exclusivamente na lógica familiar e/ou comunitária, conforme lhes parecer mais adequado. Sua aspiração de "sobreviver da melhor forma possível" os faz negociar, a cada acontecimento, sua relação com o espaço público.

Debruçando-me sobre a ligação entre o cotidiano destes moradores e as instituições do Estado — justiça, lei e polícia — não parece sobrar dúvidas da correlação entre proximidade de tragédias causadas pela violência e menor predominância da lógica do espaço da cidadania.

A relação destes moradores com estas instâncias oficiais depende diretamente de sua experiência pessoal e/ou familiar com a violência e o modo de elaboração desta experiência. Nos casos em que houve proximidade com a violência, os moradores entrevistados afirmam que as instituições do Estado não resolveram a situação a contento. Afirmam, consequentemente, que não querem mais recorrer a estas instâncias.

Isto pode significar que a relação com o mundo público, o Estado, não ajuda a elaborar a experiência da violência. Os que tiveram algum contato com a violência, por estarem próximos de vítimas ou agressores, afirmam, mais do que outros, buscar respostas próprias do mundo privado, baseadas na lógica familiar e/ou comunitária para elaborar esta e solucionar o problema.

Apesar da noção ampla sobre direitos humanos, não foi possível perceber que esta consciência mobiliza a cidadania, entendida no sentido dinâmico do movimento social, que visa a ampliação das condições e recursos capazes de reduzir a reprodução da desigualdade entre estratos da sociedade, por meio do exercício extensivo da participação social e política (Fischer, 1985).

Relações com os próximos

Nas décadas de 1970 e 1980, diversos autores[4] afirmam a importância dos laços entre os vizinhos em periferias urbanas que constituem locais privilegiados para a formação de redes de sociabilidade.

Em anos mais recentes, as informações mostram que este quadro mudou. Diferentemente das pesquisas dos anos 1970 e 1980, que ressaltavam a vivência comunitária entre os moradores da periferia, no final dos anos 1990, moradores do Capão Redondo dizem evitar contato com seus iguais, os vizinhos. Constroem laços por meio das relações familiares e/ou religiosas, normalmente fora da própria rua, pois a vizinhança já não oferece as condições mínimas de confiança.

Em geral, existe uma visão bastante negativa do bairro, devido à urbanização insuficiente: ausência de infraestrutura e de emprego, inexistência de asfalto, falta de canalização do córrego, extravasamento de esgoto, ausência de oportunidades de lazer e de creches, não funcionamento da associação dos moradores e o mau atendimento no posto de saúde. A queixa sobre comentários infundados entre a população é permanente. Tal *"excesso de fofocas"* provoca o corte de muitas relações. Na rua, parece pairar uma ameaça baseada na imprevisibilidade do comportamento do outro. Parece haver um perigo no fato de se estar ligado, ou se ver confundido, com alguém envolvido em alguma trama. Consequentemente, evita-se qualquer contato que poderia ser um indício de tal proximidade. Como nunca se sabe exatamente quem é suspeito, é mais seguro suspeitar de todos e evitar contatos. As relações limitam-se a conversas superficiais sobre trivialidades do quotidiano.

Esta situação parece aproximar-se daquela apresentada por Alvito (1998), em etnografia sobre a favela do Acari, Rio de Janeiro. Este autor descreve a continuidade e rompimento daquilo que denomina "linhagens" dos chefes do tráfico. Postula que, em meio ao *caos* (simbolizado na ocorrência de estupros, desrespeito ao limite último da honra dos chefes de família), dois chefes consecutivos se tenham alçado como "defensores" da comunidade. O que lhes sucedeu, segundo Alvito, motivado por objetivos meramente individualistas, não conseguiu esta mesma legitimação. Personificando a violência, este último era incapaz de reconhecer qualquer tipo de vínculo, mesmo de

---

4. Durham, 1986, Sarti, 1994 e Zaluar, 1985.

amizade ou de parentesco. Ultrapassando a violência, ele representaria o terror, o espaço da morte, no qual as coisas se humanizam e as pessoas se transformam em coisas. Salienta que as culturas da morte se alimentam do silêncio e do mito, a fim de controlar populações numerosas, classes sociais inteiras e mesmo nações, por meio da elaboração cultural do medo. Seria o mal absoluto, desprovido de sentido, justificativa ou previsibilidade, cujo nome não se pronunciaria, cuja onipresença contrasta com sua invisibilidade.

Não é de estranhar que a situação de medo ou terror no bairro influencia as relações familiares. Para algumas mulheres, o casamento significou também seus primeiros contatos com a violência, pelo fato de o marido ou cunhado ser "matador". Viam muitas "coisas" e tinham que ficar de "bico fechado". Ainda que estas se sentissem muito mal, por lealdade familiar, não podem ou podiam negar socorro. Tinham que calar de forma a carregar a dor em silêncio, solitariamente.

Esta dor também é imensa para quem sofreu perdas de pessoas próximas. "Dentro de mim fica uma dor muito grande. Eu sinto muito, mas... vai fazer o quê? Tem vez que eu fico aqui em casa chorando, né? Lembrando como aconteceu a morte do meu irmão... se ele sentiu muita dor... se ele sofreu muito pra morrer... sabe? Eu lembro de muitas pessoas que morreram assim, que eu já vi... Eu sinto dor. Eu sinto..."

Em relação aos filhos, os pais avaliam que o controle sobre eles é bastante limitado no tempo e no espaço e que, muito cedo, terão que se responsabilizar por suas próprias vidas. Aos pais cabe prepará-los para o futuro, dar-lhes bom exemplo e tentar conversar muito com eles. Parece ser mais fácil controlar as filhas, mantendo-as por mais tempo no reduto da casa. Os meninos, mais rebeldes, defenderiam sua liberdade e escapariam mais cedo do controle dos pais. Uma consequência seria a maior vitimização dos meninos, por meio dos diversos tipos de violência.

A solução seria determinar bem os espaços de circulação dos filhos, o que exige um controle rigoroso, o qual se torna inviável à medida que os filhos vão crescendo. Os pais de filhos pequenos, por exemplo, não aceitam que brinquem nas casas de outros moradores. O medo de se misturar ou de criar algum desentendimento com vizinhos explica tal postura. Muitas casas são minúsculas e não dispõem de área externa livre. São, portanto, propícias a acumular muitas tensões.

Aos pais resta, pois, a tentativa de transmitir aos filhos certos valores. As mães consideram que respeito e "educação" — no sentido de uma conduta socialmente aceita — possibilitar-lhes-ia boas chances no futuro. Constantemente aparece também a preocupação com boa formação escolar como via legítima de algum tipo de ascensão social. Contudo, as falas estão permeadas por realismo. Existe a consciência da falta de qualidade de ensino nas escolas públicas da região, da dificuldade de acesso a escolas profissionalizantes e faculdades, e do mercado de trabalho, cujo acesso está cada vez mais estreito.

Um Centro de Direitos Humanos para desenraizados e excluídos

O drama pessoal e social que os moradores do Capão Redondo vivem, uma vez que não têm acesso a muitos direitos sociais, torna-os desenraizados, errantes nesta cidade imensa, em busca de recursos às vezes ínfimos. Esta realidade apresenta um desafio imenso para entidades como o Centro de Direitos Humanos e Educação Popular (CDHEP).

A raiz do CDHEP está no final dos anos 1970, anos da ditadura militar, quando as Comunidades Eclesiais de Base floresciam na Arquidiocese de São Paulo. As violações dos direitos humanos, sobretudo por parte da "ordem" estabelecida, contra os grupos de oposição que ressurgiam na sociedade civil, eram flagrantes. Como em outras partes do país, na região episcopal de Itapecerica da Serra também surgiu uma Comissão Pastoral dos Direitos Humanos.

Com a mudança das conjunturas política e eclesial, a Comissão Pastoral tornou-se uma ONG. Ampliou e diversificou suas ações, sendo a questão da violência uma de suas atividades principais. No início da década de 1990, preocupado com a disseminação da violência na região, o CDHEP realizou uma pesquisa sobre homicídios, contando com a colaboração de pesquisadoras da Faculdade de Serviço Social da Pontifícia Universidade Católica de São Paulo. Os dados foram obtidos por meio de depoimentos voluntários de testemunhas oculares de violências, principalmente homicídios, em diferentes localidades da região. Chegou-se a um registro de 217 casos de homicídios. Estes relatos confirmaram os sentimentos de medo, insegurança, impotência da população em geral e sua descrença na ação eficaz da polícia e da justiça.

Desde sua fundação, o CDHEP articula-se com a população local e com as lideranças dos movimentos sociais, eclesiais e populares, promovendo oficinas, debates e seminários relacionados ao tema da violência. A partir da segunda metade dos anos 1990, o CDHEP trabalha, basicamente, com dois programas: a Escola de Lideranças e a Defesa da Vida.

Inaugurada no ano de 1997, a Escola de Lideranças — EL foi um passo no serviço para os Movimentos Populares, as CEBs e outros grupos organizados. Os cursos variam conforme as necessidades. No intuito de aproximar o direito e a justiça aos moradores da região, já foram realizados catorze cursos para formar orientadores jurídico-populares que contam com a colaboração de promotores, juízes e advogados.

Para que as organizações populares possam ajudar no crescimento de estruturas democráticas, é importante comunicar-se bem e planejar suas ações baseadas num processo participativo e de construção coletiva. Assim, a EL oferece oficinas de planejamento estratégico participativo e de comunicação oral. Também, pensou-se na importância da parte administrativa de movimentos e organizações, oferecendo um curso de administração gerencial e contábil.

O CDHEP continua sempre em busca de uma espiritualidade comprometida. Às lideranças da Igreja, prioritariamente católica, é oferecido um curso de fé e política que incentiva o compromisso responsável com a realidade que nos cerca.

A questão étnica/racial também é contemplada. Contribuir para uma cultura de inclusão das diferenças, de autoafirmação dos afro-brasileiros, majoritariamente presentes em nossas periferias e nas nossas programações, é uma preocupação do CDHEP. Assim, abriga em seu espaço o cursinho pré-vestibular para afrodescendentes.

O programa Defesa da Vida está trabalhando em quatro frentes. O projeto Planejar para Integrar Escola e Comunidade está em andamento, com três escolas municipais em diversos pontos da região. É uma proposta para estimular a participação da comunidade na escola. Trata-se da realização de um planejamento participativo tendo como atores o corpo escolar e a comunidade. Tendo em vista a disseminação de diversas formas de violência em nossas comunidades, são elaborados caminhos para solucionar alguns problemas pequenos e locais, por meio da interação comunidade-escola. Aos poucos aspira-se a uma (re)construção de laços locais, importantes para ultrapassar a situação atual.

Como iniciação de trabalho com conflitos, o CDHEP propõe um conjunto de oficinas com a finalidade de crescimento na aceitação destes como parte intrinsecamente ligada às relações humanas. Não se trata de evitá-los por julgá-los de forma negativa. Trata-se de acolhê-los e aproveitar as possibilidades que se nos apresentam. Em nossos bairros, frequentemente pequenos conflitos podem levar a fins trágicos. Para romper este círculo, nossa proposta é reforçar o poder que está em nós para escolhermos, conscientemente, o fim da reprodução de respostas violentas. Trata-se de aprender a ouvir, falar, propor soluções e escolher a menos prejudicial para cada uma das partes envolvidas.

O projeto Eu Também Sou Cidadão visa um público de adolescentes e jovens. Por meio de leitura e cultura no CDHEP e nas escolas públicas da região, desperta e/ou aprofunda a noção de cidadania. Incentiva e fortalece valores, atitudes e ações em defesa da vida. Propicia acesso à pesquisa, informação e formação, principalmente no que diz respeito aos direitos humanos e às questões inerentes ao exercício pleno da cidadania, especialmente importante numa região com índices elevados de pobreza, exclusão e violação dos direitos básicos.

O Fórum em Defesa da Vida é uma rede de entidades, aberta a todos que queiram participar da superação da violência: entidades, igrejas, escolas e pessoas físicas. Constituiu-se após a 1ª Caminhada pela Vida e pela Paz, organizada em 2 de novembro de 1996, Dia de Finados, pelas comunidades eclesiais de base (CEBs), os Movimentos Sociais e o CDHEP. O intuito era ampliar o sentido da manifestação religiosa — popular, própria daquele dia —, chamar a atenção para o aspecto da violência e denunciar o descaso dos órgãos públicos quanto à região, quando considerados os indicadores sociais.

Aos poucos, o Fórum estabeleceu prioridade: segurança pública, luta pelo acesso à justiça e educação para a cidadania. Ao longo dos anos, tem feito gestões junto aos poderes públicos no sentido de apoiar, sugerir, cobrar políticas públicas que favoreçam a superação da violência e a diminuição da imensa exclusão social da nossa região. A proposta do Fórum é ser suprapartidária, ecumênica e democrática. Sendo uma rede de entidades, configura o difícil e constante desafio de estabelecer um espaço onde todos tenham voz, podendo discutir, propor e escolher.

Os desafios são muitos

Os contornos do CDHEP apresentam muitos desafios. Superar a violência pede, entre outras, atuações no campo social, educacional, cultural, espiritual e urbanístico. O investimento em políticas públicas é parte da solução, mas não é suficiente. O CDHEP propõe uma concepção ampla dos problemas e de suas soluções. Não quer e não pode abarcar todas as questões, mas propõe a superação de uma visão fragmentada e reducionista da realidade e do ser humano. Sua modesta programação tenta corresponder a esta proposição.

Sabe que a questão da violência é mais complexa do que a simples reivindicação por mais polícia e outras políticas públicas. Podemos abordar ainda a violência seguindo uma reflexão sobre o consumo. Como acusar adolescentes e jovens que matam para roubar, para obter bens de consumo e de luxo, pondo em prática o que acreditam ser a verdade — o consumo traz a felicidade? Para além da criminalidade contemplada nos códigos, será que não está na hora de investigar também a mentira daqueles que montaram esta verdade? Aqueles que, como muitos de nossos jovens, acreditam nela, espalham-na por todos os meios. Aqueles que empacotam a mentira, expõem-na nas prateleiras dos supermercados e com elas alimentam os jovens?

Voltando a Weil: "Na catástrofe de nosso tempo, algozes e vítimas são, uns e outros, antes de mais nada, os portadores involuntários do testemunho de miséria atroz, no fundo da qual jazemos" (2001, p. 217). Assim, a reversão da miséria sobre a qual nossa sociedade insiste em fundamentar-se exige uma revisão geral e, particularmente, uma revisão da educação. Exige também aquele *continuum educativo,* indicado no início deste texto, que pede ligação entre academia e periferia a fim de educarmos para os direitos humanos numa perspectiva universal, superando o individualismo, consumismo e hedonismo dos tempos pós-modernos. Exige a construção de uma comunidade qualitativamente diferente: inclusão na coletividade dos humanos à qual pertencem 6 bilhões de outros seres. Os desafios para os *direitos humanos* são muitos.

Referências bibliográficas

ABONG. *Desenvolvimento e direitos humanos*: diálogos no Fórum Social Mundial. São Paulo: Peirópolis, 2002.

ALVITO Marcos de Souza. *As cores de Acari*, 1998. Tese (Doutorado) — Faculdade de Filosofia, Letras e Ciências Humanas, USP, São Paulo, 1998.

BUORO, Andréa Bueno. *Negociando a dignidade humana*: os familiares de presos e a percepção de direitos humanos, 1998. Dissertação (Mestrado) — Faculdade de Filosofia, Letras e Ciências Humanas, USP, São Paulo, 1998.

DURHAM, Eunice Ribeiro. A sociedade vista da periferia. *Revista Brasileira de Ciências Sociais*, v. 1, n. 1, 1986.

FISCHER, Rosa Maria. *O direito da população à segurança*. Petrópolis/São Paulo: Vozes/Cedec, 1985.

MARSHALL, T. H. *Cidadania, classe social e status*. Rio de Janeiro: Zahar, 1967.

SARTI, Cynthia Anderson. *A família como espelho. Estudo sobre a moral dos pobres na periferia de São Paulo*, 1994. Tese (Doutorado) — Faculdade de Filosofia, Letras e Ciências Humanas, USP, São Paulo, 1994.

SPOSATI, A. *Mapa da exclusão/inclusão social da cidade de São Paulo* — dinâmica social dos anos 90. São Paulo: Pontifícia Universidade Católica de São Paulo, 2002.

WEIL, Simone. *O enraizamento*. São Paulo: Edusc, 2001.

ZALUAR, Alba. *A máquina e a revolta*. São Paulo: Brasiliense, 1985.

OS DIREITOS HUMANOS, O DIREITO A SER EDUCADO E AS MEDIDAS SOCIOEDUCATIVAS

Francisco Dias

A intenção primeira do presente artigo é a de estabelecer um diálogo, à luz dos direitos humanos, sobre o direito a ser educado de adolescentes em situação de privação de liberdade. Para tanto, é necessário antes discorrer sobre o processo histórico da criação do direito à educação, bem como fazer uso do conceito de educabilidade para exprimir com mais clareza o que entendo por direito a ser educado. Não tenho a pretensão de apontar para nenhuma abordagem original acerca dos direitos humanos, mas sim a de refletir sobre uma de suas dimensões, infelizmente pouco usual nos debates públicos sobre o tema.

Embora os limites editoriais não me permitam um aprofundamento do que sustento, tenho a certeza de que as palavras aqui impressas inserem-se nas lutas pela afirmação da dignidade humana e contra todo tipo de injustiça social que a viole.

Sabemos que os direitos humanos são universais, dizem respeito a todos os seres humanos; são indissociáveis e interdependentes, isto é, não podemos garantir uns e negar outros. Em nenhuma situação social ou individual podem-se suspender os direitos humanos de qualquer pessoa. Numa situação-limite, como a da privação de liberdade, a pessoa presa tem direitos da cidadania suspensos, mas continua membro da humanidade, portanto, portadora dos direitos humanos universais. Dentre esses direitos, particularmente para crianças e adolescentes, está o de ser educado nos valores, atitudes e conhecimentos socialmente definidos para uma vida individual e social que realize a dignidade humana. Essa dimensão dos direitos humanos é a que mais nos interessa aqui. Penso que podemos partir desse entendimento comum para nossa reflexão.

A ideia da educação como um direito, e que veio a se configurar historicamente como certeza e imperativo na vida das sociedades contemporâneas, surgiu nas lutas sociais do século XVIII — engendradas nas contradições do modo capitalista de produção que já se impunha ao mundo na sua fase industrial —, acentuando-se nos séculos seguintes. A sociedade moderna se urbanizava, e assim se agitava em ideias e confrontos nas ruas das cidades contra a opressão em nome da igualdade, da liberdade... dos direitos. Direitos que expressam um entendimento do que deve ser a pessoa humana.

Hoje, não há ninguém capaz de vir a público e negar o direito à educação, nem mesmo a mentalidade escravocrata de muitos das classes dominantes e de seus serviçais de todo tipo ousaria isso. Nos seus encontros privados certamente expressam suas repugnâncias a toda ideia de direito, entre eles o da educação para todos.

O direito à educação se sustenta na própria necessidade histórica que as sociedades têm de reproduzir a si mesmas, agindo sobre suas crianças e jovens de forma mais ou menos organizada ou institucionalizada, dependendo das características culturais que dão contorno às existências particulares das formações sociais. No incerto processo histórico de constituição das sociedades e dos seres humanos,

> "quando nascem, as gerações que se sucedem encontram um mundo para elas já feito. Vêm ao mundo num breve instante do vasto curso histórico. E ambos, instante e curso histórico, estão repletos de acontecimentos que moldaram e moldam homens, povos, a raça humana. Este *já feito* será transmitido, inculcado desde os primeiros passos dos novos seres, num processo de múltiplas interações sem o qual não há humanização. Sobre este *já feito* que encontram irão agir, conscientes ou não das suas ações e objetivos, mas sobre os quais atribuem significados. Com ele interagem, recriam-no a cada dia, dele são feitos assim como o fazem. Do *já feito* partem para o *devir* que, quando finalmente se torna *já feito*, exige um novo *devir*". (Dias, 2001, p. 64)

Assim, as dimensões subjetiva e objetiva do se fazer humano travam um embate dialético permanente, portanto dinâmico, no interior do qual os dois momentos não são distinguíveis um sem o outro. Nas contradições desse processo está a educação.

O direito à educação é um direito humano fundamental, assim expressa a Declaração Universal de 1948 e todos os documentos internacionais que a seguiram, destacando-se a Convenção Internacional dos Direitos da Criança e do Adolescente, de 1989. No plano interno dos Estados nacionais, suas Constituições o reafirmam como direito de cidadania. Aliás, a educação tem duas dimensões na sua relação com a cidadania: é um direito da cidadania, mas também uma exigência imperativa para o seu exercício pleno. Essa é uma das razões da complexidade do processo socioeducativo e das enormes montanhas a serem atravessadas para que o conheçamos na riqueza de sua totalidade como fenômeno social e histórico.

Mas quando entramos no direito a ser educado, na sociedade brasileira o consenso dá lugar ao dissenso. Pode-se garantir o direito à educação universalizando a fase do ensino obrigatório e público, de forma que nenhuma criança esteja fora das escolas, ao menos nas estatísticas das matrículas, e assim garanto o direito à educação restringindo-o à educação escolar. Mas isso não quer dizer que se estará garantindo o direito a ser educado usufruindo de tudo o que já se conseguiu construir como dignidade humana. Esse direito se realiza como um conjunto de condições e ações sociais que permitem a toda criança e adolescente vivenciar as múltiplas dimensões da pessoa, por meio das experiências societárias e individuais que compõem a herança cultural da humanidade e da sociedade em que vivem. Isso inclui os valores que tornam possível o desenvolvimento pessoal numa convivência pacífica apoiada na igualdade e na liberdade, sem as quais não é possível falarmos em democracia ou justiça. Tais condições e ações, que se expressam como *cuidar* e *educar para e no mundo,* são de responsabilidade de todos e devem se realizar o tempo todo da existência dos seres a que se destinam.

Dessa forma, o direito a ser educado é mais abrangente do que o próprio direito à educação, incluindo-o como uma de suas realizações. Diz respeito ao usufruto do sujeito de todas as conquistas e criações de que fomos capazes no processo histórico de construção do ser humano, na nossa longa jornada nas noites e dias dos tempos em que navegamos na matéria escura do Universo. Reconhecê-lo exige olhar para esse ser e ver nele a potencialidade de uma plenitude sempre inalcançável no seu processo de desenvolvimento como pessoa. O que pode permitir um livre processo desse desenvolvimento é a realização dos seus direitos fundamentais, expressos nos documentos legais nacionais e internacionais. Assim, tais olhar e ver são intolerantes com as desigualdades sociais que agridem muito mais fortemente o direito a ser educado do que o direito à educação. Infelizmente, este último convive sem maiores conflitos com a genocida distribuição de renda da formação social brasileira que, de tão aviltante e persistente, *naturalizou* a pobreza, fazendo dos empobrecidos elementos de uma paisagem indesejada e para a qual fecham-se as janelas que poderiam mostrar suas diversas causalidades. Para superar tal ignomínia, "é preciso colocar essa pobreza no campo dos direitos, onde então aparece como política, o que nos permite não só compreendê-la nas suas determinações, mas também enfrentá-la politicamente" (Dias, 2001, p. 87). É o que pretendo com as palavras que seguem.

Dessa forma, para continuar a reflexão sobre o direito a ser educado, farei uso do conceito de *educabilidade*, que nos permite uma aproximação com aspectos da realidade que podem não ser apreendidos se o nosso horizonte teórico restringir-se ao direito à educação. Tal conceito parte das premissas de que todo homem é potencialmente educável e de que tal potencialidade ontologicamente se realiza no existir e suas circunstâncias. Dessas circunstâncias dependerá a educabilidade, o que significa também que delas dependerá o que será educado. Assim, ela está referida às condições materiais de existência, aos recursos culturais e às atitudes socialmente compartilhadas que condicionam o indivíduo no seu se fazer como pessoa humana. Tais condições tanto podem otimizar a educabilidade para uma ação educativa em direção à plenitude humana nunca alcançável — posto que potencialmente infinita —, como podem ser obstáculos intransponíveis para a sua realização. O que nos leva a fazer as seguintes afirmações: a) não são todos igualmente educáveis porque não estão todos em iguais circunstâncias de existência; b) a educabilidade exige condições mínimas de equidade para que o fazer educativo socialmente definido para a fruição da dignidade humana, incluindo *o direito à educação* como direito humano fundamental, possa realizar-se para todos com êxito.

Portanto, a educabilidade, como o conjunto de condições de equidade materiais e espirituais para o processo social do fazer educativo que a sociedade definiu para seus membros, é um direito humano indissociável do direito humano à educação. A sua não realização é parte ativa da produção cotidiana das condições sociais para a reprodução da negação da própria ideia de direito, definindo socialmente que alguns não têm direito a ter direitos.

A educabilidade, que em última instância se realiza no indivíduo, é o resultado de uma articulação entre Estado, sociedade civil e família. As relações entre estas esferas de nossa existência contemporânea condicionam a potencialidade do ser em *ser educado*, assim como as relações de poder presentes na formação social condicionam e determinam as relações entre essas três esferas político-sociais. Qualquer deterioração numa dessas esferas e/ou na articulação entre elas acarreta uma deterioração na educabilidade. Os indicadores socioeconômicos, após décadas de políticas concentradoras de renda, não deixam dúvidas sobre o processo crescente de deterioração naquelas relações. Portanto, a não educabilidade expressa um desajuste institucional, no qual aquelas esferas não realizam ou estão incapazes de realizar as responsabilidades que delas exige o fazer educativo para alcançar os objetivos que a sociedade para ele definiu como comum a todos.

A situação de não educabilidade para realizar o fazer educativo para uma sociedade organizada no estado de direito manifesta-se num quadro dantesco da realidade cruel em que milhões de crianças e jovens brasileiros se fazem sujeitos, num contexto político, econômico, demográfico, social e cultural de criminalização e vitimização desses segmentos da população que habita as regiões geográficas e sociais inóspitas. Tal contexto exige múltiplos olhares e fazeres para ser entendido e transformado.

Alguns números de indicadores socioeconômicos ajudam a nos aproximarmos da realidade em que vivem milhões de crianças e jovens no Brasil, e assim podemos dar contornos mais claros às suas condições de educabilidade. O que não significa que venhamos a ter noção de todo um cotidiano de humilhação pela opressão da pobreza e da miséria que marca suas vidas em formação. Quem já sentiu o cheiro corrosivo da miséria sabe que os números, por mais científicos que sejam, não dão conta do dia a dia das existências transcorridas nas regiões geográficas e sociais inóspitas, habitadas pelos sem-direitos e onde suas crianças e jovens são educáveis.

A busca das causalidades dos fenômenos sociais exige da ciência social identificar as que são recorrentes quando dados efeitos se manifestam. Assim, vamos encontrar nos números que revelam a concentração de renda no Brasil a origem de outros números da tragédia social, como se aqueles estivessem prenhes desses na negação dos direitos como política de Estado.

Segundo o Atlas da exclusão social — Os ricos no Brasil, com base nos censos de 1980 e 2000 (Fernandes e Rolli, 2004), os 2,4% das famílias consideradas ricas concentram 33% da renda disponível no país; 0,01% do total de famílias, consideradas "muito ricas" reúnem um patrimônio que representa 46% do PIB. No outro extremo, 54 milhões de pessoas vivem com renda mensal de R$ 100, cerca de 30 dólares (Sofia, 2002). Outras metodologias e indicadores utilizados por diversos organismos, como os do Banco Mundial, apontam para a mesma criminosa concentração de renda que se acentua e persiste há décadas — terreno fértil para todo tipo de injustiça social.

Por trás desses números, gritando ou silenciadas, 5,48 milhões de crianças entre cinco e dezessete anos trabalham, um terço em jornadas de mais de quarenta horas, a maioria sem receber um centavo por isso (Petry, 2003). A infância negada e violada mutila as possibilidades de futuro. Certamente essas crianças fazem parte dos 41% das crianças e jovens que não concluem o ensino fundamental obrigatório e dos 53% em defasagem idade/série, segundo dados do Ministério da Educação (Constantino, 2003 e Góis, 2003). Sequer o exercício do direito à educação, entendida como educação escolar, pode ser garantido se as condições de educabilidade em que vivem essas crianças e jovens os afastam, cada vez mais, do usufruto dos direitos que a sociedade definiu como exigência para que possam se desenvolver plenamente.

No entanto, algum processo educativo sempre ocorre. Assim, aqueles a quem são negados direitos serão educados para viver plenamente num cotidiano de privações, de desejos jamais satisfeitos, num ambiente sufocante, sem ar e horizontes, no qual germinam valores e práticas da violência e da criminalidade que uma sociedade desigual reproduz incessantemente, até para justificar a repressão que ajuda a manter a própria desigualdade criminosa. E entre eles serão recrutados os que servirão como agentes da insegurança e do medo, ainda criança ou adolescente. Sobre seus ombros, milhões de dólares circularão a pretexto de manter afastados os bárbaros urbanos dos tempos modernos. Como me disse Flávia Schilling numa conversa, são os educados para serem "matáveis" e matadores.

Segundo a Unesco (Organização das Nações Unidas para a Educação, Ciência e Cultura), o Brasil ocupava em 2002 o terceiro lugar entre 60 países com dados comparáveis sobre mortes violentas de jovens. Na última década, durante a qual as chamadas reformas neoliberais foram aplicadas com toda a sua selvageria entre nós, houve um aumento de 48% no índice de assassinatos na população de 15 a 24 anos (Suwwam, 2002). O que isso significa no cotidiano em que milhões vivem suas existências, os números são incapazes de retratar. Se compararmos dados sobre alguns distritos da cidade de São Paulo, podemos nos aproximar um pouco mais de uma realidade que molda de forma perversa e desigual as condições de educabilidade dos que nela se fazem. Em 2000, no distrito de Alto de Pinheiros, bairro onde estão parte dos que se apoderam da metade da riqueza nacional, a taxa de homicídios de jovens por 100 mil habitantes era de 11,81, enquanto em Capão Redondo era de 166,50 e em Cidade Tiradentes, 196,73. O impacto dessa macabra realidade sobre as subjetividades das crianças e dos jovens que a vivem como cotidiano é o de fazer parte de um processo educativo no qual a visão da morte, as dores dos maus-tratos e a possibilidade iminente da violência social discriminada são seus conteúdos mais presentes (Martins, 1993 e Assis, 1999).

O distrito de Alto de Pinheiros tem 22% da sua população constituída por jovens entre 0 e 18 anos, e os dois outros distritos têm respectivamente 38,57% e 44,07% da população nessa faixa etária (Sposati, 2002), porcentagem que se repete nos outros distritos das periferias que concentram os que vivem com um dólar por dia. São cidades de jovens empobrecidos na metrópole. Dados da Secretaria de Segurança Pública de São Paulo indicam que 75% dos sequestradores presos são jovens e 94% pertencem à classe D (Penteado, 2002), ou seja, àquela população que transita entre a pobreza absoluta e a miséria. Não importa em qual distrito miserável moram, são sempre os mesmos, ainda que sendo outros.

Mas a educabilidade no estado de não direito produz mais. Em 2000, os internos da Febem (Fundação para o Bem-Estar do Menor de São Paulo) eram 3.618 adolescentes cumprindo medida socioeducativa de privação de liberdade. Em 2003, salta para 6.040 ("Resistência...", 2003), e a curva ascendente segue nas construções de novas unidades que já são erguidas com o concreto da opressão, inadequadas para qualquer projeto educativo comprometido com a realização de direitos e com o desenvolvimento dos adolescentes e jovens amontoados nos seus dormitórios e pátios (Brasil, 2002). É um fato em todos os estados do país. E se observarmos os indicadores do perfil socioeconômico dos que são apanhados pelo braço armado do Estado e da sociedade, veremos que são os mesmos que habitam as regiões sociais inóspitas. São aqueles que, por estarem desprovidos da proteção política que criamos socialmente para o indivíduo na forma de direitos, têm seus corpos expostos à imprevisibilidade da violência de todo tipo. Sobre esses corpos tudo pode, pois está ausente o que define aquilo que não pode.

Sem dúvida, esses números podem indicar que a Justiça está mais rigorosa na aplicação das medidas, ou que motivações ideológicas de juízes contra os adolescentes empobrecidos venham influenciando suas decisões, ou que a polícia está mais eficiente e seletiva, ou que o clamor popular movido pelo medo seja o conteúdo das políticas públicas, ou que mais adolescentes estão praticando ato infracional. Mas indica precisamente que adolescentes cometem ato infracional e o fazem no contexto de uma educabilidade do não direito. Essa é a questão sobre a qual segue nossa problematização.

Chegaram aqui nas suas trajetórias de vida transcorridas num *já feito* que encontraram para constituir suas subjetividades. Como sujeitos que são, não se pode negar-lhes vontade no ato, até mesmo por respeito a essa condição do ser. Mas não se pode também esquecer que tal vontade se fez presente em dadas condições objetivas, sem as quais muito provavelmente não se manifestaria.

Agora, presentes nas instituições fechadas, conhecerão as potencialidades do poder público para a repressão e para consolidar em muitos a trajetória nas relações sociais da violência e do crime (a reincidência na Febem/SP está em cerca de 40%, e 18% dos presos do sistema penitenciário passaram pela Febem, conforme a Secretaria de Segurança Pública do estado). Sem dúvida, uma lucrativa indústria do medo e da insegurança se ergue sobre seus ombros, mas não é ela que os gera socialmente. Quando cometem o ato infracional, o que está presente são as condições materiais de existência em que suas vidas são educáveis. Ousaram, nas circunstâncias do quadro dantesco da realidade vivida, romper, na forma de crimes e violências diversos praticados por grupos ou indivíduos, o contrato social definido entre nós para a convivência pacífica. Sobre eles, então, o poder público e social que age para negar seus direitos se faz presente na forma de sanção como medida socioeducativa. Mas essa medida não suspende o direito a ser educado.

O adolescente a quem se atribui ato infracional, quando em cumprimento de qualquer medida socioeducativa, não está privado de seus direitos fundamentais, tampouco perde a condição de ser em peculiar situação de desenvolvimento, o que o mantém sob os princípios da "Doutrina de proteção integral". Isso é rigorosamente válido para as medidas socioeducativas de privação de liberdade. O que o distingue dos outros é a situação social em que se encontra, durante a qual deve receber, além da educação formal exercida nas escolas, uma ação educativa pública e específica para uma experiência socializadora nesse momento singular de sua vida.

A intenção social dessas medidas não pode ser só reparar o dano do ato infracional cometido ou persuadir para a não reincidência, o que as circunscreveria aos limites da responsabilização individual do adolescente, fazendo com que perdessem de vista o princípio educativo que deve se impor socialmente a partir do entendimento de que este adolescente está em situação peculiar de desenvolvimento, portanto, sob proteção integral. A intenção primeira deve ser a de *cuidar* e *educar*.

Trata-se, então, do imperativo de construirmos as condições de *educabilidade* nessa situação excepcional de um tempo da existência dos adolescentes em conflito com a lei. Esse imperativo é um enorme desafio para qualquer projeto educativo nas medidas socioeducativas, particularmente nas de privação de liberdade, mas é um desafio que não pode em nenhum momento perder de vista os princípios dos direitos humanos e o que eles significam para a realização da pessoa.

A soberania da "Doutrina da proteção integral" que orienta todo o ECA — Estatuto da Criança e do Adolescente —, sobre os indivíduos em situação peculiar de desenvolvimento, impõe compreendermos o ato infracional cometido por criança ou adolescente situando sua origem numa violação social primeira, a violação do direito a ser educado segundo o que a sociedade definiu para o processo educativo comum, sem que essa compreensão venha a suprimir graus de responsabilização individual no ato cometido. O próprio ato infracional por eles cometido é uma violação social de seus direitos, uma manifestação do fracasso da sociedade em educar parte considerável de suas gerações nos valores que ela construiu e defende como comuns para uma existência no estado de direito. A violação primeira, assim, está nas condições de educabilidade impostas a milhões de crianças e adolescentes por uma desigualdade social criminosa. Dessa forma, a dimensão social do ato infracional cometido por crianças e adolescentes é, na sua origem, uma contundente e cruel negação do art. 70 do Estatuto, no Título III — "Da Prevenção", no qual os legisladores imprimiram a amplitude da força social que deve ser colocada em ação para proteger todos os nossos filhos: "Art. 70. É dever de todos prevenir a ocorrência de ameaça ou violação dos direitos da criança e do adolescente."

Se a sociedade insistir em fazer da imensa força social, que emana como princípio deste artigo, apenas palavras recobertas pela estúpida e cúmplice negligência no enfrentamento das históricas desigualdades sociais, seguirá adubando o terreno ideológico que criminaliza a pobreza e preferencialmente os adolescentes e jovens que habitam os territórios sociais e geográficos inóspitos, enquanto superlota as instituições fechadas em que se cumpre a medida de privação de liberdade. Seguirá sentindo medo de suas crianças.

Referências bibliográficas

ADORNO, S. *O adolescente na criminalidade urbana em São Paulo*. Brasília: Ministério da Justiça, Secretaria de Estado dos Direitos Humanos, 1999.

ASSIS, S. G. *Traçando caminhos em uma sociedade violenta*: a vida de jovens infratores e de seus irmãos não infratores. Rio de Janeiro: Fiocruz, 1999.

BENEVIDES, M. V. M. Cidadania e direitos humanos. *Cadernos de Pesquisa*, São Paulo: Fundação Carlos Chagas, n. 148, 1998.

BOBBIO, N. *A era dos direitos*. Rio de Janeiro: Campus, 1992.

BRASIL. *Mapeamento da situação das unidades de execução de medida socioeducativa de privação de liberdade ao adolescente em conflito com a lei*. Brasília: Ministério da Justiça e Ipea, 2002.

CASTRO, L. R. (Org.). *Subjetividade e cidadania*: um estudo com crianças e jovens em três cidades brasileiras. Rio de Janeiro: 7Letras, 2001.

CONSTANTINO, L. Só 59% concluem o ensino fundamental. *Folha de S.Paulo*, 12 mar. 2003, p. 1, Cotidiano.

CURY, M. et al. *Estatuto da Criança e do Adolescente comentado*: comentários jurídicos e sociais. São Paulo: Malheiros, 1992.

DIAS, F. *Educação e cidadania*: na busca de uma nova hegemonia, 2001. Dissertação (Mestrado) — Faculdade de Educação, Universidade de São Paulo, São Paulo. 2001.

FERNANDES, F.; ROLLI, C. Ricos crescem e concentram mais renda. *Folha de S.Paulo*, São Paulo, 2 abr. 2004, p. 1, Dinheiro.

GIROUX, H. *Teoria crítica e resistência em educação*. Petrópolis: Vozes, 1986.

GÓIS, A. "Atraso escolar afeta 53% dos adolescentes". *Folha de S.Paulo*, São Paulo, 10 maio 2002, p. 6, Cotidiano.

GOVERNO DO RIO GRANDE DO SUL. *Fase*: avaliação e sistematização. Gestão 2000-2002. Porto Alegre: Fase, 2002.

MARTINS, J. S. *O massacre dos inocentes*: a criança sem infância no Brasil. São Paulo: Hucitec, 1993.

NAKANO, M. *Jovensvidas*: associatividade e subjetividade — um estudo de jovens do Jardim Oratório, 1995. Dissertação (Mestrado) — Faculdade de Educação, Universidade de São Paulo, São Paulo, 1995

ORGANIZAÇÃO DAS NAÇÕES UNIDAS. *Regras mínimas das Nações Unidas para a administração da Justiça da Infância e da Juventude*, 1985.

_____. *Diretrizes das Nações Unidas para a prevenção da delinquência juvenil*, 1990a.

_____. *Regras das Nações Unidas para a proteção dos jovens privados de liberdade*, 1990b.

_____. *Convenção Internacional dos Direitos da Criança*, 1989.

PENTEADO, G. Sequestro atrai jovens de baixa renda. *Folha de S.Paulo*, São Paulo, 2 jun. 2002, p. 1, Cotidiano.

PETRY, S. Trabalho infantil no Brasil cai para 12,7%. *Folha de S.Paulo*, São Paulo, 17 abr. 2003, Brasil, A 11.

RESISTÊNCIA EMPERRA DESCENTRALIZAÇÃO. *Folha de S.Paulo*, São Paulo, 2 jul. 2003, p. 3, Cotidiano.

SEDA, E. *Construir o passado*. São Paulo: Malheiros, 1993.

SOFIA, J. Brasil ainda tem 54 milhões que vivem com R$ 100 por mês. *Folha de S.Paulo*, São Paulo, 2 jun. 2002, p. 8, Especial Eleições.

SPOSATI, A. *Mapa da exclusão/inclusão social da cidade de São Paulo*: dinâmica social dos anos 90. São Paulo: Pontifícia Universidade Católica de São Paulo, 2002.

SUWWAM, L. Brasil é o 3º em morte de jovens, diz Unesco. *Folha de S.Paulo*, São Paulo, 4 maio 2002, p. 3, Cotidiano.

TELLES, V. S. *Direitos sociais, afinal do que se trata?* Belo Horizonte: UFMG, 1999.

VOLPI, M. *Sem liberdade, sem direitos*: a privação de liberdade na percepção do adolescente. São Paulo: Cortez, 2001.

ZALUAR, A. *Condomínio do diabo*. Rio de Janeiro: UFRJ, 1994.

Anexo
Práticas possíveis

COMISSÃO DOS DIREITOS HUMANOS DA USP

CONTATO: Rua Maria Antonia, n. 294, 1º andar, sala 102 — São Paulo-SP
CEP: 01222-010
Tel: (0xx11) 3255 7182/5538 ou 3258 2715
Fax: (0xx11) 3255 3140
Site: www.direitoshumanos.usp.br (biblioteca virtual)
E-mail: direitoshumanos@usp.br

PÚBLICO-ALVO: Discentes, docentes e funcionários da USP e Comunidade em geral.

TRABALHO DESENVOLVIDO: Promove um sistema integrado de pesquisa, reflexão, informação, documentação e difusão no campo dos direitos individuais e coletivos; coloca a competência universitária, notadamente nas áreas de educação, saúde, habitação, humanidades, assistência jurídica e social, em prol da inclusão social e da garantia da democracia; promove eventos, fóruns e outras formas de atividades para discussão e busca de soluções de importantes questões relacionadas com a concretização dos direitos humanos no país e em todos os seus níveis; mantém, atualiza e organiza os seguintes meios permanentes de promoção dos direitos humanos da USP: a Biblioteca Virtual de Direitos Humanos da Universidade de São Paulo: www.direitoshumanos.usp.br/comissao/biblioteca.html; o Prêmio USP de Direitos Humanos, premiação anual que homenageia indivíduos e instituições do país que se distinguiram por ações concretas na promoção da justiça social, da paz, da solidariedade, da ética, da tolerância e da democracia.

A Biblioteca conta com: os textos de direitos humanos, elaborados, aprovados e proclamados pelos organismos internacionais e ratificados pelo governo brasileiro, todos em português; documentos e leis elaboradas pelo Sistema Interamericano de Direitos Humanos e pelo governo brasileiro; referências e textos bibliográficos sobre o tema, com notícias de eventos programados ao longo de 1998, comemorativos dos *cinquenta anos da Declaração Universal dos Direitos Humanos*, na USP e fora dela; pesquisas e material produzidos pela Universidade de São Paulo sobre direitos humanos; endereços de organismos e entidades que atuam na área; e, toda outra referência ou informação que julgar de utilidade para as universidades, os pesquisadores, os organismos governamentais e não governamentais, as entidades públicas e particulares. Enfim, materiais para todos os que lidam com a defesa e a promoção dos direitos humanos no país. "Com este espaço interativo a Universidade de São Paulo julga estar colocando os seus saberes e as suas ciências a serviço da sociedade, e colaborando na promoção dos valores, da dignidade, do respeito, da tolerância, dos direitos e da cidadania de cada brasileiro."

AVIZINHAR

CONTATO: Av. Prof. Luciano Gualberto, travessa J, n. 374, 7º andar — São Paulo-SP
CEP: 05508 900
Tel.: (0xx11) 3091 4490 ou 3091 4496
Site: www.cecae.usp.br/avizinhar
E-mail: avizinha@edu.usp.br

PÚBLICO-ALVO: Crianças, adolescentes e jovens moradores das comunidades de baixa renda vizinha à Cidade Universitária Armando de Salles Oliveira — USP.

TRABALHO DESENVOLVIDO: O Programa Avizinhar segue duas linhas básicas de atuação: ações educativas e de cooperação. A ação educativa no *campus* se dá a partir de um primeiro contato dos educadores com as crianças e com os adolescentes em meio aberto, quando estes frequentam o *campus* para vender balas, guardar carros e pegar latinhas, como forma de colaborar no orçamento familiar.

Depois desse primeiro contato busca-se formar vínculos de confiança que possibilitam a inserção dos educadores do projeto na vida dos meninos e meninas. O objetivo é despertar nesses indivíduos o desejo em participar de atividades culturais, esportivas (Grêmio Treinamicro) e de lazer como oficinas de música, prática de futebol, basquete e vôlei, aulas de idiomas e complementação de aprendizagem escolar.

Além dessas atividades, os educadores fazem o encaminhamento para as escolas e as entidades sociais da região. O Avizinhar também se preocupa com os jovens. Por meio dos jogos cooperativos forma multiplicadores para trabalharem em cursos de capacitação profissional nas áreas de informática e jornalismo comunitário.

PARCERIAS: Circo Escola São Remo; Centro de Saúde Escola do Butantã; Projeto Esporte Talento — Instituto Ayrton Senna/CEPEUSP; escolas públicas estaduais e municipais do Distrito Butantã.

CEV — CENTRO DE ESTUDOS DA VIOLÊNCIA
NEV — NÚCLEO DE ESTUDOS DA VIOLÊNCIA

CONTATO: Av. Professor Lúcio Martins Rodrigues, trav. 4, Bloco 2 — São Paulo-SP
CEP: 05508-900
Tel.: (0xx11) 3818 4951 ou 3818 4965
Fax.: (0xx11) 3818 4950
Site: www.nev.prp.usp.br
E-mail: nev@usp.br

PÚBLICO-ALVO: Pesquisadores, docentes, pós-graduandos, graduados e graduandos em ciências sociais e ciências afins, cujos trabalhos e reflexões estejam em torno das diferentes modalidades de violação dos direitos humanos, e comunidade em geral.

TRABALHO DESENVOLVIDO: O CEV tem como principais objetivos realizar investigações científicas sobre a violação dos direitos humanos no Brasil; organizar um centro de documentação especializada; manter intercâmbio com instituições de pesquisas, nacionais e estrangeiras, para a formação de pesquisadores e desenvolvimento de pesquisas conjuntas; estimular a publicação de textos resultantes destes estudos; prestar serviços à comunidade, mediante intervenção nos veículos formadores de opinião pública, participação de cursos de disseminação de informações, bem como formação de recursos humanos especializados, colaboração no preparo de planos de ação governamental, seja a nível federal, estadual ou municipal. Desenvolve um projeto educacional para alcançar estes fins, como por exemplo, um curso de direitos humanos para policiais brasileiros, dirigido a 20 oficiais da PM.

Uma das pesquisas, o Projeto Cedip, propõe examinar os efeitos da desigualdade de acesso aos direitos nas seguintes direções:
- monitoramento das graves violações dos direitos humanos;
- análise do processo social de construção das políticas públicas de segurança no estado de São Paulo desde 1822;
- identificação e medida da taxa de impunidade penal;
- identificação dos conceitos de justiça, direitos e punição relacionados com direitos humanos na população urbana do estado de São Paulo;
- desenvolvimento de uma teoria integrada de direitos humanos.

PARCERIAS: Várias parcerias com ONGs nacionais e internacionais de promoção dos direitos humanos, entre elas a Universidade de Otawa (Canadá), o Centro de Direitos Humanos da Columbia University, o Instituto Interamericano de Direitos Humanos de Porto Rico, a Comissão Teotônio Vilela de Direitos Humanos e o Instituto Sou da Paz.

Recebeu uma linha especial de financiamentos Cedip (Centro de Pesquisa, Inovação e Difusão) da Fundação de Amparo à Pesquisa do Estado de São Paulo.

Mantém parcerias com o Ministério da Justiça e Secretaria de Segurança Pública.

Desenvolve pesquisas em conjunto com a Escola de Administração Pública da GV e com a Faculdade de Arquitetura e Urbanismo da USP.

Tem o patrocínio da Ford Foundation e da Edusp, para algumas publicações.

CIDADE DO CONHECIMENTO

CONTATO: Av. Prof. Luciano Gualberto, travessa J, 374, térreo — São Paulo-SP
CEP: 05508-900
Tel.: (0xx11) 3091 3919 ou 3091 4442
Fax (0xx11) 3031 9563
Site: www.cidade.usp.br
E-mail: cidade@edu.usp.br

PÚBLICO-ALVO: Comunidade em geral: funcionários, discentes e docentes da USP; bem como trabalhadores, estudantes, aposentados, desempregados, professores, entre outros.

TRABALHO DESENVOLVIDO: Unir o mundo da escola e o mundo do trabalho numa construção conjunta. Projetos cooperativos terão como resultado prático uma sociedade onde mais pessoas participam da produção de conhecimento e, assim, podem ter mais acesso a emprego e renda.

Cada conexão estará condicionada à apresentação de um *projeto*, de uma atividade que envolva a formação de redes cooperativas entre alunos de ensino médio, graduação ou pós-graduação, envolvendo ainda profissionais de todas as áreas e níveis, inclusive desempregados e aposentados.

Como o resultado imediato é a produção de mais conhecimento, ou seja, de ciência e cultura, o que também ocorre na prática é a ampliação das oportunidades de expressão científica e cultural de todos os que são integrados a essa rede de aprendizado permanente.

Nesse contato colaborativo, mudam todos: a escola, o governo, a organização não governamental e a empresa privada. É uma mudança social movida para a ampliação do acesso a canais de produção e expressão de conhecimento, em todas as áreas do saber e da arte.

Para a Universidade de São Paulo, significa criar mais poros, portas de entrada e saída. Novas formas de produção e certificação do saber que contribuem para a democratização do conhecimento na sociedade brasileira.

O uso intensivo de mídias digitais (em especial da internet) deve ser visto como instrumento de uma estratégia mais ampla, de importância decisiva para a afirmação de um projeto nacional de desenvolvimento: a democratização da economia e da sociedade por meio da democratização do conhecimento no Brasil.

Abaixo, algumas atividades relevantes dentro da Cidade:

O *Programa Educar na Sociedade da Informação* está entrando em seu terceiro ano. Ele é uma das portas para a Cidade do Conhecimento da USP, usada principalmente por professores e outros profissionais do ensino médio e fundamental, educadores em organizações públicas, privadas e do terceiro setor. Mais que um curso de atualização com pesquisadores de destaque da USP e de outras organizações, é um espaço para a formação de redes de contatos com profissionais que lideram iniciativas educacionais, projetos de pesquisa e ações sociais fazendo uso inteligente das novas tecnologias de informação e comunicação.

O *Dicionário do Trabalho Vivo* é uma oportunidade para a troca de conhecimentos e experiências entre diversos grupos interessados no futuro do mercado do trabalho no país. Fazer um dicionário é ter a oportunidade de influir nos significados, pois ele será consultado por trabalhadores, empregadores, estudantes e técnicos dos governos. Por que "vivo"? Porque nele cada palavra ou expressão é discutido por estudantes e trabalhadores, inclusive aposentados e desempregados.

O avanço das mídias digitais é evidente e irreversível. Mas qual a capacidade de gestão dessas mídias? Esse cenário é o ponto de partida do programa *Gestão de Mídias Digitais*, oferecido a partir de 2002 pela Cidade do Conhecimento.

O *Meninas Cientistas* é um projeto que reúne na mesma rede alunas de ensino médio e trabalhadoras que atuam em áreas de pesquisa e desenvolvimento, ciência e tecnologia. Esse projeto está associado à Cátedra Regional Unesco Mulher, Ciência e Tecnologia na América Latina, sob a coordenação da profa. dra. Regina Festa (ECA-USP). É crucial a participação de empresas e organizações, sobretudo as que estão em setores intensivos em novas tecnologias, mobilizando as suas pesquisadoras, estrategistas e demais profissionais. Um evento importante nesse "bairro" da Cidade do Conhecimento é a Semana Internacional da Mulher, no IPT, que pela primeira vez em seus mais de cem anos tem uma mulher engenheira nos quadros da diretoria. A Cidade do Conhecimento co-organiza o evento que aconteceu no IPT no dia 8 de março de 2002.

PARCERIAS: MCT — Ministério da Ciência e da Tecnologia/Secretaria do Estado da Educação/Secretaria do Estado de Emprego e de Relações do Trabalho/Prefeitura da Cidade de São Paulo/CECAE/Coordenadoria de Comunicação Social — USP/Comissão Central de Informática da USP/IPT/ThinkCycle/Fundação Carlos Alberto Vanzolini/CDI — Comitê para Democratização da Informática/CDISP — Comitê para Democratização da Informática São Paulo/IBM/E-voluntários/TV Cultura/*O Estado de S. Paulo*/*Folha de S.Paulo*/*Gazeta Mercantil*/*Exame*/PUC SP/Sebrae/*Valor Econômico*.

ITCP-USP — INCUBADORA TECNOLÓGICA DE COOPERATIVAS POPULARES DA USP

CONTATO: Av. Prof. Lúcio Martins Rodrigues, n. 403, travessa 4 — Bloco 28
CEP: 05508-900
Tel: (0xx11) 3091 5828
Fax: (0xx11) 3091 4400

PÚBLICO-ALVO: Contingente de trabalhadores, desempregados ou vinculados à economia informal, que pode, a partir da organização do trabalho, conquistar dentro de suas comunidades requisitos básicos de cidadania; e ainda alguns alunos interessados em constituir uma cooperativa. Atende 450 pessoas já em cooperativas e mais 1.250 pessoas em fase de curso para posterior montagem de suas cooperativas.

TRABALHO DESENVOLVIDO: A ITCP-USP é um projeto de extensão universitária que tem como objetivo criar formas alternativas de trabalho e renda para grupos excluídos, prioritariamente, de tal modo que fomente a criação da Economia Solidária e o desenvolvimento local; além disso, busca desenvolver metodologia de trabalho participativo de formação de grupos populares em autogestão.

Na USP, a Incubadora foi criada por iniciativa de sua Coordenadoria Executiva de Cooperação Universitária e Atividades Especiais, Cecae, em meados de 1998. Esta Coordenadoria abriga também o Projeto Avizinhar voltado para o atendimento aos jovens que moram no Jardim S. Remo e na Favela do Jaguaré. A conjunção destes dois projetos ao abrigo de uma mesma Coordenadoria e a receptividade da Paróquia S. Patrício fez com que a primeira atividade prática de criação de uma cooperativa ocorresse nesta comunidade com a incubação da Cooperbrilha, cooperativa de serviços de jardinagem, limpeza e construção civil.

ONDE ATUA: Comunidades da periferia da capital e para cidades como Taubaté, Cajamar, Itapevi, Carapicuíba, Praia Grande e Embu. A partir do ano de 2001 iniciaram atividades diretamente com prefeituras, as quais visavam formar cooperativas populares a partir de programas sociais. No momento, a atuação se divide em três frentes: São Paulo, Guarulhos e Mãos Dadas (entorno USP, Campo Limpo — onde possuem maior atuação).

PARCERIAS: Com as prefeituras, com o Cecae (para aquisição de materiais). Desde a mudança do partido político na Prefeitura de Guarulhos não há mais o apoio financeiro desta, embora continuem o trabalho nesta comunidade. A parceria com a prefeitura de São Paulo chega à Cooperativa via Fusp. A manutenção da Cooperativa conta também com o apoio das bolsas recebidas pelos formadores.

LACRI — LABORATÓRIO DE ESTUDOS DA CRIANÇA

CONTATO: Tel.: (0xx11) 3091 4383
E-mail: lacri@sti.com.br

TRABALHO DESENVOLVIDO: O Lacri vem desenvolvendo dois amplos programas, relativos à infância e violência doméstica no Brasil:

- Programa de Capacitação de Profissionais através do Telecurso de Especialização em Violência Doméstica contra Crianças e Adolescentes (Telelacri), cujo modelo combina ensino a distância com ensino presencial, bem como estudo e pesquisa com intercâmbio científico e conscientização comunitária.
- Programa de Investigação sobre o Estado do Conhecimento na Área, envolvendo pesquisas bibliográficas e empíricas sobre temas como violência doméstica fatal, memória e violência doméstica, socialização e violência doméstica etc.

NEMGE — NÚCLEO DE ESTUDOS DA MULHER E RELAÇÕES SOCIAIS DE GÊNERO

CONTATO: Prédio da Antiga Reitoria, sala 310 — São Paulo-SP
CEP: 05508-900
Tel.: (0xx11) 3091 4210
Fax.: (011) 3091 4308
Site: www.usp.br/nemge
E-mail: nemge@usp.br

TRABALHO DESENVOLVIDO: Visa aprofundar, por meio de pesquisas empíricas e estudos teóricos, as articulações entre gênero, etnia e classe social, especialmente no Brasil e na América Latina.

O Nemge estuda a problemática da condição feminina, com ênfase na realidade brasileira; intervém nas políticas públicas, propiciando assessoria aos poderes públicos para coibir a violência contra a mulher e implantar igualdade de oportunidades para a mulher; propicia a docentes, pesquisadores e estudantes a oportunidade de realizar investigações sobre relações sociais de gênero; colabora com a formação de pesquisadores e pessoal docente de nível universitário; realiza cursos, eventos científicos e intercâmbio técnico-científico e cultural com entidades nacionais e estrangeiras; presta colaboração didática e científica à coletividade em geral; promove o intercâmbio, com entidades nacionais e internacionais, de conhecimentos em assuntos pertinentes à condição da mulher; e divulga os resultados de trabalhos e pesquisas sobre a mulher.

Atualmente as investigações desenvolvidas pelo Nemge encontram-se articuladas a grandes linhas de pesquisa, cujas principais são: Gênero, economia e trabalho, Gênero e educação, Gênero e família, Gênero e geografia, Gênero e meio ambiente, Gênero e políticas públicas, Gênero e etnia, Gênero e relações jurídicas, Gênero e saúde, Gênero, mulher e imigração, Gênero, mulher e violência, Gênero e comunicação e Gênero e Holocausto.

Prestação de serviços à comunidade: Oficina dos Direitos da Mulher (atende gratuitamente todos os que a procuram, dando orientação jurídica e social) e Formação de Agentes para Igualdade de Oportunidades para Mulheres (curso dado pelo Nemge, em convênio com a União Europeia e a Universidade de Zaragoza (Espanha) e tem a ação como finalidade predominante. A Universidade de Zaragoza atribui créditos, em nível de pós-graduação, válidos para Universidades da União Europeia, aos trabalhos aprovados).

Projetos que estão sendo desenvolvidos pelo Nemge: Direitos humanos e homicídio de mulheres — Coordenação profa. Eva Alterman Blay/As geografias da modernidade: Geografia e gênero — família e trabalho (modernidade e capitalização no campo: masculinidade na agricultura canavieira) — coordenação profa. Rosa Ester/Família e sociedade no Brasil. Famílias monoparentais. Um estudo de sociologia aplicada para a formulação de política social. Ciências sociais e direito e família: A interdisciplinaridade e a busca de colaborações possíveis. O direito de família e a sociologia da família: um estudo de caso — coordenação profa. Lia Fukui — Participantes: Carlos de Almeida Prado Bacellar; Paulo Cesar G. Marins; Mirian Lifchitz Moreira Leite; Maria Aparecida Motta; Andrei Koerner; Maria Helena Bueno Trigo; Lucila Reis Brioschi; Helena Maffei Cruz.

PARCERIAS: Apoio de diversas instituições financiadoras tais como: Fapesp — Fundação de Amparo à Pesquisa do Estado de São Paulo; CNPq — Conselho Nacional de Desenvolvimento Científico e Tecnológico.

PROJETO EDUCOM.RADIO

CONTATO: Av. Prof. Lúcio Martins Rodrigues, n. 443, sala 16, térreo
Fone/Fax: (0xx11) 3091 4784
E-mail: nce@edu.usp.br

PÚBLICO-ALVO: Escolas da rede pública municipal de São Paulo.

TRABALHO DESENVOLVIDO: *Workshops* sobre educomunicação, oficinas sobre produção radiofônica e exercícios práticos de produção multimidiática. Desenvolvimento de práticas pedagógicas solidárias e colaborativas que permitam à comunidade escolar dar respostas construtivas aos problemas da convivência diária, além de propiciar uma melhora na compreensão e na aprendizagem das várias linguagens próprias da sociedade da informação, conforme recomendam a nova LDB e os parâmetros curriculares para o ensino fundamental.

ONDE ATUA: Projeto desenvolvido junto a 455 escolas do município de São Paulo administradas pelos NAEs (Núcleos de Ação Educativa).

PARCERIAS: Contrato com a Secretaria de Educação da Prefeitura de São Paulo e o NCE — Núcleo de Comunicação e Educação da Escola de Comunicações e Artes da Universidade de São Paulo (ECA — USP).

UNIVERSIDADE ABERTA À TERCEIRA IDADE

CONTATO: Rua da Reitoria, n. 109 — sala 2 — anexo do CO — São Paulo-SP
CEP: 05508-900
Telefone: (0xx11) 3091 3348
Fax: (0xx11) 3091 2030
Site: www.usp.br/prc/3idade/
E-mail: usp3idad@usp.br

PÚBLICO-ALVO: Terceira idade — idade mínima sessenta anos.

TRABALHO DESENVOLVIDO: Integração da pessoa idosa no seio da comunidade acadêmica e a conscientização de seu papel na sociedade como elemento gerador de equilíbrio social, trazendo à comunidade acadêmica jovem a experiência do idoso como forma de enriquecimento e valorização da vida, ampliando o papel social da Universidade (ligação entre o idoso e as instituições e os serviços a ele voltados).

ONDE ATUA: Dentro da Universidade de São Paulo, disponibilizando vagas em diversas disciplinas regulares e atividades didáticos-culturais e físico-esportivas.

USP LEGAL

CONTATO: Av. Prof. Luciano Gualberto, travessa J, n. 374, 7º andar, São Paulo-SP
CEP: 05508-900
Tel.: (0xx11) 3091 2939
E-mail: usplegal@usp

PÚBLICO-ALVO: Pessoas portadoras de deficiência.

TRABALHO DESENVOLVIDO: O USP Legal visa incluir pessoas portadoras de deficiência no ambiente universitário e tem como objetivos: definir a implantação de uma política de atenção às pessoas com deficiência no âmbito da USP; estabelecer diretrizes para que seja desenvolvida a ação conjunta da administração central, das unidades e órgãos da comunidade, de modo a assegurar a plena integração de alunos e servidores portadores de deficiência; propor o estabelecimento de medidas que assegurem a equiparação de oportunidade, para o ingresso na USP, de alunos e servidores com deficiência; propor o estabelecimento de medidas que assegurem aos portadores de deficiência o pleno exercício de seus direitos básicos.

O USP Legal dividiu suas tarefas em três frentes: rompendo barreiras atitudinais: age no sentido de eliminar estigmas e preconceitos por meio de campanhas publicitárias e de sensibilização; rompendo barreiras arquitetônicas: avaliação e melhoria do acesso físico aos portadores de deficiência; rompendo barreiras pedagógicas: tornando o vestibular acessível, promovendo ajuda técnica aos docentes, adequação de material didático e audiovisual.

PARCERIAS: prefeituras dos *campi* da USP, prefeitura da cidade de São Paulo (cederam a arquiteta que trabalha no Programa que é funcionária da prefeitura de São Paulo), recentemente, Banco Santander/Banespa — recursos para a campanha publicitária, mais parcerias internas (USP).

NEPAIDS — NÚCLEO DE ESTUDOS E PREVENÇÃO DE AIDS

CONTATO: Av. Professor Mello Moraes, n. 1721, bloco A — sala 113
Tel.: (0xx11) 3091 4985/4184

Fax.: (0xx11) 3091 4985/4460

Site: www.usp.br/nepaids

E-mail: nepaidas@edu.usp.br

PÚBLICO-ALVO: Auxiliar profissionais interessados e a população em geral a lidar de modo mais seguro com as questões que a epidemia do HIV suscita.

TRABALHO DESENVOLVIDO: Pesquisa, divulgação de projetos, seminários, divulgação de trabalhos que estão em andamento em outros grupos, instituições ou organizações ligadas ou não ao governo, publicações.

Nossa perspectiva é enfocar medos e preconceitos, possibilitar a manifestação das diferentes orientações sexuais, ideológicas, de modo a facilitar a elaboração de respostas particulares e criativas frente às ameaças da epidemia.

PARCERIAS: Centro de Convivência é de Lei e Universidade de São Paulo.

MAC — MUSEU DE ARTE CONTEMPORÂNEA

CONTATO: Rua da Reitoria, n. 160, São Paulo-SP

CEP.: 05508-900

Tel.: (0xx11) 3091 3039

Site: www.mac.usp.br

E-mail. infomac@edu.usp.br

Projeto Meia Volta Vou Ver

Tel.: (0xx11) 3818 3327 ou 3818 3559

Projeto Museu e Público Especial

TRABALHO DESENVOLVIDO: O projeto *Meia Volta Vou Ver* é um programa de múltiplas visitas de crianças e professores do ensino fundamental às exposicões do Museu de Arte Contemporânea da Universidade de São Paulo. O projeto desenvolve uma proposta pedagógica comum entre os professores das escolas públicas e os educadores do Museu, estabelecendo uma parceria entre as instituições em favor da melhoria do ensino das artes plásticas.

O programa promove encontros com os professores na escola e no Museu para apresentar informações sobre o acervo, sobre diferentes módulos de ensino da arte e sobre os diversos recursos pedagógicos. Com o conhecimento adquirido os professores estão capacitados para visitar o Museu com seus alunos. O programa inclui ainda uma série de atividades com as crianças em sala de aula, introduzindo as noções do que é um museu de arte, quais são suas funções e os cuidados que devemos ter ao visitar uma exposição, com o objetivo de prepará-los para as visitas ao acervo do MAC.

O projeto Museu e Público Especial, da Divisão de Ensino e Ação Cultural do Museu de Arte Contemporânea da Universidade de São Paulo, desenvolve desde 1991 um programa permanente de atendimento ao público especial (portadores de deficiências sensoriais, motoras e mentais), bem como grupos inclusivos (portadores e não portadores de deficiências). Neste projeto é enfatizada a importância do museu como espaço sociocultural para grupos especiais e inclusivos, oferecendo propostas educativas à escolas e instituições especializadas, com o objetivo de motivar e ampliar o conhecimento da arte e da produção artística dos participantes, incentivando sua frequência ao museu, possibilitando maior acesso a esse patrimônio cultural e atuando como um trabalho de desenvolvimento cognitivo e afetivo, tanto no plano individual quanto no social.

USP RECICLA

CONTATO: Av. Prof. Luciano Gualberto, travessa J, n. 374, 7º andar
CEP: 05508-900

Programa

Prédio da Antiga Reitoria
Tel: (0xx11) 3091 4428
Fax: (0xx11) 3031 0922
E-mail: recicla@edu.usp.br

Galpão

Prefeitura do Campus Universitário — PCO
Av. Prof. Almeida Prado, 1.280
Tel.: (0xx11) 3091 4510 ou 3091 4428
Fax (0xx11) 3031 0922
E-mail: recicla@edu.usp.br

PÚBLICO-ALVO: Comunidade USP e comunidade externa.

TRABALHO DESENVOLVIDO: O USP Recicla busca desenvolver com a comunidade universitária (alunos, servidores e visitantes), por meio da minimização e da *gestão compartilhada de resíduos*, uma mentalidade voltada para a recuperação, conservação, segurança e melhoria do ambiente e da qualidade de vida. Seu objetivo é "contribuir para a construção de sociedades sustentáveis através de ações voltadas à minimização de resíduos, conservação do meio ambiente, melhoria da qualidade de vida e formação de recursos humanos comprometidos com esta missão". Em linhas gerais, o programa tem como objetivos:

1) estimular a mudança de valores e hábitos comportamentais nesta comunidade voltados à minimização de resíduos, garantindo condições para a adoção de práticas ambientalmente adequadas, mediante a implementação de um programa educativo;

2) fomentar o desenvolvimento de pesquisas e projetos na área de resíduos englobando aspectos educativos, de produção, de planejamento e de gestão compartilhada.

PARCERIAS: O CONSERVUSP é formado pelos Programas USP Recicla, Pura (Programa de Uso Racional da Água) e Pure (Programa de Uso Eficiente de Energia — (11) 3091-3221 ou pure@pea.usp.br). Visa criar sinergia entre todas as atividades de conservação de recursos realizados na USP, em termos operacionais, tecnológicos, educacionais, de pesquisa e extensão.

REDE SACI

CONTATO: End. da Secretaria Executiva: Av. Professor Luciano Gualberto n. 374, trav. J, térreo — sala 10 — São Paulo-SP
CEP: 05508-900
Tel: (0xx11) 3091 4155/4370/4371
Fax: (0xx11) 3031 0922

Assuntos gerais
saci@saci.org.br
Tel.: (0xx11) 3091 4370

Equipe Atende
atende@saci.org.br
Tel.: (0xx11) 3091 4371 — horário comercial

PÚBLICO-ALVO: Portadores de deficiências e interessados.

TRABALHO DESENVOLVIDO: Disponibilizadora de canais de comunicação para a difusão sobre os temas ligados aos portadores de deficiência, usando como ferramentas a internet e os Centros de Informação e Convivência (CICs). Seu objetivo é estimular a inclusão social, a melhoria da qualidade de vida e o exercício da cidadania das pessoas portadoras de deficiência.

PARCERIAS: Instituições Fundadoras e Operadoras: Cecae — Coordenadoria Executiva de Cooperação Universitária e Atividades Especiais; NCE — Núcleo de Computação Eletrônica — UFRJ; RNP — Rede Nacional de Ensino e Pesquisa; Amankay — Instituto de Estudos e Pesquisas; instituições apoiadoras: Fundação Telefônica, Vitae; instituições colaboradoras: DMR — Divisão de Medicina de Reabilitação — Faculdade de Medicina USP Ipiranga, ComDomínio, Portal do Voluntário, Aparu, Cadevi, InterNexo Ltda; FFCL USP Ribeirão Preto, Vida Brasil, Escola Takano — Tecnologia Gráfica, Comviver, Instituto Integrar, Listas OESP, Pró Fono.

ESTAÇÃO CIÊNCIA

(Centro de Difusão Científica, Tecnológica e Cultural da Pró-Reitoria de Cultura e Extensão Universitária da USP)

CONTATO: Rua Guaicurus, n. 1394 — Lapa — São Paulo-SP

CEP: 05033-002

Tel.: (0xx11) 3673 7022

Fax.: (0xx11) 3673 2798

Site: www.usp.br/prc/unidades/estacao.htm ou www.eciencia.usp.br

E-mail: agendamento@eciencia.usp.br

Horário de funcionamento — 3ª a 6ª feira, das 8h às 18h; sábados, domingos e feriados, das 13h às 18h — Entrada Franca.

PÚBLICO-ALVO: O público é formado por pessoas de todas as faixas etárias, inúmeros interesses, motivações e graus de conhecimento dos assuntos abordados nas exposições. Entretanto, o público escolar compreende 60% dos visitantes.

TRABALHO DESENVOLVIDO: Oferece à população, principalmente por meio de exposições, oportunidades de conhecer e analisar fenômenos, teorias e pesquisas científicas.

As exposições da Estação Ciência abrangem várias áreas do conhecimento e ocupam aproximadamente 3.500 metros quadrados divididos em três espaços, denominados: Plataforma Ciência, Plataforma Tecnologia e Plataforma Informática (são interativas, permitindo a observação e o manuseio de experimentos). Além das Plataformas, há locais para exposições temporárias sobre temas variados. A Estação Ciência também oferece cursos de extensão para o público em geral e de atualização para professores, exibições de filmes e vídeos, empréstimos de materiais para exposições e aulas, e eventos para contínua divulgação de temas científicos e culturais.

Além disso, realiza os seguintes trabalhos de pesquisa e desenvolvimento: *ABC na Educação Científica — Mão na Massa* • ciências para crianças das primeiras séries do Ensino Fundamental (1ª a 4ª); *Circuito Ciência* (desenvolvido entre 2000/2001) • uma pré-iniciação científica para alunos da 7ª e 8ª série do Ensino Fundamental; *Clicar* • espaço de educação não formal para crianças e adolescentes em situação de risco social; *Núcleo de Artes Cênicas* • criação, montagem e apresentação de peças teatrais com temas científicos; e, *Laboratório Virtual* • divulgação da ciência em animações interativas pela internet.

PARCERIAS: Associação dos Amigos da Estação Ciência/Pró-Reitoria de Cultura e Extensão Universitária da USP.

PROJETO CLICAR

Estação Ciência

CONTATO: Rua Guaicurus, n. 1394 — Lapa — São Paulo SP

CEP: 05033-002

Tel.: (0xx11) 3673 7022

Fax (0xx11) 3673 2798

Site: www.eciencia.usp.br/projetoclicar

PÚBLICO-ALVO: Crianças e adolescentes que vivem em situação de risco social e pessoal.

TRABALHO DESENVOLVIDO: É um programa de atividades educativas, com caráter de educação não formal, para crianças e adolescentes que vivem em situação de risco social e pessoal e que entram espontaneamente na Estação Ciência, um centro de ciências interativo da Universidade de São Paulo, situado no bairro da Lapa na cidade de São Paulo.

Desde janeiro de 1996 um espaço está sendo construído na Estação Ciência para crianças e adolescentes que moram ou permanecem durante todo o dia nas ruas. Um espaço que convida e estimula a busca do conhecimento e o acesso à educação, por meio do computador, na criação de desenhos e textos, nos jogos, nas aventuras pela internet, na leitura de livros e histórias em quadrinhos, na exploração de CD-ROMs, no fazer arte... Um espaço de escuta e de respeito, organizado a partir dos interesses e horários apontados pelos próprios meninos e meninas que frequentam espontaneamente o espaço. Frequência facilitada pela localização próxima à estação de trem, mercado municipal e centro comercial do bairro da Lapa e pelo ingresso gratuito à Estação Ciência.

As atividades são inseridas no contexto da vinda espontânea dos meninos e meninas, a partir de um leque de propostas identificadas como de maior interesse e que possibilitam o engajamento e indicam os caminhos pedagógicos do Clicar.

A dinâmica de atendimento foi construída a partir do conhecimento e do respeito às necessidades de sobrevivência da clientela, sem se deter em indagações complexas e teóricas, mas buscando coerência com suas ansiedades e expectativas.

Não é exigida a obrigatoriedade da frequência e tampouco se estipula um tempo mínimo de permanência. As atividades são planejadas pensando no momento em que a criança "está". Durante sua permanência ela participa, como agente, de seu processo de conhecimento, usando, explorando, criando e recriando as ferramentas e instrumentos oferecidos pelos educadores.

PARCERIAS: Centro de Estudos e Pesquisa da Criança e do Adolescente — Cepeca, Petrobras, Olivetti do Brasil, Intel/Microtec, IBM Brasil, Global Technology Corp., WiredInternational, Globo Multimidia, Byte & Brothers, PAM — Comércio Planejamento e Editora Ltda., Uclinks, University of California, Berkeley, Colgate-Palmolive.

"A Estação Ciência, situada entre uma estação de trem, centro comercial, terminais de ônibus e um mercado municipal, traz um grande contingente de crianças e jovens a busca de melhores condições de sobrevivência, em atividades informais de trabalho ou até mesmo atividades ilegais. Com entrada franca, aliada a uma política de não repressão a esse público, a Estação Ciência tornou-se, durante os 14 anos de funcionamento, além de um centro de popularização da ciência, um espaço privilegiado para a construção de um projeto educacional motivador da frequência e permanência de crianças e jovens que perambulam pelas imediações e que encontram-se, em sua maioria, fora do sistema formal de ensino, ao assegurar acesso a atividades educativas de seu interesse."

Oferecer espaço de inclusão e crescimento intelectual e afetivo a crianças.

PROJETO PIÁ

CONTATO: Clube Raul Tabajara, Rua Anhanguera n. 484, Barra Funda,
São Paulo-SP
Tel.: (0xx11) 3619 5592
E-mail: pia@yahoogroups.com

PÚBLICO-ALVO: Crianças e adolescentes da região da Barra Funda. Hoje, o projeto atende crianças de dois a dezesseis anos, mas não há idade máxima, já que cada adolescente decide o momento de parar de frequentar o Piá.

TRABALHO DESENVOLVIDO: O Piá iniciou seu trabalho em 1997 e sua ideia inicial era dar ênfase à cultura, ou seja, ser um Centro Cultural para a Criança. Ocuparam, então, a Casa do Mário de Andrade na Barra Funda, pois tinham a intenção de ocupar um local fora da USP e que fosse um espaço público.

Passado um ano, este local ficou pequeno e procuraram um espaço dentro do Clube da Prefeitura. Neste momento, o projeto perde seu caráter exclusivamente cultural e coloca em pauta o educacional, pois preocupa-se com a formação dos sujeitos (ainda que um não negue o outro, pois usa-se a cultura como meio para o fim — a educação). As ideias centrais passam a ser: educação para a emancipação, e o Piá como um espaço de formação de sujeitos e de consciência, ou seja, que a criança adquira uma percepção real e histórica da sua "vida". Desta forma, ela poderá intervir politicamente na sociedade.

As crianças com idade da Educação Infantil (até seis anos) — os pequenos — ficam em período integral no projeto; já as de idade escolar (sete a dezesseis anos) — os grandes — ficam no período em que não estão na escola.

Há uma rotina para as atividades, mas elas podem ser flexíveis de acordo com as necessidades sentidas pelos educadores ou por limitações do tempo como a chuva. As quatro atividades são:

- *Roda de conversa* — construção das regras, combinados e momento de escuta.

- *Arrumação* — após alguma atividade, os objetos devem ser arrumados — esta tem a função de fazer com que a criança observe o seu redor e crie responsabilidade. Por exemplo, no canto da música, alguns instrumentos foram quebrados e isto foi tratado na roda de conversa.

- *Atividade dirigida* — é realizada através de eixos temáticos e o educador comanda a situação, mas estes vêm da percepção do educador, o qual "vê" algum acontecimento e julga ser necessário tratá-lo e debatê-lo com as crianças.

- *Atividade livre* — momento em que a criança pode escolher o que fazer, desde que cumpra o combinado na roda de conversa. Existe uma sala de cantos, na qual se encontram os seguintes espaços: faz de conta, vídeo, literatura, música, artes plásticas, jogos e sucatas. As crianças e adolescentes podem utilizar estes cantos e a área verde para fazer a atividade livre.

PARCERIAS: A USP fornece uma bolsa-trabalho para uma das estagiárias e vai ajudar a custear um jornal para divulgar o trabalho do Piá. A Secretaria Municipal de Esportes fornece o local (dentro do Clube) e lanche para as crianças.

Impressão e acabamento
Imprensa da Fé